中国出版协会年鉴工作委员会 编

年轮

中国年鉴事业35周年
1978-2013

中国林业出版社

图书在版编目（ＣＩＰ）数据

年轮：中国年鉴事业35周年 / 中国出版协会年鉴工作委员会编.

-- 北京：中国林业出版社，2013.12

ISBN 978-7-5038-7253-2

Ⅰ.①年… Ⅱ.①中… Ⅲ.①年鉴－工作概况－中国 Ⅳ.①Z52

中国版本图书馆CIP数据核字(2013)第255292号

中国年鉴事业35周年

1978-2013

出版：中国林业出版社（100009 北京西城区德内大街刘海胡同7号）

网址：http：//lycb.forestry.gov.cn

印刷：北京雅昌彩色印刷有限公司

电话：（010）8322 3789

版次：2013年12月第1版

印次：2013年12月第1次

开本：889mm×1194mm，1/16

印张：12

字数：436 千字

定价：168.00 元

编辑委员会

年輪

中国年鉴事业35周年

1978-2013

邓小平

关于编辑出版年鉴工作的指示

编辑出版年鉴，很有必要，这是国家的
需要，四化建设的需要。

——摘自 1979 年 11 月，邓小平同志与中国大百科全书出版社负责人谈话内容

前　言

　　我国年鉴事业的发展是与国家政治、经济、文化、社会发展同步的，是中国特色社会主义文化事业发展的缩影。年鉴从西方传入中国，虽然已有100多年的历史，但兴旺发展主要还是在当代。中国改革开放的35年，是经济社会快速发展的黄金时期，也是年鉴事业快速发展的黄金时期。改革开放之初的1980年，中国只有《世界经济年鉴》《中国百科年鉴》《中国出版年鉴》等6种年鉴。至80年代末，国内出版的年鉴达到500多种。90年代，随着地方志机构第一轮修志任务的陆续完成，由修志机构创办的一大批地方年鉴相继问世。至1999年，全国公开出版的年鉴猛增至1300多种。进入21世纪以后，中国年鉴界创新发展渐成风气，一大批专业年鉴和企事业单位年鉴应运而生，一些填补空白的年鉴新品种也陆续推出。至2008年，国内在版年鉴数量增加到3000余种；2013年，又增加到约4000种。

　　作为中国年鉴界的行业性学术团体，年鉴工作委员会（以下简称年鉴工委）走过了29年的光辉历程。年鉴工委1985年在安徽成立时，称为"年鉴研究中心"。1989年经文化部批准，改建为"全国年鉴研究中心"。1991年经新闻出版署批准，改名为"中国年鉴研究会"。2000年经新闻出版署发文，将中国年鉴研究会并入中国出版工作者协会（以下简称中国版协），更名为"中国版协年鉴研究会"。2001年，年鉴研究会完成改制换届工作，办事机构也由上海迁到北京。2007年5月，根据民政部决定，"中国版协年鉴研究会"更名为"中国版协年鉴工委"。2008年2月29日至3月1日，中国版协年鉴工委在北京召开第二次会员代表大会，选举产生第二届常务理事会及领导班子。2013年11月19日，中国版协年鉴工委在广西南宁召开第三次会员代表大会，选举产生第三届常务理事会及领导班子。

　　中国版协年鉴工委是纯粹的民间组织，而且体制机构不断变化，但在

许家康

中国年鉴界始终有很高的认同感和较强的凝聚力。事业不因体制变动而荒废，活动不因人事更替而休止。适应时代发展的需要，年鉴出版业的迅猛发展，造就了一个拥有众多会员、有较大社会影响的学术团体。同时在主管部门和单位（文化部、新闻出版总署、中国版协）的正确领导和大力支持下，中国版协年鉴工委成绩卓著。牢记宗旨，乐于奉献，规范、服务、廉洁、自律是历届领导班子赢得广大会员支持的重要前提。我们坚持"学术兴会"，依靠丰富多彩、连续不断、富有新意的学术活动凝聚年鉴群体，维持自身旺盛的生命力。

学术活动是年鉴学术团体的活水源头。年鉴事业发展的不同阶段，赋予不同时期学术活动不同的主题。20世纪80年代，是新时期中国年鉴事业的起步阶段，学术活动着重交流创办年鉴的经验和体会，促进年鉴发展；90年代是年鉴数量快速增长时期，年鉴同仁们的关注点由数量转向质量，"年鉴编纂规范化"自然成为这一时期学术活动的主题；到了21世纪，年鉴出版业面临创新发展的压力，学术活动便开始转向以"年鉴创新"为主题。不同的时代主题，引发年鉴同仁们不同的思考和富有创意的研究，使得年鉴界的学术活动高潮迭起，十分活跃。研讨方式也由原来的即兴漫谈，到论文交流，再到主题报告形成制度，表明学术活动的水平越来越高，越来越正规。这些连续不断、富有新意、水平较高的学术活动，正是中国版协年鉴工委生命力的源泉。学术活动一旦停止，中国版协年鉴工委也就将成为历史。在新的形势下，我们一定要牢记宗旨，坚持"学术兴会"，在进一步办好学术年会等多形式、多层次学术活动的基础上，努力促进年鉴学学科体系建设，为繁荣年鉴学术文化、共创年鉴事业繁荣发展的美好未来多作贡献！

许家康

中国版协年鉴工作委员会主任

目录

年輪

中国年鉴事业35周年

1978-2013

中国农业年鉴

2012
中国林业年鉴
CHINA FORESTRY YEARBOOK

CHINA AGRICULTURE YEARBOOK 2012

中国畜牧业
年鉴
2012

2012 中国 China Tea Yearbook
业年鉴

中国税务年鉴
CHINA TAXATION YEARBOOK

YEARBOOK OF CHINA'S FOREST INDUSTRIES
中国林业产业
与林产品年鉴

中国
林业统计年鉴
CHINA FORESTRY STATISTICAL YEARBOOK
2012

中国铁道年鉴
CHINA RAILWAY YEARBOOK
2011

2012
China Machinery Industry Yearbook
中国机械工业年鉴

年鉴工作委员会

中国版协年鉴工作委员会（年鉴研究会）组织机构

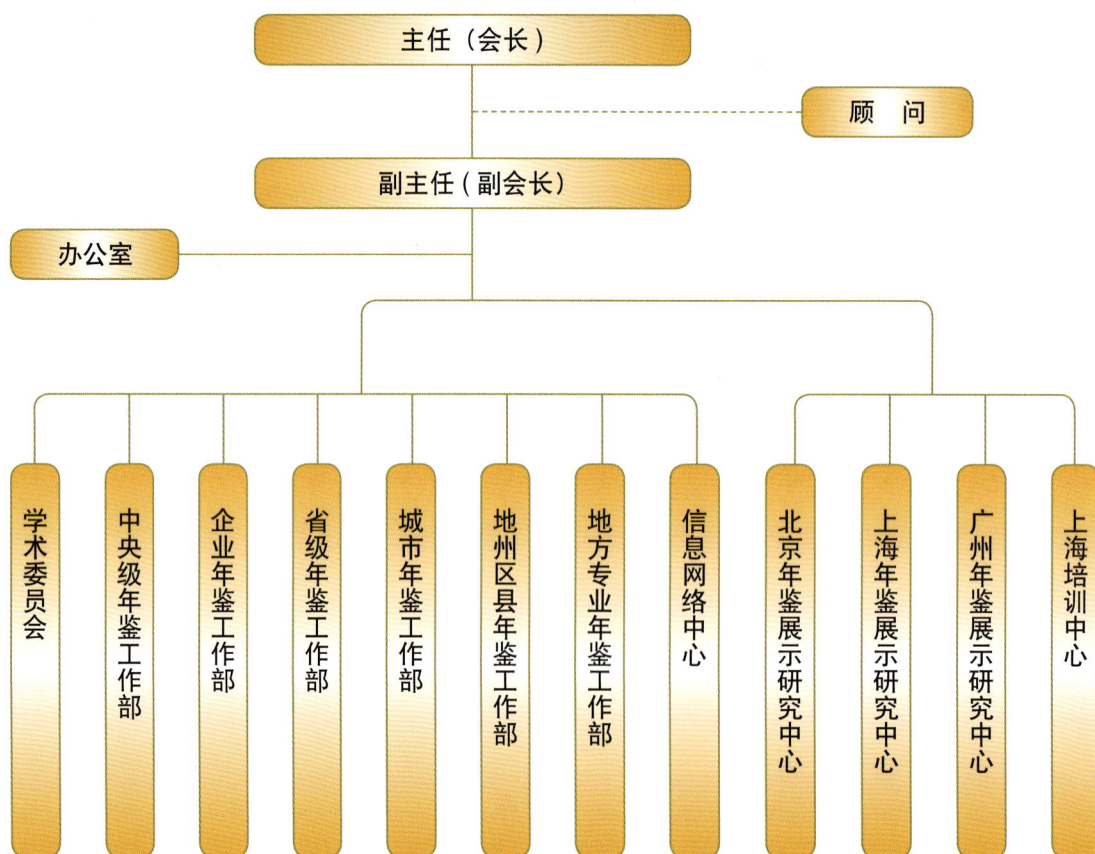

```
                    主任（会长）
                        │
                        │· · · · · · · · · · · · · · · · ·  顾 问
                        │
                    副主任（副会长）
                        │
         办公室 ────────┤
                        │
        ┌───────────────┴───────────────┐
   ┌──┬──┬──┬──┬──┬──┬──┐        ┌──┬──┬──┬──┐
 学  中  企  省  城  地  地  信      北  上  广  上
 术  央  业  级  市  州  方  息      京  海  州  海
 委  级  年  年  年  区  专  网      年  年  年  培
 员  年  鉴  鉴  鉴  县  业  络      鉴  鉴  鉴  训
 会  鉴  工  工  工  年  年  中      展  展  展  中
     工  作  作  作  鉴  鉴  心      示  示  示  心
     作  部  部  部  工  工          研  研  研
     部              作  作          究  究  究
                     部  部          中  中  中
                                     心  心  心
```

第三届中国版协年鉴工作委员会（年鉴研究会）组织机构名单

主任（会长）：许家康

常务副主任（常务副会长）：李国新　王守亚

副主任（副会长）：鲍海春　黄　丽　王中华　邵权熙　宋　毅　李　捷
　　　　　　　　　张恒彬　张兆安　贾大清　莫秀吉　姚敏杰

秘书长：李国新（兼）

顾问：许进禄　工相钦　孙义龙　刘菊兰　武星斗　梁书生　谭惠全　朱敏彦
　　　刘淑坤　郭　志

内设机构（年鉴工委会三届一次常务理事会通过）

一、学术委员会

主　任：王守亚（兼）

副主任：曲宗生　边丽君　阳晓儒　张　磊　刘和鸣　马连庆

委　员：（按姓氏笔画为序）

丁日杰　马艾民　方玉红　左　玲　华　蕾　刘　慧　张　炯　张建明
张子忠　杨　旭　杨　隽　杨正宏　杨永成　杨汉平　沈红岩　沈思睿
郑　棻　哈幸凌　姚　兰　唐剑平　高生记　萧爱华　黄建设

秘书长：马连庆（兼）

二、中央级年鉴工作部

主　任：郑维桢（中国会计年鉴）

副主任：李方鹰（中华人民共和国年鉴）　　诸葛平平（中国法律年鉴）
　　　　罗建平（中国广播电视年鉴）　　　骆　珊（中国城市年鉴）
　　　　李卫玲（中国机械工业年鉴）　　　肖春华（中国交通年鉴）
　　　　王晓静（中国轻工业年鉴）　　　　乔卫兵（中国经济贸易年鉴）

三、企业年鉴工作部

主　任：杨启燕（中国铁建年鉴）

副主任：张延乐（中国水利水电集团公司年鉴）　　蒋　琦（中国石油化工集团公司年鉴）

　　　　王宇芬（中国石油天然气集团公司年鉴）　宋科匠（首钢年鉴）

　　　　张文良（宝钢年鉴）　　　　　　　　　　张　建（江苏油田年鉴）

四、省级年鉴工作部

主　任：赵群虎（山西年鉴）

副主任：邓建平（湖南年鉴）　　　刘　星（新疆年鉴）　　　王　钢（湖北年鉴）

　　　　郭永生（山东年鉴）　　　王继杰（上海年鉴）　　　普永宏（云南年鉴）

　　　　胡卫星（安徽年鉴）　　　叶建维（广西年鉴）　　　王建玲（福建年鉴）

五、城市年鉴工作部

主　任：黄　玲（深圳年鉴）

副主任：马　兵（成都年鉴）　　　胡玉兰（合肥年鉴）　　　张红蕾（哈尔滨年鉴）

　　　　王勇祥（武汉年鉴）　　　刘小凡（南京年鉴）　　　马斐颖（郑州年鉴）

　　　　郑　彬（大连年鉴）　　　张彦君（乌鲁木齐年鉴）　金　玫（贵阳年鉴）

六、地州区县年鉴工作部

主　任：丁惠义（奉贤年鉴）

副主任：陈　稳（张家港年鉴）　　陈　渊（南海年鉴）　　　沈迪云（萧山年鉴）

　　　　恽永忠（武进年鉴）　　　程汴玲（宜阳年鉴）　　　邓怀康（昌吉年鉴）

七、地方专业年鉴工作部

主　任：黄　丽（兼，四川交通年鉴）

副主任：李仁贵（山西经济年鉴）　许太琴（云南生态年鉴）　周玉红（上海文化年鉴）

　　　　刘杰锋（黑龙江商务年鉴）　姚宇飞（西南油汽田年鉴）　张文绚（湖北建设年鉴）

　　　　于永信（山东科技年鉴）　　盛　懿（上海交通大学年鉴）　陈明明（广东建设年鉴）

办事机构

副秘书长：王　璠　郑维桢　杨启燕　马连庆　崔　震

办公室主任：王　璠（兼）

上海年鉴展示中心

主　任：朱敏彦

副主任：周树安

常务理事单位（100 家）

中国轻工业年鉴	中国农业年鉴	中国林业年鉴	中国会计年鉴
中国广播电视年鉴	中国城市年鉴	中国机械工业年鉴	中国法律年鉴
中国税务年鉴	中国交通年鉴	中国环境年鉴	中华人民共和国年鉴
中国信息产业年鉴（中国电子工业年鉴）	中国出版年鉴	中国检察年鉴	中国金融年鉴
中国工会年鉴	中国工商行政管理年鉴	中国经济贸易年鉴	中国卫生和人口计划生育年鉴
中国质量监督检验检疫年鉴	中国期刊年鉴	中国烟草年鉴	中国水利年鉴
中国大百科全书出版社	长江年鉴	中国水利水电建设股份有限公司年鉴	中国铁建年鉴
中国石油化工集团公司年鉴	中国石油天然气集团公司年鉴	北京年鉴	天津年鉴
河北年鉴	山西年鉴	辽宁年鉴	吉林年鉴
黑龙江年鉴	上海年鉴	江苏年鉴	浙江年鉴
安徽年鉴	福建年鉴	江西年鉴	山东年鉴
河南年鉴	湖北年鉴	湖南年鉴	广东年鉴
广西年鉴	海南年鉴	重庆年鉴	四川年鉴
贵州年鉴	云南年鉴	陕西年鉴	宁夏年鉴
新疆年鉴	新疆生产建设兵团年鉴	香港经济年鉴	广州年鉴
深圳年鉴	武汉年鉴	南京年鉴	杭州年鉴
成都年鉴	西安年鉴	哈尔滨年鉴	长春年鉴
济南年鉴	大连年鉴	青岛年鉴	厦门年鉴
石家庄年鉴	合肥年鉴	福州年鉴	郑州年鉴
长沙年鉴	南宁年鉴	贵阳年鉴	昆明年鉴
银川年鉴	乌鲁木齐年鉴	苏州年鉴	温州年鉴
柳州年鉴	东莞年鉴	威海年鉴	咸阳年鉴
芜湖年鉴	浦东年鉴	奉贤年鉴	武进年鉴
萧山年鉴	南海年鉴	上海经济年鉴	上海文化年鉴
四川交通年鉴	山西经济年鉴	黑龙江商务年鉴	北京教育年鉴

第三届理事单位名单（213 家）

中华人民共和国年鉴	中国轻工业年鉴	中国农业年鉴	中国林业年鉴
中国会计年鉴	中国广播电视年鉴	中国城市年鉴	中国机械工业年鉴
中国法律年鉴	中国税务年鉴	中国交通年鉴	中国环境年鉴
中国信息产业年鉴（原中国电子工业年鉴）	中国出版年鉴	中国检察年鉴	中国商务年鉴
中国金融年鉴	中国工会年鉴	中国铁道年鉴	中国民族年鉴
中国工商行政管理年鉴	中国新闻年鉴	中国建筑业年鉴	中国卫生和人口计划生育年鉴
中国教育年鉴	中国质量监督检验检疫年鉴	中国期刊年鉴	中国劳动和社会保障年鉴
中国烟草年鉴	中国水利年鉴	中国大百科全书出版社	世界知识年鉴
中国体育年鉴	中国国有资产监督管理年鉴	中国电力年鉴	中国图书年鉴
中国气象年鉴	中国旅游年鉴	中国电影年鉴	中国社会科学院年鉴
中国中央电视台年鉴	中国人口年鉴	中国版权年鉴	中国商业年鉴
中国信息年鉴	中国认证认可年鉴	中国戏剧年鉴	世界军事年鉴
中国科学技术协会年鉴	中国食品工业年鉴	中国民族信息年鉴	中国改革年鉴
世界经济年鉴	中国水力发电年鉴	中国建筑材料工业年鉴	中国餐饮年鉴
中国保险年鉴	中国药学年鉴	中国工业经济年鉴	中国中医药年鉴
中国哲学年鉴	中国证券业年鉴	中国投资年鉴	中国精神文明年鉴
中国煤炭工业年鉴	中国造纸年鉴	中国测绘地理信息年鉴	长江年鉴
黄河年鉴	中国南水北调工程建设年鉴	中国图书馆年鉴	中国水利水电建设股份有限公司年鉴
中国铁建年鉴	中国石油天然气集团公司年鉴	首钢年鉴	中国石油化工集团公司年鉴
宝钢年鉴	北京年鉴	河北年鉴	山西年鉴
内蒙古年鉴	辽宁年鉴	吉林年鉴	黑龙江年鉴
上海年鉴	江苏年鉴	浙江年鉴	安徽年鉴
福建年鉴	江西年鉴	山东年鉴	河南年鉴
湖北年鉴	湖南年鉴	广东年鉴	广西年鉴
海南年鉴	重庆年鉴	四川年鉴	贵州年鉴
云南年鉴	陕西年鉴	青海年鉴	宁夏年鉴

新疆年鉴	兵团年鉴	香港经济年鉴	天津年鉴
天津区县年鉴	广州年鉴	深圳年鉴	武汉年鉴
南京年鉴	杭州年鉴	成都年鉴	沈阳年鉴
西安年鉴	哈尔滨年鉴	长春年鉴	济南年鉴
大连年鉴	青岛年鉴	厦门年鉴	石家庄年鉴
合肥年鉴	福州年鉴	郑州年鉴	长沙年鉴
南宁年鉴	贵阳年鉴	昆明年鉴	银川年鉴
苏州年鉴	乌鲁木齐年鉴	温州年鉴	南昌年鉴
佛山年鉴	扬州年鉴	宁波年鉴	太原年鉴
绍兴年鉴	海口市年鉴	无锡年鉴	桂林年鉴
徐州年鉴	常州年鉴	连云港年鉴	洛阳年鉴
镇江年鉴	烟台年鉴	株洲年鉴	柳州年鉴
芜湖年鉴	铜陵年鉴	曲靖年鉴	湘潭年鉴
东莞年鉴	遵义年鉴	秦皇岛市年鉴	

中国版协年鉴工作委员会（年鉴研究会）管理办法

第一条 中国出版协会年鉴工作委员会是中国出版协会领导下的全国年鉴界的行业性组织。

第二条 本会的宗旨

高举中国特色社会主义伟大旗帜，以马克思列宁主义、毛泽东思想、邓小平理论、"三个代表"重要思想、科学发展观为指导，遵循党和国家的出版方针、政策，法律、法规，广泛团结并组织全国年鉴界同仁，探讨年鉴编纂理论，发展学术研究，交流年鉴出版经营工作经验，维护年鉴界的合法权益，发挥在年鉴行业中的服务、协调、行业自律的作用，组织、推动年鉴国际交流，推动中国年鉴事业健康发展，提高年鉴为人民服务、为国家经济建设服务、为社会文明服务的水平。

第三条 本会的业务范围

（一）组织学习、贯彻党和政府的有关政策、法规；

（二）开展年鉴编纂理论的学术研究与经营经验交流活动；

（三）组织年鉴评奖活动；

（四）参与制定年鉴相关标准、规范和发展规划，推动年鉴编撰、印制、出版质量提升，推进年鉴的改革和创新，增强年鉴的影响力。组织年鉴工作者的业务培训；

（五）承办《年鉴论坛》、中国年鉴网；

（六）开展与国外年鉴界的合作与交流；

（七）推动年鉴在现代信息技术的背景下健康发展，探索在云计算、大数据时代年鉴拓展服务的新业态；

（八）向有关部门反映年鉴同仁的意见、要求，维护年鉴界的合法权益；

（九）在国家政策法规允许范围内，开展同本行业有关的有偿咨询服务和经营活动。

第四条 本会只设团体会员。凡承认本会章程的我国年鉴编辑、出版、发行和研究单位，经填表申请批准，均可成为本会会员。入会自愿，退会自由。会员如果连续两年不缴纳服务费或不参加本会活动，视为自动退会。

第五条 会员权利

（一）享有本会的选举权、被选举权和表决权；

（二）参加本会组织的各项活动；

（三）享受本会提供的各项服务；

（四）对本会的工作有建议权和监督权。

第六条 会员义务

（一）遵守本会管理办法，执行本会决议；

（二）维护本会的合法权益；

（三）完成本会交办的工作；

（四）按规定缴纳服务费；

（五）向本会反映情况，提供有关资料。

第七条 会员代表大会，是本会的最高权力机构，每四年召开一次。其职权是：

（一）制定和修改本会管理办法；

（二）选举和罢免理事；

（三）审议理事会的工作报告和财务报告；

（四）决定其他重大事宜。

会员代表大会的召开、代表的产生、名额及其分配等，由常务理事会根据情况确定。

会议决议，须经到会代表半数以上表决通过方能生效。

第八条 理事会是会员代表大会的执行机构，每届任期四年。理事由会员单位推荐，经会员代表大会选举或通过通信选举产生。理事采取单位制，由单位主要负责人出任。在届期内理事如果调动，即由本单位其他负责人接任。

理事会在会员代表大会闭会期间领导本会开展日常工作，对会员代表大会负责。理事会的职权是：

（一）执行会员代表大会的决议；

（二）选举和罢免常务理事、秘书长、副主任、主任；

（三）向会员代表大会报告工作和财务状况；

（四）决定会员的吸收或除名；

（五）决定设立或撤并本会办事机构、内设机构、代表机构和实体机构；

（六）决定副秘书长、各机构主要负责人的聘任和解聘；

（七）决定其他重大事项。

理事会大会须有 2/3 以上理事出席方能召开，其决议须经到会理事 2/3 以上表决通过方能生效。一般情况下，理事会每两年召开一次会议；遇特殊情况，也可采用通信等形式举行。

第九条 常务理事会是理事会的执行机构。每届任期四年。常务理事采取单位制，由当选单位的主要负责人出任。常务理事在理事中推荐，经理事大会选举产生。在届期内，常务理事变更、增补，须经主任办公会批准。在理事会闭会期间，由常务理事会行使理事会的第（一）、（四）、（五）、（六）、（七）项职权，对理事会负责。常务理事会须有 2/3 以上常务理事出席方能召开，其决议须经到会常务理事 2/3 以上表决通过方能生效。常务理事会每年至少召开一次会议。

第十条 本会设主任 1 人，根据工作需要设常务副主任 1 至 3 人，副主任若干人，秘书长 1 人。并设名誉主任、顾问若干人。主任、副主任、秘书长候选人在常务理事中推荐，由全体常务理事选举产生，也可以与常务理事一并由理事会直接选举产生。名誉主任、顾问的人选由理事会决定。

第十一条 本会主任、副主任、秘书长须经中国出版协会报新闻出版广电总局批准后任职。每届任期四年，连任一般不得超过两届。

本会主任、副主任、秘书长职权：

（一）主任

1．召集、主持理事会、常务理事会和主任办公会会议；

2．检查会员代表大会、理事会、常务理事会决议的落实情况；

3．代表本会签署有关重要文件。

（二）副主任

协助主任工作，或受主任委托行使上述职权。

（三）秘书长

1．在主任领导下主持办事机构开展日常工作，组织制定和协调实施经常务理事会确认的年度工作计划；

2．协调各内设机构、代表机构、实体机构开展工作；

3．提出副秘书长和办事机构、内设机构、代表机构和实体机构主要负责人的初步名单，提请理事会或常务理事会决定；

4．处理其他日常事务。

第十二条 办事机构与内设机构。

（一）办事机构：办公室，设在北京，其编制与任务由常务理事会决定。

（二）内设机构：学术委员会、中央级年鉴工作部、省级年鉴工作部、城市年鉴工作部、地州区县年鉴工作部、地方专业年鉴工作部、企业年鉴工作部和信息网络中心。下属机构：北京展示中心、上海展示中心、广州展示中心和上海培训中心等。各机构的任务、组织形式、工作章程、制度等，由常务理事会决定。各机构副职人员及委员等的聘任，由本机构推荐提名，报请本会主任办公会审查决定。上述人员平时个别的增补、变更，由其主管副主任审定后，报送工委会备案。

第十三条　本会经费来源及用途。

（一）经费来源：

1．服务费；

2．捐赠；

3．有偿服务收入；

4．其他合法收入。

（二）主要用途：

1．办公费；

2．会议费；

3．学术研究费；

4．内设机构活动补助费；

5．其他支出。

第十四条　本会建立严格的财务管理制度，每年向常务理事会或会长办公会报告一次经费收支情况。本会会计核算由中国出版协会监督管理。

本会资产管理执行国家规定的财务管理制度，接受会员代表大会和财政部门的监督。本会的资产，任何单位、个人不得侵占、私分和挪用。

第十五条　本会管理办法的修改和废止，须经会员代表大会表决通过，报中国出版协会批准后生效。

第十六条　本会管理办法于 2013 年 11 月 19 日经会员代表大会表决通过。本管理办法的解释权属于本会理事会。

抢抓机遇　凝心聚力
共创年鉴事业繁荣发展的美好未来

——中国版协年鉴工作委员会（年鉴研究会）第二届理事会工作报告

（2013 年 11 月 19 日）

许家康

尊敬的版协领导，各位来宾，各位代表：

受中国版协年鉴工作委员会第二届理事会的委托，我向大会作工作报告，请大家审议。

一、过去五年的工作

我国年鉴事业的发展是和国家政治、经济、文化、社会发展同步的，是中国特色社会主义文化事业发展的缩影。改革开放以来，中国年鉴事业历经 35 年的快速发展，特别是本届理事会任期的五年，各类年鉴齐头并进，伴随着数量的增长和质量的提高，社会影响力越来越大。据统计，目前我国正常公开出版的各类年鉴达到约 4000 种，是世界上少有的年鉴大国。这是中国 100 多年来年鉴史上的奇迹，是世界 500 多年年鉴史上的奇迹，也是中国 5000 年文明史上的奇迹。

过去的五年，在中国版协领导下，年鉴工委会以中国特色社会主义理论为指导，团结全国年鉴界的同仁，抓住国家持续、稳定、快速发展的战略机遇，积极探索年鉴发展的规律，卓有成效地开展学术研究和编纂经验交流活动。大家甘于奉献，勤奋工作，提高年鉴编纂质量，扩大队伍，较好地履行了伟大时代记录者的职责。

（一）加强年鉴理论建设，靠学术凝聚年鉴群体

组织年鉴理论研究与编纂经验交流是年鉴工作委员会的主要任务，也是工委会的最大特色。

五年来，我们坚持办好两年一届的学术年会和各工作部年度研讨会，

进一步加强年鉴学术理论研究与编纂实践探索。五年间，共召开全国性学术年会和各种研讨会20多次，主要有：在杭州、济南和深圳分别召开第十一、第十二、第十三届全国年鉴学术年会；在石家庄、扬州、银川、长沙、深圳、合肥分别召开第十八、第十九、第二十、第二十一、第二十二、第二十三次全国城市年鉴研讨会；在浙江桐乡、云南景洪、新疆巴州分别召开第十一、第十二、第十三次地州区县年鉴研讨会；在哈尔滨、太原、武汉、景洪分别召开第三、第四、第五、第六次全国地方专业年鉴研讨会；在西宁召开第四次全国企业年鉴研讨会；在香港召开两岸三地年鉴研讨会。此外，还有一些片区年鉴，如珠三角地区年鉴、南京都市圈年鉴等，都定期或不定期地召开研讨会；各年鉴编纂单位也定期召开工作会或研讨会，研讨年鉴编纂理论与实践。年鉴理论研讨会，针对综合年鉴、专业年鉴、企业年鉴等不同类型、不同功能和特点，以"科学发展观统领年鉴创新""提高年鉴编纂质量""专业年鉴特色研究"等为主题，研究交流年鉴学科理论和编纂经验。研讨会实行主题报告制度，通过主题报告引导同仁进行深入探讨。主题报告有理论、有实践，针对性、可操作性强，对年鉴编纂工作具有较强的指导意义。

加强年鉴理论刊物的编纂出版工作，为广大年鉴工作者提供科研阵地和学术舞台。从2008年3月本届理事会产生到2010年初，年鉴工委会的主要刊物为《年鉴信息与研究》。每年出版6期，2009年每期发行1700余份，对促进年鉴界的理论研究、加强信息交流、锻炼年鉴队伍、推动年鉴工作发挥了重要作用。2010年，国家新闻出版总署将刊号收回另作他用。工委会及时将《年鉴信息与研究》改为《年鉴论坛》，以书号出版，面向社会公开发行。以后，每年一辑，至今已出版发行4辑，承续了全国年鉴界"探索的园地""交流的平台""学习的窗口""沟通的桥梁"等刊物职能。

（二）加强年鉴质量建设，靠评比来提高年鉴编纂出版和理论研讨水平

为提高年鉴编纂出版质量和学术水平，本届工委会共开展3种类型的评比活动，分别是：（1）全国年鉴编纂出版质量评比。由中国版协主办，年鉴工作委员会承办。经中国版协同意，2009年10月成立第四届全国年鉴编纂出版质量评比领导小组，许家康任组长，周兴俊、许进禄、王守亚为副组长，工委会其他

副主任和各工作部主任为成员。分别成立中央级年鉴、中央企业年鉴评审委员会和地方年鉴评审委员会，并分别于当年11月、12月在北京、苏州开评。评比共设4个奖项：综合奖、框架设计奖、条目编写奖和装帧设计奖。全国各地共推选270多种年鉴参评，其中35种获得综合特等奖，109种获一等奖，92种获二等奖，31种获三等奖。这次评比，起到了展示五年年鉴编纂成果，检阅年鉴质量，鼓励先进，鞭策后进的作用。（2）每年一度的全国年鉴编校质量检查评比。评比活动由年鉴工委会主办、学术委员会承办，共举办13次，其中本届理事会举办4次，共评出特等奖204种（次），一等奖353种（次），二等奖303种（次），三等奖205种（次）。通过开展编校质量评比活动，各类年鉴的编辑校对水平明显提高。（3）全国年鉴学术论著评比。由年鉴工委会主办、学术委员会承办，三年一次，共举办6次，其中本届理事会举办2次，共评出学术论著特等奖2种，一等奖19种（篇），二等奖26种（篇），三等奖14种（篇）。为保障评比活动的公开、公平、公正，保证学术论著评奖的质量，每次都实行匿名评比、评委本人回避制度。

（三）加强年鉴编纂队伍建设，靠业务培训提高年鉴工作者的整体素质

年鉴工委会采取多种形式对会员单位编辑人员进行业务培训，培训内容和方式不断创新。一是以会代训，提高编写人员业务水平。充分利用各种会议，采取请专家作辅导报告方式，传播年鉴理论知识，介绍编纂经验，使参会者真正有所收获。二是举办全国年鉴高级研讨班。以北戴河作为培训基地，已连续举办12期，每年都有100～200名年鉴编辑人员参加培训。年鉴工委会主要领导和北京大学博士生导师李国新、学委会主任孙关龙等专家授课。2012年8月，第十三期全国年鉴高级研讨班在安徽省铜陵市举办，230多人参加培训，规模空前。三是年鉴工委会主要领导参与培训各会员单位的年鉴编者和作者。五年来，许家康、王守亚等先后到广东、上海、浙江、陕西、江西、安徽、江苏、山东、吉林、海南、甘肃等地授课，听众数以千计。

（四）推进年鉴数字化、网络化建设，靠先进技术促进年鉴编纂出版上台阶

2005年，年鉴工委会与北大方正联手打造中国年鉴资源全文数据库，创办中国年鉴网。中国年鉴资

源全文数据库自推出以来，获得广泛好评。本届工委会全力推进数据库建设，多次将其列为主任办公会的议题，并在多个场合展示全文数据库和中国年鉴网建设成果。目前已加入的年鉴有1400多种，8000余卷。已入库会员享有中国年鉴资源全文数据库的免费使用服务，并可优先在年鉴网作宣传。年鉴的数字出版对年鉴行业的发展将会起到较大的促进作用，年鉴的数字产品是年鉴传统出版的补充形式，是大势所趋。

中国年鉴网全新改版上线。2009年11月，针对当时中国年鉴网页面陈旧、信息滞后等情况，年鉴工委会决定对中国年鉴网进行更新。经过几个月的努力，中国年鉴网以全新的形式改版上线。为此，有的会员单位专门发表了"为中国年鉴网的重新启动欢呼"的文章。新版中国年鉴网设立信息服务、内容推广、沟通交流、年鉴数字化4个平台，突出简洁设计风格，强化界面视觉效果，全面提升服务功能，展现年鉴网络新面貌。年鉴网已成为年鉴工委会及年鉴编纂单位宣传、年鉴研讨交流、业界动态介绍及读者互动的综合性平台。

（五）加强年鉴工委会自身建设，靠规范、服务、廉洁、自律赢得广大会员的支持

树立服务意识，提高服务水平。年鉴工委会的全体人员自觉加强学习，努力提高自身素质，在服务上下工夫。一是主动加强同会员单位的沟通，及时了解掌握会员单位的基本情况、意见和建议。二是努力满足会员单位的需求，尽力为会员单位提供方便。三是积极改善服务态度，提高服务质量和服务水平。

加强会员单位管理。首先，严格会员入会程序，新入会的年鉴单位要填写"入会申请表"，年鉴工委会认真审批，并颁发"会员证"，提高其会员意识。其次，严格会费管理。按照版协的要求，从2012年起，会费改为服务费。本会所收的服务费，取自会员单位，用于会员单位，工委会领导无私奉献，不从中拿任何报酬、补贴，有的甚至用所在单位经费来支持工委会活动。五年来，新发展会员单位100多家。截至2012年年底，年鉴工委会有会员单位630家。

丰富活动内容。以年鉴工委会主办、会员单位承办的各类会议、研讨班、培训班、联谊会等活动广泛开展，进一步增强了各年鉴工作部之间、会员单位之间的交流。由中央级年鉴工作部和企业年鉴工作部、北京年鉴社共同主办的首都年鉴界"迎新春联谊会"已连续举办多年，成为首都年鉴界联谊、沟通、合作的平台。

加强文书档案管理。从2010年起，年鉴工委会办公室建立了完整的电子档案，进一步完善对文件、资料的保管、装订、归档工作。认真做好《年鉴通讯》的编辑工作，从2010年至2012年年底，共编发《年鉴通讯》11期，约20万字。

健全财务管理制度。加强财务收支管理，明确管理责任。按规定合法组织收入，规范资金使用，按时足额缴纳各项税费。坚持先收后支、量入为出的原则，杜绝透支使用资金。严格执行国家有关会计核算管理的各项法律法规和制度，加强会计核算，如实反映收支情况。

回顾五年来的工作，我们在工作中还有许多需要加强和改进的地方。我们的努力，与中国版协的要求和会员单位的期望还有差距。其一，我国年鉴大而不强，数千家年鉴，印数上万册的为数不多，有的仅印几百册。其二，会员单位整体素质和能力有待提高，年鉴编写质量不容乐观。年鉴服务国家、行业、地方、单位中心工作的形式和方法需要深入探索。其三，学术研究深度和广度不够，年鉴学理论研究没有大的突破，在国内外的影响力还不大。其四，年鉴工委会和各工作部的号召力、影响力、执行力、创新力落后于形势发展。当前，在国家创新社会团体管理，加强行业自律的大背景下，我们工作的氛围会更加宽松，行业自律、行业互助、行业繁荣大有作为的空间。

二、抓住机遇，凝聚力量，共同推动年鉴事业繁荣发展

我们正处在凝聚全民族力量，为全面建成小康社会而奋斗的重要历史时期。强国富民、民族复兴的伟大实践必将极大地丰富年鉴记录、承载的形式和内容。我们年鉴工作者既是年鉴事业繁荣的创造者，也是各行各业发展的见证者、记录者，我们要顺应时代发展的要求，不辱使命，不负重托，努力打造出经得起历史检验的年鉴产品。

年鉴事业是国家文化事业的重要组成部分，未来五年，年鉴工委会要找准工作的着力点和主攻方向，在做强做大年鉴事业上下工夫，在丰富年鉴产品形式上下工夫，在加强年鉴学术研究、扩大影响力上下工夫，在队伍建设、组织建设上下工夫，以卓有成效的工作推动年鉴事业繁荣发展。

（一）着力做好学术研究工作

学术研究是本会最大的支撑点和着力点，年鉴工委会历来以学术引领、统筹各项工作与活动。我们将秉承多年来形成的优良传统，团结各方年鉴研究人才，群策群力，努力为构建年鉴学学科体系作出贡献。

一是组织好两年一度的学术年会。下届工委会将在 2014 年、2016 年、2018 年分别举办第十四届、第十五届、第十六届学术年会，力争学术水平和办会水平不断提高。

二是组织好学术论著评奖工作。针对全国年鉴界学术领军人物不多、拔尖人才缺乏的实际情况，工委会将筹集资金扶持科研，资助出版年鉴学术专著，对评选出来的优秀论著给予适当奖励。

三是继续办好《年鉴论坛》。办法是努力拓展稿源，精选精编。

四是组织开展年鉴国际学术交流活动。年鉴是舶来品，发达国家年鉴编纂历史悠久，经验丰富，值得我们好好学习。本会在上世纪末和本世纪初，分别组团 4 个，赴北美和欧洲从事国际学术交流活动，收效良好。未来几年，本会将积极创造条件，组团赴发达国家和台港澳地区学习考察交流。

（二）着力办好各类研讨会

年鉴理论从实践中来，再回到实践中去，各类研讨会就是最理想的媒介。

一是办好每年一度的全国城市年鉴研讨会。城市年鉴研讨会特色鲜明，参与人数众多，已成为本会主办的比较成熟、稳定、影响较大的品牌会议。

二是适时组织中央级年鉴研讨会或座谈会。根据中央级年鉴的特点，创新会议形式，注重会议实效，由不定期到定期举办，进一步发挥中央级年鉴的引领作用。

三是提升省级年鉴研讨会的质量。随着各省份年鉴协会（学会、研讨会）的相继成立，并各自开展一系列活动，如省级年鉴编纂思路和方法、框架设计和内容安排等，对本行政区域的年鉴影响力逐渐加大。年鉴工委会要着重抓好省级年鉴的研讨主题、会议主题报告和研讨质量，倾力打造本会品牌。

四是抓好企业年鉴研讨会、地方专业年鉴研讨会和地州区县年鉴研讨会，平衡协调安排好各类研讨会召开的时间、地点及研讨的主题和内容。

（三）着力培训年鉴编写队伍

一是推动各会员单位培训年鉴作者队伍，质量关口前移，打好年鉴书稿的资料基础。

二是每年举办 1～2 期年鉴编辑培训班，分别培训不同层次的编辑人员；为初入行业者提供入门的知识，为资深编辑提供深造的机会。争取编著出版规范化的培训教材，推动各地年鉴编写队伍培训工作。

（四）着力加强中国年鉴网建设

要更新、扩容现有的中国年鉴网页面，增强技术服务手段，使之成为年鉴界信息交流的平台、理论研究的平台、知识传播的平台和展示年鉴形象的平台。要建立一支信息员队伍，确保不断地有新的信息和内容上网。

（五）着力开展年鉴质量评比活动

以本会学术委员会为主体，做好每年的全国年鉴编校质量检查评比工作。按时开展由中国版协主办、本会承办、五年一度的全国年鉴编纂出版质量评比活动，进一步提高本会的凝聚力和权威性。

（六）工委会要秉承"团结、奉献、服务"的宗旨，在中国版协领导下，尽力为会员单位服务，为中国年鉴事业发展服务

一是强化团结意识，工委会负责人要讲大局、讲团结，分工协作，相互补台。遇事多协商、多沟通、多征求会员单位的意见，用民主的力量、集体的智慧做好各项工作。

二是强化奉献意识。本会是会员单位自愿参与的学术团体，没有官方色彩，没有财政拨款，没有基金机构资助，全靠会员单位的支持来维持运转和办好各类活动。工委会负责人要一如既往地不拿报酬和补贴，提倡利用所在单位的资源来支持工委会的工作，为广大年鉴同仁服务。

三是强化服务意识。工委会要千方百计地为会员单位提供服务，靠优质服务赢得大家的信赖。

同志们，习近平总书记指出，"空谈误国，实干兴邦"。中国年鉴事业的发展正在由世界年鉴大国向世界年鉴强国迈进。历史给了我们难得的发展机遇。让我们在党的十八大和十八届三中全会精神的指引下，加强团结，凝聚力量，埋头苦干，共同迎接中国年鉴事业发展的美好未来。

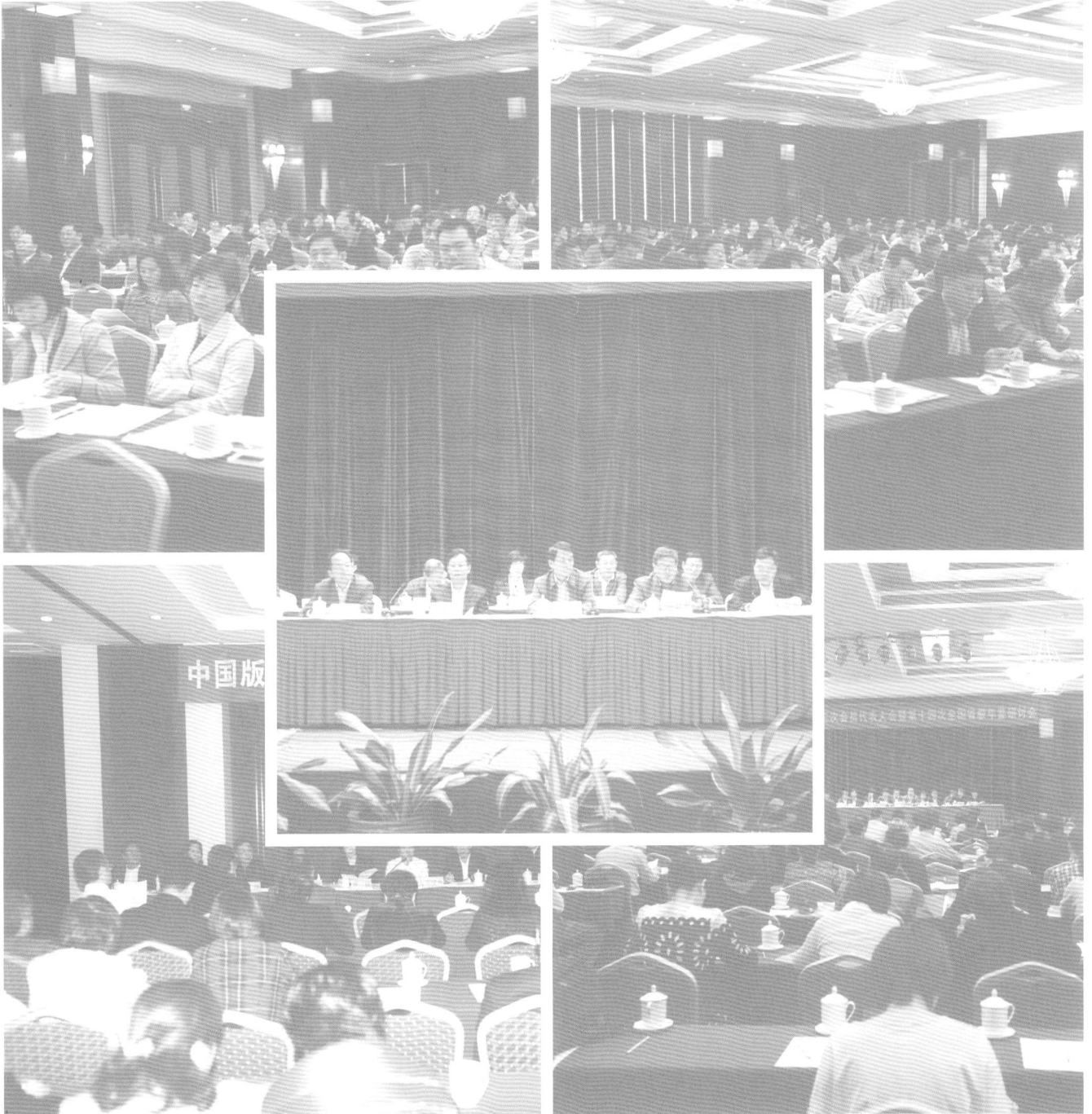

中国铁道年鉴
CHINA RAILWAY YEARBOOK
2011

YEARBOOK OF
CHINA'S FOREST INDUSTRIES
中国林业产业
与林产品年鉴

2012
FUJIAN YEARBOOK
福建年鉴

CHINA
AGRICULTURE
YEARBOOK
2012

CHINA AGRICULTURE PRESS

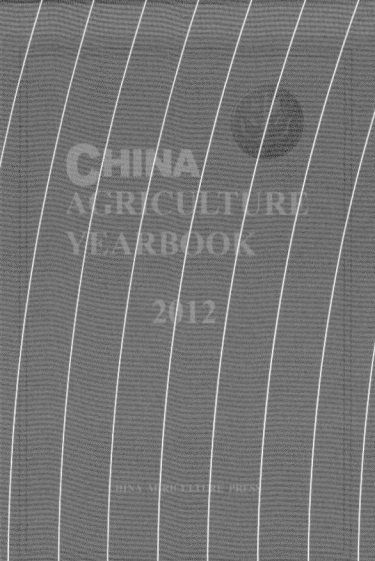

2012
China Tea Yearbook
中国 业年鉴

中国铁建年鉴

中国畜牧业
年鉴
2012

中国农业年鉴

CHINA
FORESTRY
STATISTICAL
YEARBOOK
中国
林业统计年鉴
2012

中国农业出版社

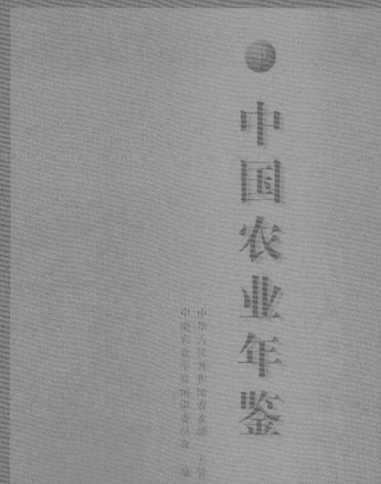

发展历程

35 年轮
中国年鉴事业35周年

中央级年鉴工作部发展历程
省级年鉴工作部发展历程
城市年鉴工作部发展历程
地州区县年鉴工作部发展历程
地方专业年鉴工作部发展历程
企业年鉴工作部发展历程

中央级年鉴工作部发展历程

伴随着我国改革开放的历史进程，从 20 世纪 80 年代起中国年鉴事业蓬勃发展。35 年来已步入数量巨大、结构合理、品种齐全、质量上乘、人才辈出的新时期。年鉴数量由 1983 年的 28 种发展到现在的 3000 多种，其中中央级年鉴达 120 多种。这百余种中央级年鉴大部分由国务院所属各部、委、办、局主管，作为全面记录各行各业工作进程的大型史册，各中央级年鉴为我国的政治、经济、社会、文化、生态建设发挥了重要作用。

1993 年 1 月 30 日，中国年鉴研究会常务理事会决定设立中央级年鉴工作委员会。2001 年 3 月 28 日，中央级年鉴工作委员会更名为中央级年鉴工作部。这 20 年里，在我担任主任之前曾经有 4 任中央级年鉴工作部主任，即李振水、许进禄、王相钦、梁书生。后来他们因陆续升任了中国版协年鉴工作委员会的领导，不再担任主任一职。回顾这段历史，让我感知到年鉴人的心路历程。沐浴着改革开放的甘露，我国年鉴界成立了自己的组织，随后中国年鉴事业如雨后春笋，蓬勃发展。一大批老同志为年鉴事业默默耕耘，如今他们大部分已经银霜染鬓，把自己人生中最富有激情和智慧的岁月，默默奉献给了中国的年鉴事业，无怨无悔。

这 20 年，中央级年鉴工作部充分发挥站位高、信息灵、反应快等优势，积极开展各项活动，做了大量卓有成效的工作。广泛团结并组织中央级年鉴同仁，承办中国版协年鉴工作委员会召开的全国会员代表大会，承办"全国首届年鉴展览月"活动，开展全国年鉴编纂出版质量评比，连续 10 多年举办首都年鉴界新春联谊会，举办中央级年鉴主编岗位培训班，推动中国年鉴数据库建设，探讨年鉴编纂理论，发展年鉴学术研究，交流年鉴出版经营工作经验，维护中央级年鉴的合法权益，发挥在中央级年鉴中的服务、协调作用，为推动中国年鉴事业健康发展，提高年鉴为读者服务、为国家经济建设服务作出了积极贡献。

承办了两次全国会员代表大会。 2001 年和 2008 年，中央级年鉴工

1993 年 5 月 18 日，雷洁琼、钱伟长、王平、桂晓风、杜克出席全国年鉴展览

作部分别承办了两次全国会员代表大会。全国会员代表大会每次有 150 多人参加会议，规模大、内容多、任务重。中央级年鉴工作部充分发挥在京各中央级年鉴的作用，做了大量的组织、协调、接待工作，圆满完成了任务。2001 年 3 月 28 ~ 29 日，中国版协年鉴研究会第一次全国会员代表大会在北京举行。时任中国版协常务副主席陈为江等到会指导并祝贺。原中国年鉴研究会会长尚丁特致函祝贺。大会审议通过《中国出版工作者协会年鉴研究会章程（草案）》及《中国年鉴研究会第三届理事会工作报告》，选举产生了由 67 名理事组成的中国版协年鉴研究会理事会。在 29 日召开的第一届理事会第一次会议上，选举产生常务理事 21 人，会议选举许家康为会长。2008 年 2 月 29 日至 3 月 1 日，中国版协年鉴工作委员会第二次全国会员代表大会在北京举行。在大会开幕式上，新闻出版署原署长、中国版协主席于友先和中宣部原副部长、中国版协年鉴工作委员会顾问龚心瀚发表讲话。中国版协年鉴工作委员会会长许家康作《中国版协年鉴工作委员会第一届理事会工作报告》，并选举产生了第二届常务理事会，理事单位 168 家，常务理事单位 89 家。

承办"全国首届年鉴展览月"活动。 1993 年 5 月 18 日至 6 月 18 日，中国年鉴研究会和北京图书馆（现国家图书馆）在北京联合举办"全国首届年鉴展览"，这是我国第一次举办的规模最大的、面向全社会的年鉴宣传活动。5 月 18 日上午，"全国首届年鉴展览月"开幕式在北京图书馆举行，时任全国人大常委会副委员长雷洁琼、全国政协副主席钱伟长、原中顾委常委王平、文化部副部长刘德有、新闻出版署副署长桂晓风和中宣部出版局等有关领导出席。北京图书馆党委书记唐绍明致开幕词，尚丁介绍我国年鉴出版在改革开放以来的发展概况，钱伟长、王平、桂晓风、刘德有分别讲话，对改革开放以来我国年鉴事业的发展成绩给予充分肯定。开幕式后，与会者参观了展出的各类年鉴。年鉴展览期间，接待了社会各界读者和部分外国观众，受到读者的好评。

组织举办 4 届全国年鉴编纂出版质量评比中央级年鉴的评奖活动。 分别在 1996 年、2001 年、2004 年和 2009 年举行。中央级年鉴工作部在这 4 届评比中承担了中央级年鉴的评比工作。1996 年 10 月 6 ~ 10 日，经当时的中国年鉴研究会批准，中央级年鉴工作委员会开展了中央级年鉴首届评奖活动，并组成以尚丁为主任的评奖委员会。经评委会审定，最终评出综合奖年鉴 40 种，其中特等奖 3 种、一等奖 20 种、二等奖 17 种；单项优秀奖 12 种。2001 年 5 月 29 日，中央级年鉴工作部向各中央级年鉴发出《关于举办第二届中央级年鉴编纂出版质量评奖活动的通知》。成立了由中国版协年鉴研究会会长许家康任组长的评审领导小组，由许进禄任主任的评奖委员会。7 月，第二届中央级年鉴评奖委员会召开第一次全体会议，制定评奖《实施细则》，并明确在评比中应掌握的原则。9 月 24 ~ 26 日，第二届中央级年鉴评委会按照《评奖方案》规定的原则和步骤，对参评的 52 家年鉴分小组进行评审。最终评出：特等奖 6 名，一等奖 21 名，二等奖 20 名；单项奖 41 名，其中版式装帧印刷特等奖 1 名、框架设计优秀奖 14 名、条目编写优秀奖 13 名、版式装帧优秀奖 14 名。12 月 18 日，第二届中央级年鉴颁奖大会在北京召开。时任新闻出版总署党组成员石峰、报刊司副司长李宝中、中国版协常务副主席陈为江等出席会议并向获奖单位颁奖。2004 年 4 月，第三届全国年鉴编纂出版质量评比中央级年鉴评委会在北京进行中央级参评年鉴的评审工作。2005 年 1 月 13 日，中央级年鉴工作部在北京召开中央级年鉴工作年会，新闻出版总署和中国版协领导莅会。中国版协领导宣布中央级年鉴获得"第三届中国年鉴奖"的名单。第三届全国年鉴质量评比共评出中国年鉴奖 109

名、中国年鉴提名奖 105 名，还评出框架设计、条目编写、装帧设计等单项奖共 546 项；在中国年鉴奖（综合奖的特等奖、一等奖）中：中央级年鉴 26 名、省级年鉴 17 名、城市年鉴 33 名、地州县区年鉴 20 名、地方专业年鉴 13 名。3 月 29～30 日，第三届全国年鉴编纂出版质量评比暨第四届全国年鉴学术论著评比颁奖大会在浙江温州隆重举行，获奖单位的代表等 250 多人出席大会。陈为江代表中国版协和于友先主席向颁奖大会、获奖单位和全国年鉴界朋友表示祝贺。许家康会长总结第三届全国年鉴编纂出版质量评奖活动情况，并概述 5 年来中国年鉴界所取得的巨大成绩及存在的问题。2009 年 10 月 29 日，中国版协年鉴工作委员会发出《关于成立第四届全国年鉴编纂出版质量评比领导小组和启动评比工作的通知》。这届评比工作由中国版协主办，中国版协年鉴工作委员会承办。成立了第四届全国年鉴编纂出版质量评比领导小组，许家康任组长。领导小组下设中央级年鉴（含中央企业年鉴）评审委员会，许进禄为主任；地方年鉴评审委员会，王守亚为主任。这两个评审委员会分别主持中央级年鉴、地方年鉴的评审工作。11 月 26～28 日，第四届全国年鉴编纂出版质量评比中央级年鉴评审工作在北京国史研究所举行。评审委员会内设评比组、专家复审组、监评组和办公室。本届评比全国共有 280 种年鉴参评，评比结果经公示并报中国版协审核同意后，公布评比结果：综合奖 267 种，其中特等奖 35 种、一等奖 109 种、二等奖 92 种、三等奖 31 种；单项奖共 620 个种次。2010 年 5 月 11～12 日，第四届全国年鉴编纂出版质量评比颁奖暨第十二届全国年鉴学术年会在山东济南召开，300 多位年鉴同仁参加会议。许家康在会上致开幕词，山东省政府副秘书长马越南致辞，中国版协常务副主席兼秘书长刘波讲话，8 位获奖年鉴和入选论文作者的代表作大会发言。大会向第四届全国年鉴编纂出版质量评比获奖单位颁发了奖杯和证书。

另外，中央级年鉴工作部还协助举办了多次全国年鉴编校质量评比活动。如 2012 年在第六届全国年鉴编校质量评比中，评委组成人员大部分是各中央级年鉴的负责人，中国林业年鉴编辑部和中国会计年鉴编辑部分别承办了第一、三次评委全体会议。

举办了 10 多届首都年鉴界新春联谊会。首都年鉴界新春联谊会成功举办多年，已成为一个深受欢迎的品牌。每当迎新年的时刻，首都年鉴界的新老朋友总会欢聚一堂，共迎新春，其乐融融，温暖如春。如

2010 年 2 月 5 日举办的"首都年鉴界纪念中国年鉴创办 100 周年暨新春联谊会"，120 多人参加联欢，中国出版协会主席于友先出席联欢活动。2013 年 1 月 29 日，由中央级年鉴工作部、企业年鉴工作部和北京年鉴社共同举办的"首都年鉴界 2013 新春联谊会"，100 多人参加联欢，文艺表演、嘉宾致辞、抽奖活动，丰富多彩，气氛热烈。中国版协年鉴工作委员会主任许家康专门从广西发来书面致词："请转达我对首都年鉴界同仁的深切问候，衷心祝愿各位同仁乘党的十八大春风，努力开创年鉴事业创新发展规范发展新局面，并祝大家新春快乐，幸福安康！"中国版协年鉴工作委员会常务副主任王守亚专程从合肥赶赴北京参加联欢会，他在新春致辞中说："首都年鉴界新春联谊会成功举办多年，它已成为首都年鉴联系沟通交流的桥梁，成为凝心聚力、增进友谊的平台，成为扩大影响、促进合作的阵地，成为展示才艺的大舞台。"

举办了两期中央级年鉴主编培训班。1998 年 11 月 15～28 日，新闻出版署教育培训中心和中央级年鉴工作委员会在北京联合主办首期中央级年鉴主编（编辑部主任）岗位培训班，有 28 人参加培训，我也参加了这次培训。学员们学习了出版事业的性质、任务和出版改革，期刊法律、法规，编辑出版业务，期刊社经营管理等课程。时任新闻出版署副署长桂晓风、梁衡、杨牧之，时任国务院发展研究中心党组书记陈清泰以及有关专家、学者为培训班授课。期间学员们还就"中央级年鉴当前发展面临的问题"进行探讨。学员们全部达到持证上岗的规范要求，12 月 4 日培训班举行毕业典礼，颁发了岗位培训合格证书。2004 年 12 月 13 日，中国版协年鉴研究会与新闻出版总署教育培训中心联合，在北京举办了第二届中央级年鉴主编岗位培训班。

组织协调中央级年鉴加入中国年鉴资源数据库建设工作。2004 年 7 月 15 日，经过半年多的组织协调、收集整理，中国年鉴资源全文数据库项目一期工程基本完成。中国版协年鉴研究会发文表彰 143 家一期入库的年鉴对该项目的支持，授予"中国年鉴资源全文数据库核心年鉴"称号。143 家年鉴含中央级年鉴 42 家、省级综合年鉴 24 家、城市年鉴 50 家、区县级年鉴 12 家、地方专业年鉴 15 家。

召开中央级年鉴转企改制问题座谈会。这些年，中央级年鉴工作部多次召开专题座谈会，讨论研究各中央级年鉴工作中出现的问题。2010 年 5 月 22 日，中央级年鉴工作部在北京鹫峰召开中央级年鉴转企改

制问题座谈会。中国版协常务副主席兼秘书长刘波出席会议，并传达中国版协暨新闻出版总署对有关报刊社转企改制的指导性意见，介绍前一时期出版社转企改制的情况。与会者就年鉴的功能、性质、中央级年鉴的现状、年鉴发行市场等方面对实行转企改制问题发表了意见，并希望主管部门将中央级年鉴纳入政府职能部门或公益性事业单位管理，加强领导和具体指导。

加强中央级年鉴的学术研究与培训工作。中国年鉴事业的发展，离不开年鉴理论的指导。年鉴事业的发展，促进了年鉴学术理论研究。年鉴学术理论研究的深入发展，又进一步促进了年鉴事业的发展。多年来，中央级年鉴工作部积极组织中央级年鉴的同志进行年鉴学术研究，涌现了一大批高质量的论文。许多论文被中国版协年鉴工作委员会主办的学术刊物《年鉴信息与研究》《年鉴论坛》发表。2012 年出版的第三辑《年鉴论坛》上有 5 篇是中央级年鉴的同志撰写。学术委员会主任孙关龙在这期《年鉴论坛》的编后语中写道："一辑刊物上刊登那么多中央级年鉴论文，是过去 20 多年历史上所稀见的。"同时，还组织力量参与年鉴论著的编写工作。2009 年 6 月，由线装书局出版的达 65 万字的《行业年鉴理论与实践》一书，由邵权熙担任主编，中央级年鉴工作部组织编写了"行业年鉴的实践"章节的内容，对行业年鉴发展进行历

程回顾、方法展示、经验总结和理论探索。另外，一些中央级年鉴还参加各类年鉴编纂业务培训班和一年一次的全国年鉴学术年会。

中国版协年鉴工作委员会为了总结经验和宣传成就，进一步推动中国年鉴事业科学发展，决定编辑出版纪念画册《年轮》。我应约撰写《中央级年鉴工作部发展历程》，回顾历史，感慨良多。多少笔耕不缀的身影，已经化为昨天沉淀的记忆；多少辛勤伏案的汗水，终于凝成今天瑰丽的篇章。这些年中央级年鉴工作部开展的一系列活动，赢得各中央级年鉴同仁的信任与支持，也得到有关行业、部门、单位的认可和尊重。实践证明，在中国版协年鉴工作委员会正确领导下，中央级年鉴工作部是一个有活力、有影响力、有感召力的工作部。这离不开一大批年鉴界领导、专家及中央级年鉴各位同仁的默默奉献，努力耕耘。中国年鉴事业与国家政治进步，经济发展，文化振兴休戚相关。在这个文化大发展大繁荣的新时期，年鉴工作机遇与挑战并存，我们要充分认识年鉴的定位和作用，在文化体制改革，转企改制中大显身手，走上快速发展之路。展望未来，中央级年鉴工作部将发扬老一辈年鉴人的优良传统和做法，并根据新的形势和环境，研究年鉴发展战略，创造性地做好首都年鉴界的组织工作。让我们携手同行，为中国年鉴事业的美好明天，书写新的历史，创造新的辉煌。

（郑维桢　中国版协年鉴工作委员会副秘书长　中央级年鉴工作部主任　中国会计年鉴编辑部主任）

省级年鉴工作部发展历程

一

党的十一届三中全会以来，我国年鉴出版事业，随着改革开放和社会主义现代化建设的蓬勃发展应运而生，迅猛发展。1983 年，《黑龙江经济年鉴》(1986 年改为《黑龙江年鉴》)、《辽宁经济统计年鉴》(1992 年改为《辽宁年鉴》) 创刊，地方年鉴开始异军突起。1984 年，《安徽经济年鉴》(1988 年改为《安徽年鉴》)、《福建经济年鉴》(1995 年改为《福建年鉴》)、《河南年鉴》创刊。1985 年，《河北经济统计年鉴》(1995 年改为《河北经济年鉴》)、《山西年鉴》《山西经济年鉴》《湖南年鉴》《广西经济年鉴》(1987 年改为《广西年鉴》)、《贵州年鉴》《新疆年鉴》创刊。至 1990 年，全国已有 27 个省、自治区、直辖市出版了省一级的综合年鉴。2002 年，《江西年鉴》编纂出版，中国各省、自治区、直辖市和特别行政区都有了综合年鉴。

与其他种类的年鉴相比，省级综合年鉴大都创刊较早，注重质量，成为新时期年鉴事业的中坚力量，具有经济实力强、发展稳健、运作规范、社会影响大等特点。

二

省级综合年鉴的编纂出版，由地方政府主持，设有专门的编辑部（年鉴社）开展编纂出版工作。各家年鉴积极研讨年鉴编纂理论，总结年鉴编纂的实践经验，制订年鉴编纂规范，开展年鉴知识普及，加强编纂队伍培训，年鉴质量逐年提高。

全国省级年鉴研讨会是由省级年鉴单位承办的年鉴学术研讨交流活动。每次会议均围绕年鉴实践和理论研究中的突出问题展开交流讨论，起到了研讨问题、交流经验、密切联系、促进年鉴事业发展的作用。至 2012 年，省级年鉴研讨会共举办 13 次。其中，1997 年 11 月 3 ~ 5 日，1997 年全国省级年鉴暨华东地区年鉴工作会议在浙江杭州召开。与会者围绕"提高年鉴的编纂质量和编纂队伍素质、加强年鉴的经营管理、更好地与社会主义市场经济接轨"等议题进行研讨。2001年10月26～29日，第六次全国省级年鉴研讨会暨华东地区年鉴协作会在福建福州召开。会议以"年鉴改革与创新"为主题，与会者就年鉴工作如何正确认识现状、进行改革等议题进行深入探讨。2004年8月3～4日，第八次全国省级年鉴研讨会暨"三北"（东北、华北、西北）地区年鉴协作会在吉林长春举行。主题是：坚持科学发展观与地方综合年鉴的改革创新。与会代表围绕年鉴创新、理顺关系、走向市场、办出地方特色等议题进行研讨。2008年7月20～24日，全国省级年鉴理论研讨会在新疆乌鲁木齐召开。与会者围绕"深入贯彻科学发展观，推动年鉴编辑水平再上新台阶"的主题，共同探讨中国年鉴如何适应改革开放的新形势，进一步发挥服务大局、服务社会的整体作用。

通过研讨交流，省级年鉴在许多编纂理论问题上形成共识，并开展多方面有益的探索。在框架结构上，在坚持全面、系统、科学、合理原则的同时，注重突出地方特色。如《福建年鉴》突出闽台关系，《新疆年鉴》突出边疆特色。广东省是侨乡，《广东年鉴》设置了"侨务"篇。《云南年鉴》《广西年鉴》和《新疆年鉴》均设置了"民族"篇。《上海年鉴》依据上海的定位，设计了以"一个龙头、四个中心"（浦东开发开放和经济中心、金融中心、贸易中心、国际航运中心）为主体的框架。尤其值得一提的是《海南年鉴》曾实行的分册编辑、集成出版。1993年《海南年鉴》分为9个分册：卷一《海南概况》、卷二《海南政治与法制年鉴》、卷三《海南经济年鉴》、卷四《海南房地产年鉴》、卷五《海南金融年鉴》、卷六《海南旅游年鉴》、卷七《海南社会事业年鉴》、卷八《海南市县年鉴》和附刊《海南办事指南》。分册编辑、集成出版，有利于适应读者对信息的不同需求，分门别类编辑出版符合不同读者需求的专门年鉴，有利于年鉴内容的深化、具体化，从广度和深度上开掘信息资源，增强实用性。

在历届全国年鉴编纂出版质量评比中，涌现出一批质量较高的省级年鉴。在1994年首届地方年鉴评奖中，《广西年鉴》《广东年鉴》《上海经济年鉴》获特等奖；1999年第二届地方年鉴评奖，《广西年鉴》《广东年鉴》《上海年鉴》《上海经济年鉴》获特等奖；2004年第三届全国年鉴编纂出版质量评奖，《广西年鉴》《江苏年鉴》《广东年鉴》《安徽年鉴》《浙江年鉴》获综合奖特等奖（从第三届开始，地方专业年鉴单成系列评奖，《上海经济年鉴》归入该系列）；2009年第四届全国年鉴编纂出版质量评奖，《广西年鉴》《广东年鉴》《安徽年鉴》《山东年鉴》《河南年鉴》获综合奖特等奖。

三

省级年鉴创刊以来，在大力提高编纂质量的同时，注重加强和改善经营管理。多数省级年鉴"背靠政府，面向市场"，实行事业单位、企业化管理的体制，走上自主经营、自负盈亏、自我发展的经营管理之路。这其中，主要筹资渠道是广告经营和年鉴发行。刊号的取得使得年鉴社成为独立法人，政府及相关部门的政策支持为年鉴社开展经营提供了宽松的政策环境，遍及省、市、县的编写网络为开展经营提供了人力支持。1992年初邓小平视察南方以后，特别是中共十四大的召开，明确了建立社会主义市场经济体制的改革方向，我国改革开放和现代化建设事业进入一个新的历史阶段。省级年鉴抓住机遇，勇于探索，大胆开拓，加大经营创收力度，取得较好经济效益，实现编纂出版和经营管理的双赢。如广西年鉴社在开展广告经营和年鉴发行工作的同时，尝试举办实业，联合有关单位投资数百万元，在合浦星岛湖旅游区动工兴建相思园度假村，1994年8月度假村主体工程竣工并投入试营业。1993年5月后，新组建的广西年鉴社正式与财政脱钩，走上了事业机构、企业管理的道路。

进入新世纪后，网络化、信息化浪潮席卷全球，传媒市场、广告市场竞争加剧。加上政府职能转变，"红头文件"作用削弱，机关事业单位管理和财务制度改革，原有组稿渠道缩小，给年鉴经营带来新压力、新挑战。在"年鉴热"初期，许多省级年鉴的发行量都在1万册左右，到2001年平均降到5000～6000册，保持万册纪录的已成凤毛麟角，有的省级年鉴甚至降到3000册以下。出现"组稿难、拉广告难、发行难"三难的被动局面。

2006年，国务院《地方志工作条例》颁布实施，编纂综合年鉴成为地方政府的职责，年鉴工作经费纳入财政预算。省级综合年鉴和其他地方综合年鉴一样，作为政府主办的公益性文化产品，进入依法编鉴的新阶段，迎来了可持续发展的新局面。

（王中华　中国版协年鉴工作委员会副主任　河南省地方史志办公室副主任　河南年鉴社社长　常务副主编　副编审）

城市年鉴工作部发展历程

城市年鉴是地方综合年鉴的重要组成部分，是中国年鉴界最为庞大的家族和最活跃的群体，在中国年鉴界占据"半壁江山"。

一、城市年鉴伴随改革开放的脚步而兴起

1978 年以后，随着中国的改革开放，年鉴以前所未有的规模和速度引入国内并取得长足发展。1983 年，《广州经济年鉴》(今《广州年鉴》)、《黑龙江经济年鉴》(今《黑龙江年鉴》)、《辽宁经济统计年鉴》(今《辽宁年鉴》)创刊，地方年鉴异军突起。1986 年，从广州、深圳、杭州等沿海开放城市到中西部地区，城市年鉴得改革开放风气之先，纷纷创刊。2002 年，《厦门年鉴》创刊。中国 5 个经济特区、14 个沿海开放城市都有了年鉴。而且，600 多个建制市大部分出版了年鉴。至 2009 年末，由全国各级地方志工作机构编纂的地方综合年鉴已有 1500 余种，若除去省级综合年鉴，城市年鉴的数量应接近 1500 种。毫无疑问，城市综合年鉴是中国年鉴家族中一支最庞大的队伍。

二、城市年鉴是最具活力的群体

城市年鉴是各类学术活动的参与者、组织者和宣传者。在中国年鉴研究会的倡议和组织下，年鉴学术交流活动在全国各地陆续开展起来。1991 年，首届全国城市年鉴研讨会召开。至今，全国城市年鉴研讨会召开已举办 22 届，成为年鉴界最具影响力的学术盛会。承办城市年鉴研讨会的城市从海口、杭州、济南、大连等沿海开放城市，到贵阳、昆明、柳州、西安等内陆城市，包括香港特别行政区，总数达 20 多个。学术交流的主题不断拓展，涵盖了年鉴工作的方方面面，如年鉴知识、年鉴功能定位、年鉴编纂工艺、年鉴传播和利用、年鉴的创新和规范化等。学术交流的

形式不断创新，从最初会议发言讨论到主题报告制度的建立和完善。这些都彰显了城市年鉴在学术活动中积极的作用。

全国年鉴编校质量评比和年鉴编纂出版质量评比活动中，城市年鉴表现得尤其活跃。1996年，中国年鉴研究会学术委员会与年鉴信息与研究杂志社联合举办了首届年鉴校对质量评比活动，此后每年举办一次。2003年，年鉴校对质量评比活动名称改为"全国年鉴编校质量评比"，至今已连续举办6届。全国年鉴编纂出版质量评比连续举办了4届。在这两个年鉴界最重要的评奖活动中，涌现出了一批品牌城市年鉴。《杭州年鉴》《武汉年鉴》均连续获得4届全国年鉴编纂出版质量评比特等奖和6届全国年鉴编校质量评比特等奖。城市年鉴在评奖中不断创新创优，编纂质量和编校水平逐年提高，增强了年鉴的品牌影响力。

城市年鉴是学术争鸣和理论创新的重要力量。年鉴界的刊物创办于1982年，当时称为《年鉴通讯》。《年鉴通讯》1982～1990年共出版28期，登载各类文章共计645篇，约951千字。1991年，《年鉴工作与研究》创刊。至1994年，共计出版14期，总计发文1309.6千字，文章438篇，其中论文性质的文章为316篇，总计约1159.7千字。这两者是中国版协年鉴研究会会刊的前身。1995年，中国版协年鉴研究会会刊《年鉴工作与研究》更名为《年鉴信息与研究》，1995～2005年，共计52期，总计刊出4842千字，刊发文章2399篇，其中论文性质的文章为1435篇，总计约4249千字。城市年鉴在这3种年鉴学术刊物上发表了大量实践性和理论性的文章，《年鉴信息与研究》全文检索数据库曾作了统计，按数据库中文章作者所在单位进行了统计并排序，发表文章最多的前25家单位中，城市年鉴占了32%。

除论文外，以城市年鉴编纂研究为主题的学术著作虽然数量不多，但均是言之有物的精品佳作。如2003年广州年鉴社谭惠全主编的《城市年鉴编纂的理论与实践》、2005年上海市年鉴学会主编的《上海市年鉴编纂20年》、2008年厦门市地方志办公室主编的《年鉴编纂实务》。特别是《城市年鉴编纂的理论与实践》收入近30篇论文，包括《当前年鉴编纂普遍存在的几个问题》《年鉴与知识经济时代》《新世纪年鉴面临的新挑战》等，理论联系实际，认真研究了城市年鉴编纂各方面的问题。

《年鉴信息与研究》全文数据库中发文量前25名的单位

序号	单位（年鉴）	发文数	文章总字数（千字）
1	中国版协年鉴研究会	212	475
2	北京大学信息管理系	50	217.8
3	广州年鉴	48	131
4	浦东年鉴	40	110.5
5	武汉年鉴	37	121.6
6	年鉴信息与研究社	35	47.1
7	江苏年鉴	32	92.1
8	广西年鉴	32	90.1
9	北京铁路局年鉴	32	76.8
10	山东年鉴	32	71.7
11	湖南年鉴	27	90.4
12	淄博年鉴	27	60.5
13	武进年鉴	26	89.7
14	南京年鉴	26	68.2
15	中国机械工业年鉴	25	66.2
16	大连年鉴	25	63.2
17	广东年鉴	23	67
18	中国出版年鉴	23	49.9
19	湖北年鉴	22	64.9
20	上海经济年鉴	22	60.7
21	黑龙江年鉴	22	49.5
22	烟台年鉴	21	46
23	安徽年鉴	20	51.3
24	红塔年鉴	20	42.8
25	杭州年鉴	20	39.9

城市年鉴是具有强烈创新意识和开拓勇气的实践者。中国正在经历着世界上最大的城市化进程。正如日新月异的城市面貌一样，城市年鉴以其强烈的创新意识、理论智慧和实践勇气，冲锋在中国年鉴创新发展的最前沿。多元化的编纂主体、个性化的框架结构、先进的编纂工艺、快捷的传播途径、科学的利用方式，无不体现出城市年鉴的创造性和丰富性。新世纪以来，城市年鉴出现了一种新趋势，那就是一批城市圈、城市群年鉴的相继创刊。2003年，《长江三角洲城市年鉴》创刊；2007年，第一部《云南城市年鉴》出版；2008年，《东北城市年鉴》诞生；2009年，首卷《武汉城市圈年鉴》问世；2010年，《珠江三角洲城市群年鉴》首发。城市年鉴逐渐突破行政地域的限制，走上跨区域协作的道路，并由此产生出崭新的城市年鉴种类。

（贾大清　中国版协年鉴工作委员会副主任　杭州市地方志办公室主任　高级经济师）

地州区县年鉴工作部发展历程

1985 年　山西省稷山县年鉴研究会成立，这是在全国成立最早的县级年鉴研究会之一。

1986 年 4 月　山西省稷山县年鉴研究会举行主题为"如何编修县级年鉴"的第二届年会，并制定研究会工作计划。

1989 年 4 月 25 ～ 29 日　由云南、安徽、四川、福建、哈尔滨年鉴等 5 家单位倡议的全国地方年鉴协作会在云南昆明成立，并召开第一次会议。

1990 年 4 月 25 日至 5 月 4 日　由全国年鉴研究中心组织，委托上海县档案局、上海县年鉴编辑部承办的全国地、县（市）级年鉴研讨班在上海市上海县举行，并成立地县（市）级地方年鉴协作分会，由上海县年鉴负责人任会长，吴县年鉴和保定地区年鉴负责人担任副会长。

1990 年 10 月 13 ～ 18 日　第一次华东地区年鉴协作会在浙江杭州举行。全国年鉴研究中心总干事兼秘书长尚丁出席会议并讲话。与会者对如何提高年鉴质量、加强年鉴管理经营等问题进行交流研讨。

1992 年 10 月 21 ～ 25 日　第三次华东地区地方年鉴协作会在山东省泰安市举行。与会者就"在深化改革开放的新形势下如何办好地方年鉴、怎样做好年鉴经营管理"等问题交流经验、进行探讨。

1993 年 3 月底　据不完全统计，全国已出版和即将出版的年鉴总数达 640 种。其中，综合性年鉴 182 种、专科性年鉴 350 种、统计性年鉴 108 种。

1994 年 11 月 8 ～ 12 日　第三次全国地州市县年鉴研讨会在云南玉溪举行。云南省政府秘书长、省年鉴研究会会长吴光范，中国年鉴研究会会长尚丁，副会长张淑静，玉溪市副市长范玉明等参加会议并讲话。会议收到论文 26 篇，围绕"地县市年鉴发展与提高"议题交流探讨。

1996 年 4 月 15 ～ 18 日　第四次全国地市县年鉴研讨会在上海宝山举行。会议收到论文 30 篇，12 位代表在大会上发言，围绕"地市县年

1990年4月第一次全国地市县年鉴编纂班闭幕式

鉴如何适应市场经济新体制的要求，实现转轨变型，向信息产业靠拢，更好地为改革开放服务"的议题进行讨论。

1998年6月27～29日　第六次全国地市县年鉴研讨会在河北丰宁举行。中国年鉴研究会陈仁礼等出席会议，与会者就"如何背靠政府面向市场，如何反映时代特色、地方特色，如何稳定撰稿员队伍和培养复合型编辑人才"等议题展开讨论。

1999年10月28～31日　第七次全国地州市县（区）年鉴研讨会在江苏省常州市召开。中共常州市委宣传部长、武进市政府副市长、中国年鉴研究会会长尚丁、副会长陈仁礼、顾问陈汝鼎等出席。尚丁做题为《激励向前，再创辉煌》的讲话，与会者就"年鉴如何背靠政府面向市场与世界接轨"等问题交流研讨。

2001年9月25～27日　第九次全国地市县年鉴研讨会在辽宁海城举行，会议以"地市县年鉴改革创新"为研讨主题。

2002年8月16～19日　第十次全国地市县年鉴研讨会在宁夏银川召开。区党委副书记马文学出席会议并讲话，中国版协年鉴研究会会长许家康就县级年鉴编辑出版现状、县级年鉴生存发展模式选择、进一步提高年鉴质量作了专题报告。与会者就"地县级年鉴工作如何与时俱进，走年鉴改革创新之路"的主题展开讨论。

2003年11月6～8日　由上海年鉴社主办、安徽年鉴社承办的第十一次华东地区年鉴协作会在安徽合肥举行。来自上海、安徽、江苏、浙江、江西、福建、山东等省市的年鉴工作者80余人参加了会议。安徽省政府副秘书长、办公厅主任梁热，中国版协年鉴研究会副会长、安徽年鉴社社长王守亚，中国版协年鉴研究会顾问陈汝鼎，上海市地方志办公室党组副书记、副主任、上海年鉴执行主编朱敏彦，上海市地方志办公室副主任、上海年鉴常务执行主编姚金祥，江苏省地方志办公室主任、江苏年鉴社社长王建中，安徽省地方志办公室副主任邓国安，安徽年鉴常务副总编、省社科院副院长王传寿等出席。中国版协年鉴研究会及其名誉会长尚丁给会议发来贺信和贺词，广州年鉴社社长谭惠全和华东地区省市级年鉴的负责人交流发言。

2004年5月《奉贤年鉴》登载于奉贤区史志办公室创办的"奉贤史志"网，这是率先上志书年鉴专业网站的地州区县年鉴。此后，《奉贤年鉴》每年都及时上网，实现纸质版年鉴出版的同时网络版年鉴随即上网。

2005年10月18～21日　第十三次华东地区年鉴研讨会在山东济南召开。

2008年6月24～27日　第十一次全国地州区县年鉴研讨会在浙江桐乡召开。桐乡市副市长朱红出席并致词，中国版协年鉴工委常务副主任王守亚、顾问陈汝鼎等出席，桐乡市史志办主任许忠民、广东南海年鉴社陈渊、奉贤区史志办主任丁惠义大会发言。

2009年3月　在上海市第二届地方志优秀成果评奖中，区县年鉴中的《浦东年鉴（2007）》获（年鉴类）一等奖，《静安年鉴（2007）》《奉贤年鉴（2004）》获（年鉴类）二等奖，《黄浦年鉴（2007）》等获（年鉴类）

2011 年 5 月上海市区县年鉴参加上海市地方志法规宣传周活动

三等奖。

2011 年 10 月 25 ～ 28 日　第六次全国地方专业（行业）年鉴暨第十二次全国地州区县年鉴研讨会在云南景洪召开，来自全国 25 个省区市和新疆生产建设兵团的 180 余名代表参会。中国版协年鉴工委主任许家康，云南省地方志办公室主任李一是，中国版协年鉴工委副主任朱敏彦、黄丽、谭惠全，景洪市政府市长岩温才，市委常委、组织部长施云峰，市委常委、副市长岩香等出席。李一是、岩温才致辞，许家康就"部分市、县（区）年鉴编纂中常见的突出问题——从两广出版的 30 种市、县（区）年鉴说起"为题作主报告，上海咬文嚼字主编郝铭鉴作题为如何建立编辑的语言优势的学术报告。会议期间，与会人员还参观了年鉴成果展。

2012 年 10 月 25 ～ 28 日　第十三次全国地州区县年鉴研讨会在新疆库尔勒召开，来自全国各地 55 个省区市、地州县和相关企事业单位的 96 位代表参会。新疆区地方志编委会党组书记、副主任廖运建，副主任刘星，新疆巴州党委常委、组织部长林炜，中国版协年鉴工委副主任、上海市年鉴学会会长朱敏彦等出席会议。廖运建、林炜致辞。朱敏彦就"地方综合年鉴编纂如何突出时代特征、地方特点和年度特色——

以《上海年鉴》为例"作主题报告。上海市奉贤区、广东省佛山市南海区、新疆巴州、河南省宜阳县、新疆哈密地区、广西南宁市良庆区等地州区县年鉴编辑部的代表在研讨会上发言。

根据中国地方志指导小组办公室的官方统计，截至 2012 年年底全国省市县三级综合年鉴共 1800 多部，占全国 3000 部年鉴的 60% 之多，其中，地州区县综合年鉴的发展速度是最快的。

地州区县综合年鉴 30 年发展的特点：① 发展迅猛。地州区县年鉴在综合年鉴中层次相对于城市年鉴、省级年鉴和中央级年鉴是较低的，但数量最多，发展速度最快。在全国 3000 种年鉴中，地州区县年鉴占了相当大的份额，是综合年鉴的主力军。② 机制灵活。地州区县年鉴的编辑都不是专业人士，有专职的、较多是兼职的、还有是聘任的，编辑流动性大，编纂流程随意性强，但经营、发行和考勤机制比较灵活，发展前景广阔。③ 质量分化突出。同样的地州区县年鉴，在上海、江苏、浙江、广东等沿海发达地区，编纂质量上乘，装帧设计美观，和城市年鉴水平不相上下。每次参评这些地区都为获奖大户。但是有些地州区县年鉴质量比较粗糙，这与编辑队伍和经费保障有直接关系，更有质量提升的空间和理论研讨的必要。

（王守亚　中国版协年鉴工作委员会常务副主任
安徽省地方志办公室副巡视员　常务副主编　年鉴社社长　编审）

中国版协年鉴
工作委员会

地方专业年鉴工作部发展历程

第一次会议

2003 年 10 月 21 ～ 24 日，由中国版协年鉴研究会主办、四川省交通厅史志总编室承办的全国第一次地方专业（行业）年鉴研讨会在四川成都召开。来自全国各地的地方专业（行业）年鉴、地方综合年鉴和中央级年鉴近 60 家单位、160 余人参加了研讨会。

四川省省长张中伟为大会发来贺信。省政府常务副秘书长王东洲，省地方志编委会常务副主任秦安禄，省交通厅党组成员、厅直机关党委书记代宗明等领导亲临大会祝贺并发表了热情洋溢的讲话。中国版协年鉴研究会地方专业年鉴工作部主任、四川省交通厅交通史志总编室总编辑黄丽在会上做主题发言：《与时俱进，开拓创新——〈四川交通年鉴〉编纂 17 年历史回顾》。

第二次会议

2004 年 10 月，全国第二次地方专业（行业、企业）年鉴研讨会在云南昆明召开。中国版协年鉴研究会地方专业年鉴工作部主任、四川省交通厅交通史志总编室总编辑黄丽在会上作主题报告：《贯彻落实科学发展观，全面推进地方专业年鉴事业创新发展》。

第三次会议

2008 年 7 月 3 ～ 7 日，由中国出版工作者协会年鉴研究会主办，黑龙江商务年鉴承办的全国第三次地方专业（行业）年鉴研讨会在黑龙江哈尔滨召开，30 余家专业（行业）年鉴及综合年鉴单位近 70 人与会。会上，年鉴研究会副会长兼地方专业年鉴工作部主任、四川省交通厅交通史志

总编室总编辑黄丽作《拥抱创意时代，增强地方专业（行业）年鉴软实力》的主题报告。

第四次会议

2009 年 6 月 3 日，全国第四次地方专业年鉴研讨会在山西太原召开。全国 50 多家地方专业年鉴单位参加会议。研讨会以"规范与创新"为主题，在创新年鉴品种、框架结构、装帧设计、条目选题以及年鉴编辑工作规范等方面进行研讨和交流。中国版协年鉴工作委员会主任（会长）许家康到会做《论年鉴的资料性》主题报告。年鉴工作委员会副主任（副会长）兼地方专业年鉴工作部主任、四川交通年鉴主编黄丽就如何进一步提高专业年鉴编纂质量发表讲话。

第五次会议

2010 年 5 月 31 日至 6 月 5 日，由中国版协年鉴工作委员会主办、地方专业（行业）年鉴工作部协办、湖北教育年鉴编辑部承办的第五次地方专业（行业）年鉴研讨会，在湖北武汉召开。

会议的主题是专业（行业）年鉴特色研究。出席会议的有：湖北省政府原副省长韩南鹏，年鉴工委主任许家康，副主任、地方专业（行业）年鉴工作部主任黄丽，地方专业（行业）年鉴工作部副主任许太琴、李仁贵、邓荣以及来自全国 18 个省、自治区、直辖市的 160 多位代表。

许家康作了主题报告；湖北教育年鉴编辑部主任邓荣介绍了《湖北教育年鉴》的编纂情况；武汉年鉴社主任肖凯介绍了《武汉年鉴》的编纂经验；黄丽做了地方专业（行业）年鉴工作部 2009 年工作报告，并对会议进行了总结。

会议期间，举办了年鉴展，展示了在第四届全国年鉴编纂出版质量评比中获综合特等奖的年鉴以及与会交流年鉴。

第六次会议

由中国版协年鉴工作委员会主办，景洪年鉴编纂委员会承办的第六次全国地方专业（行业）年鉴暨第十二次全国地州区县年鉴研讨会，于 2011 年 10 月 25 ~ 28 日在云南景洪召开。参加会议的有来自北京、天津、上海等地 130 余名年鉴界、方志界的领导、专家、学者。

会上，许家康作了题为《部分市、县（区）年鉴编纂中常见的突出问题——从两广出版的 30 种市、县（区）年鉴谈起》的主题报告；上海《咬文嚼字》主编郝铭鉴作了题为《如何建立编辑的语言优势》的学术报告。中国版协年鉴工作委员会副主任黄丽作会议总结。

第一次工作部会议

2008 年 3 月 25 日，由四川交通年鉴编辑部承办的中国版协年鉴工作委员会地方专业（行业）年鉴工作部第一次会议在四川成都召开。

会上，初步明确了地方专业（行业）年鉴工作班子成员职责分工，工作部班子成员一致表示将按职责分工认真搞好责任区域地方专业（行业）年鉴工作，积极关注并搜集地方专业（行业）年鉴发展动态信息，努力发现并推出责任区域地方专业（行业）年鉴优秀品种。

（黄　丽　中国版协年鉴工作委员会副主任　四川交通年鉴主编　编审）

企业年鉴工作部发展历程

一、简要回顾

企业年鉴工作部在中国版协年鉴工作委员会（研究会）的关心和指导下，于2004年9月至2005年8月进行筹备组建工作。2005年8月21日在新疆乌鲁木齐召开的第二次全国企业年鉴研讨会上，许进禄常务副会长宣读中国版协年鉴研究会《关于组建企业年鉴工作部的决定》。

8年来，企业年鉴工作部伴随全国年鉴事业的发展而不断成长，现有企业会员单位66家。

企业年鉴工作部先后组织了4次全国企业年鉴研讨会，与会代表围绕各次会议主题，认真研讨，发表论文，热烈讨论，互相交流，取长补短，共同提高，为开创企业年鉴工作的新局面作出应有贡献。

企业年鉴工作部各个会员单位，积极参加中国版协年鉴工委会组织的各类学术研讨活动和培训，开阔视野，提升层次，学以致用，为企业科学可持续发展服务；积极参加全国年鉴编纂出版质量、编校质量评比活动，接受全国年鉴界同仁的检验，通过参评，有些企业单位荣获评比的综合特等奖及年度编校质量特等奖。

企业年鉴工作部在没有固定经费来源的情况下，依靠大家的努力和部分企业单位的无私赞助，协助中国版协年鉴工作委员会、首都年鉴界开展了相关活动，得到年鉴界认可和好评。

回顾过去，我们默默耕耘，天道酬勤，收获了沉甸甸的果实。

展望未来，我们激情满怀，美丽中国，蕴藏在热乎乎的心中。

衷心祝愿全国年鉴事业蓬勃发展，走向世界！

二、组织机构

企业年鉴工作部自2005年8月21日正式组建至今，因工作调动、年龄原因，先后进行了人员调整。

2005年8月至2008年2月

职务	姓名	单位
主任	刘贤福	中国铁道建筑总公司年鉴
副主任	蒋琦	中国石油化工集团公司年鉴
副主任	徐宪民	宝山钢铁集团公司年鉴
副主任	李厚江	乌鲁木齐铁路局年鉴
副主任	陈忠	中国远洋集装箱运输有限公司年鉴
副主任	唐富华	江苏油田年鉴

2008年3月至2010年9月

职务	姓名	单位
主任	刘贤福	中国铁建年鉴
副主任	蒋琦	中国石油化工集团公司年鉴
副主任	郭志	中国水利水电建设集团公司年鉴
副主任	王宇芬	中国石油集团公司年鉴
副主任	徐宪民	宝山钢铁集团公司年鉴
副主任	唐富华	江苏油田年鉴

2010年9月至今

职务	姓名	单位
主任	郭志	中国水利水电建设集团公司年鉴
副主任	蒋琦	中国石油化工集团公司年鉴
副主任	王宇芬	中国石油集团公司年鉴
副主任	杨启燕	中国铁建年鉴
副主任	徐宪民	宝山钢铁集团公司年鉴
副主任	唐富华	江苏油田年鉴

三、专业会议

首次全国企业年鉴研讨会

2004年9月14～16日在上海石化职工疗养院举行。本次会议由中国石化出版社承办，上海石化股份有限公司、北京汇智科贸有限公司协办。来自28个企业的45名代表出席会议。中国版协年鉴研究会常务副会长许进禄、中国石化出版社副社长徐金波、上海石化股份有限公司党委副书记高金平、上海年鉴学会常务副会长姚金祥到会并讲话。会议分别由中国版协年鉴研究会副秘书长周斌和中国石油化工集团公司年鉴编辑部主任蒋琦主持。会议围绕"企业年鉴与企业发展"的主题展开研讨。大会收到交流材料12篇，8名代表在大会交流。会议还就成立企业年鉴工作部的必要性及工作部筹备小组人选进行了探讨与提名。会议达成以下共识：（1）企业年鉴是有生命力、有发展前途的一项事业，各企业有条件、有能力将年鉴越

第一次全国企业年鉴研讨会代表合影

办越好；企业年鉴的发展不仅有利于企业，而且对整个社会具有重要的作用。(2)定期召开企业年鉴研讨会很有必要，可以做到相互学习、交流经验，有利于年轻的企业年鉴的成长和编纂水平的不断提高。(3)成立企业年鉴工作部是及时、必要的，有利于加强对企业年鉴的协调、服务工作，促进企业年鉴的进一步发展。

第二次全国企业年鉴研讨会

2005年8月21～26日，第二次企业年鉴研讨会暨企业年鉴工作部成立大会在新疆乌鲁木齐举行。本次会议由中国版协年鉴研究会主办、乌鲁木齐铁路局档案史志室承办。来自全国各地的企业年鉴代表60多人参加会议。中国版协年鉴研究会常务副会长兼秘书长许进禄出席大会。副秘书长周斌主持开幕式。乌鲁木齐铁路局副局长艾海提玉素甫、中国石化出版社社长王子康等出席大会并讲话。许进禄宣读中国版协年鉴研究会《关于组建企业年鉴工作部的决定》。《决定》指出，企业年鉴工作部为中国版协年鉴研究会的内设机构。其主要任务：一是团结全国企业年鉴工作者，研究交流年鉴编纂理论和实践经验，促进企业年鉴质量不断提高；二是积极收集和反映企业年鉴编纂中的问题和建议；三是宣传贯彻年鉴研究会的宗旨和决定，沟通与企业年鉴相互间的联系。

企业年鉴工作部成员，采取由企业年鉴编纂工作者推荐，年鉴研究会聘任的办法产生。根据第一次企业年鉴研讨会的推荐，组成企业年鉴工作部。

第三次全国企业年鉴研讨会

2007年9月10～14日，由中国版协年鉴工作委员会主办、中国铁道建筑总公司承办的第三次全国企业年鉴研讨会在四川乐山中铁二十局集团公司石柱山宾馆召开。来自全国40余家企业的60余名代表出席会议。中国版协年鉴工作委员会常务副会长许进禄、地方专业年鉴工作部主任黄丽、铁道部档案史志中心史志室主任姚世刚及中国铁道建筑总公司副总经济师张永宝、办公厅主任冯中海到会讲话，企业年鉴工作部主任、中国铁道建筑总公司年鉴主编刘贤福，企业年鉴工作部副主任、中国石化出版社年鉴编辑部副主任蒋琦，上海宝钢年鉴编辑部主任徐宪民分别主持会议。会议围绕"企业年鉴的规范与创新"展开研讨。会议收到论文经验材料15篇，12名代表在会上发言。

第二次全国企业年鉴研讨会代表合影

第三次全国企业年鉴研讨会代表合影

第四次全国企业年鉴研讨会

2009 年 7 月 21～22 日，由中国版协年鉴工作委员会企业年鉴工作部主办、中国水利水电建设集团公司承办、水电四局有限公司协办的第四次全国企业年鉴研讨会在青海西宁召开，来自全国各地的有关学者及企业负责年鉴编撰的专业工作者 80 余人参加了研讨会。中国版协年鉴工作委员会主任许家康、中国水利水电建设集团公司副总经理袁柏松、中国经济贸易年鉴社社长乔卫兵等出席会议并讲话。

开幕式上，中国水利水电建设集团公司副总经理袁柏松致欢迎辞，代表集团公司对远道而来的各位企业年鉴界的朋友和与会代表表示热烈欢迎，并阐述了企业年鉴编撰工作对推动企业科学可持续发展的重要意义，同时简要介绍了近年来水电集团公司取得的新成就，并预祝大会取得圆满成功；水电四局有限公司党委副书记王科选在讲话中对中国版协年鉴工作委员会给予水电四局协办研讨会表示感谢，并详细介绍了企业发展状况和近年来四局企业年鉴编撰情况。

会上，中国版协年鉴工作委员会主任许家康作了题为《论年鉴的年度性》的主题报告，报告论述"年度性是年鉴的基本属性、年度性规定年鉴的现实性、如何增强年鉴的现实性"，强调要从"框架设计要与时俱进、条目选题要大部更新、内容选择坚持'三贴近'、表达方法注重纪实性、出版周期尽可能缩短"等五方面着手，增强年鉴的现实性。中国经济贸易年鉴社社长乔卫兵就《国资管理年鉴》如何做好"内挖外延、发挥作用"方面进行了介绍，并对企业年鉴编撰状况和编撰过程中应注意的事项进行了阐述。

研讨会共收到论文 10 多篇，文章围绕第四次企

第四次全国企业年鉴研讨会代表合影

业年鉴研讨会的主题"企业年鉴在企业发展中的地位和作用"，就企业年鉴编撰工作的经验做法展开学术交流；与会代表围绕提高企业年鉴编撰的整体质量，推动企业科学可发展主题，积极建言献策，提出了许多宝贵意见和建议，会议达到了预期目的。

会议期间，企业年鉴工作部主任刘贤福，副主任徐宪民、唐富华分别主持会议，刘贤福从会议收获、存在不足、今后希望三个方面作了总结。

（郭志　中国版协年鉴工作委员会顾问　原企业年鉴工作部主任）

（杨启燕　中国版协年鉴工作委员会副秘书长　企业年鉴工作部主任　中国铁建年鉴主编）

2012
新疆年鉴
2012
北京朝阳年鉴
2012
2012
广东年鉴
2012 SHANDONG YEAR BOOK
中国铁建
2012
中国铁建年鉴
中国铁道年鉴
CHINA RAILWAY YEARBOOK
2011
2012
北京石景山年鉴
BEIJING SHIJINGSHAN NIANJIAN
云南年鉴
2012
大连年鉴
2012
DALIAN YEARBOOK
佛山年鉴

35 年輪

中国年鉴事业35周年

学术与信息化

学术委员会工作回顾
年鉴信息化发展概况

学术委员会工作回顾

1978 年至今，我国新时期的年鉴已走过 35 年的历程，很值得回顾。

━━━

早在清光绪五年(1879)中国就有《澳门年鉴》。以后整整一个世纪中，中国的年鉴时有时无，萧条经营，即使历史的车轮驶进了中华人民共和国以后的一段时间内，但基本面貌仍未根本上改观，至 1980 年中国（未含台湾和港、澳地区）仅有 6 种年鉴。1980 年以后，中国的年鉴事业爆发式地发展起来，构成了中国年鉴发展史上第一次辉煌。主要体现在以下五个方面。

1. 截至 2012 年 11 月底，中国年鉴约有 3000 种。1978 年至今，我国正式出版的年鉴种数大致如下：1978 年 1 种，1979 年 1 种，1980 年 6 种，1981 年 14 种，1982 年 28 种，1984 年 46 种，1986 年 113 种，

1993 年 640 种，1999 年 1300 多种，2003 年约 2000 种，2008 年约 2500 种。2012 年约 3000 种，是 1978、1979 年 1 种的约 3000 倍,1999 年约 1300 种的 1 倍多。2000～2012 年净增 1700 多种，其增幅超过前 20 年。毫无疑问，中国已是世界上数一数二的年鉴大国。世界年鉴的中心曾随世界经济中心的转移而转移，从英国转到西欧，继而转到美国，未来有可能向中国转移。

2. 举办各种学术研讨会百余次。包括全国年鉴学术年会 13 次，城市年鉴学术研讨会 22 次，省级年鉴学术研讨会 13 次，中央级企业年鉴学术研讨会 4 次，地方专业年鉴学术研讨会 6 次，地州县（市、区）年鉴学术研讨会 13 次，共计 58 次；还有大区、各省、各系统年鉴学术研讨会，截至 1999 年即有 30 余次，2000 年及以后又有 40 余次。各级学术研讨会自 1997 年以后都实行了主题报告制度，使研讨会质量有了基本保证，因而长盛不衰。而且，研讨会学术活动做到制度化、常规化，如学委会学术活动"一、二、三"（指一年一次培训班，二年一次学术年会，三年一次学术论著评奖），学术活动如此之频繁，在我国众多的群众性学术团体中并不多。

公开发表的年鉴研究论文仅以《年鉴信息与研究》和《年鉴论坛》发表的为准，约有 1500 篇以上。出版我国唯一的年鉴学术性刊物《年鉴信息与研究》，前者共出版 84 期，其中 1999 年及以前出版 28 期（未计 1999 年增刊），2000～2010 年出版 56 期；《年鉴论坛》创办于 2010 年，一年一期，共出 3 期。论文质量自 1999 年以后也有较为显著地提高：例如，1999 年及以前刊物上论文都没有引文出处，没有内容提要，没有关键词等。从 2000 年开始重要文章注有了出处。2010 年及以后基本上每篇论文注明了出处和参考文献，附有内容提要、关键词，实现了论文格式的规范化，与国家标准、国际标准接轨。无疑，中国是当今世界年鉴界开展学术研讨最为蓬勃的国家，亦是当前撰写年鉴论文和文章最多的国家。

3. 开展一系列培训、全书质量评比、编校质量检查等活动。在 20 世纪 80 年代后期、90 年代，中国大百科全书上海分社年鉴培训基地、北京大学信息管理系培训基地，共举办 10 多期培训班。2000 年及以后，上海浦东培训基地举办多期培训班，学委会在北戴河等地举办培训性质的研讨班 13 期（其中在辽宁兴城、山东威海、安徽黄山和铜陵各举办过一期），参加者愈来愈多，其中 2012 年 8 月在安徽铜陵召开的第 13 届培训班人数达 220 多人。

学术论著评奖原则上是三年评一次，1999 年前评过两次，一是 1993 年，一是 1997 年。以后，2001、2004、2008、2012 年共评了四次，总共评了六届。学术论著的评比工作，始终坚持公开、公平、公正的原则，质量第一，宁缺毋滥。

全书质量评比五年一次，继 1994、1999 年两届质量评比，2004、2009 年又进行两届评比。评奖标准、评比过程愈来愈规范。

编校质量检查评比工作始自 1996 年，当时为校对质量评比（查的内容是文字、数字用法、单位用法、标点符号 4 项），2002 年向前进了一大步，开始与全国编校质量检查评比接轨，考虑到年鉴界的实际情况，当时检查内容从 4 项增至 7 项（增加事实性差错、知识性差错、政治性差错 3 项）。2005 年及以后，则把检查内容扩至 10 项（增加词语、语法、版面格式 3 项），检查内容与全国编校质量检查评比全面接轨。多年来，我们的编校质量检查评比一直坚持"在质量面前人人平等"的原则，一直坚持四个一视同仁：对过去编校质量好的年鉴与过去编校质量较差的年鉴一视同仁，对年鉴研究会负责人单位年鉴与一般单位年鉴一视同仁，对与会专家单位年鉴与其他单位年鉴一视同仁，对是会员单位年鉴与不是会员单位年鉴一视同仁等。全国省级及其以上群众团体上万个，像年鉴研究会这

样连续举办 10 多届编校质量检查评比、不松懈地抓质量的团体，似不多见。

4. 更可贵的是中国年鉴的发展在数量增加的同时，质量有了一定的提高。主要表现：

（1）内容特色前进一大步。中国年鉴初步改变了框架栏目刻板，内容单调，"千鉴一面"的情况。不少年鉴（包括省级年鉴，相当数量的城市年鉴和中央级年鉴，部分市区县年鉴、中央企业年鉴和地方专业年鉴）早已不是上个世纪 80 年代、90 年代的面貌了，它们遵照科学发展观，紧紧地围绕改革开放、经济建设这个中心，与时俱进，常编常新，不断地拓宽反映社会现实的广度和深度，内容丰富，时代特色、地方特色或专业特色、年度特色、个性特色大大增强。

（2）规范化有很大改进。现有相当一批年鉴实现了约稿方面有一套规定和要求，条目编写有一套体例，条目审稿有一套规范，索引的编制有一系列的要求，编辑部工作有条例等。

不少年鉴条目按年鉴体（辞书体在年鉴中的应用）进行规范，内容简明扼要、实用性强，标题简短明了、确切醒目。不少年鉴总结式的文体、文秘化的写法基本上见不到了。

（3）编校质量有了相当显著的提高。以 13 届全国年鉴编校质量检查评比（前 6 届为校对质量检查评比）为例，优秀率（零差错的年鉴和差错率在万分之零点二五及其以下的年鉴）从 10 多年前不到 10%，到近几年 40%～50%；不合格率（差错率在万分之一以上的年鉴），从 10 多年前的 50%～60%，到近两年降至不到 10%（见下表）。

全国年鉴编校（校对）质量评比优秀率和不及格率历年比较表

届次	优秀率（%）	不合格（含放弃）率（%）
第一届（1996）	7.87%	60.67%
第二届（1997）	6.73%	51.92%
第三届（1998）	12.90%	37.91%
第四届（1999）	16.67%	42.86%
第五届（2000）	16.36%	36.37%
第六届（2001）	30.43%	34.79%
第七届（2002）	26.77%	20.70%
第八届（2005）	46.27%	18.66%
第九届（2006）	29.28%	23.70%
第十届（2007）	49.00%	12.00%
第十一届（2008）	37.70%	18.77%
第十二届（2010）	57.96%	1.23%
第十三届（2011）	50.38%	3.46%

（4）装帧设计、索引等都有很大改观。现不少年鉴装帧美观大方，构思新颖，图像清晰，凸显个性，全彩印刷。

（5）一批精品年鉴正在产生。例如地方年鉴中 4 次都获中国年鉴特等奖的《广东年鉴》《广西年鉴》《杭州年鉴》《武汉年鉴》《武进年鉴》；3 次连续获中国年鉴特等奖的《广州年鉴》《大连年鉴》《西安年鉴》。中央级年鉴中 3 次连续获中国年鉴特等奖的《中国轻工年鉴》《中国农业年鉴》等。

5. 涌现一大批为中国年鉴事业作出贡献的优秀人才，特别值得提出的是尚丁、刘火子、方厚枢、陈汝鼎等一批老同志为中国年鉴事业发展作出了重要贡献。原常务副会长许进禄，为中国年鉴事业发展作出了重要贡献；早逝的苏伯华为中国年鉴学术事业的发展作出了宝贵贡献；已达古稀之年的马惠平、陈仁礼，花甲之年的刘菊兰、张建明等，从退休至今一直孜孜不倦地在为中国年鉴作贡献。

二

中国年鉴 30 多年奇迹般的发展，是什么原因形成的，我认为是主客观多方面原因综合发生作用的结果。

1. 离不开改革开放、经济蓬勃发展的大环境。年鉴是工业社会的产物，农业社会需要历书，工业社会需要年鉴。1978 年前的中国，年鉴事业发展不起来，最根本原因是因为中国处于农业社会，工业不发达。即使是 1950～1978 年也是这样，那时列强封锁我们，不可能改革开放，什么都强调保密，怎么可能有年鉴的大发展？改革开放了，需要与外界交流。工业发展了，社会的快速发展，需要快速查检的工具书——年鉴。中国年鉴发展是与改革开放、经济发展完全同步的。

2. 离不开各级领导的大力支持。中国是一个富有行政化色彩的国家，行政的力量在中国比国外包括发达国家在内要强势得多、有效得多，能集中力量办一些大事，这对大经济、大科学、大文化的今天的发展是有益的。当然，也要防止过于强势，不适当或不适时的强势。

如果没有 1979 年邓小平对《中国百科年鉴》所作的"编辑出版年鉴，很有必要，这是国家的需要，四化建设的需要"的指示，中国年鉴发展很难有爆发式的发展，很难出现发展奇迹；如果没有各级政府、各个企事业单位领导的支持，中国年鉴发展也很难有爆发式的发展，也很难出现发展奇迹。中国年鉴发展还有一个国外年鉴界几乎没有的现象，即随地方志事业的发展而发展。20世纪80、90年代，地方志机构编鉴很大一个原因是为了保存机构、保留人才，那么到了新世纪，尤其2006年《地方志工作条例》的颁布，大大促进了原来没有办鉴的县、市、区办鉴积极性。中国现出版的3000多种年鉴，其中2000多种是在地方志系统。所以，回顾年鉴界35年历程时，要感谢各级领导的支持，包括感谢各级地方志系统领导对年鉴的支持。

3. 离不开中国年鉴界对创新的重视。"创新"一词是美籍奥地利经济学家熊彼特（Joseph Alois Schumpeter，1883～1950）于1912年提出，在1939、1942年出版的著作中形成系统理论。该理论对经济学界的影响在20世纪70年代及其以后凸显。1995年5月26日第二次全国科学技术大会上，江泽民把"创新"提升为国家战略，2000年江泽民又把"创新"进一步系统化。2001年中国版协年鉴研究会成立，研究会提出中国年鉴要走"创新之路"。据许家康考证，早在20世纪90年代初《广东年鉴》张柏鉴在《进取·求实·开拓创新·精心经营——〈广东年鉴〉创刊5周年的实践与思考》一文中，已提出"创新"一词。据阳晓儒统计，"从1992年到1999年有9篇文章探讨年鉴的创新问题"。1999年叶宝根给第七届全国年鉴学术年会（长沙）提交论述"创新"的专题论文——《创新是年鉴发展的生命与动力》……也就是说，早在中国版协年鉴研究会于2001年提出走"创新之路"之前的10年，在党中央还没有把"创新"提升为国家战略之前，我们年鉴的同仁已富有卓见地提出了中国年鉴创新的问题。也就是说，在中国版协年鉴研究会于2001年提出走"创新之路"之前，年鉴界的一批同仁已写出一批论文探讨年鉴的创新问题，且出现了专论创新的论文。

在行动上，中国年鉴在新时期一开始，即注重"创新"。1980年，《中国百科年鉴》在研究世界各国年鉴尤其是各国百科年鉴的基础上，提出了"概况"、"百科"、"附录"三部分的全书架构，部类、分目、条目三层次的全书框架，这些创造至今仍有重要的学术价值。1982年，《中国百科年鉴》编辑部创办《年鉴通讯》，该刊一开始便刊登介绍国外年鉴和探讨年鉴编纂理论的论文、文章。1984年，在上海召开第一次全国年鉴编纂经验交流会。1985年，创立年鉴研究中心（1991

年改名中国年鉴研究会）。1987年，年鉴研究中心、《中国百科年鉴》编辑部、上海辞书学会联合举办第一期年鉴编纂研讨班。以后研究中心委托《中国百科年鉴》编辑部、北京大学信息管理系举办多期培训班）。1991年，中国年鉴研究会学术工作委员会正式成立，创办《年鉴工作与研究》（1995年改名《年鉴信息与研究》）刊物。1993年，举办全国首届年鉴论文著作评比；年鉴研究会与北京图书馆在北京联合举办"全国首届年鉴展览月"。1994年，举办全国首届年鉴质量评比。1996年，举办全国首届年鉴校对质量评比（2002年改为编校质量评比）。1997年，第六届全国年鉴学术年会上首次实施主题报告制度。1998年，中国年鉴研究会上海年鉴展示中心成立。1999年，首次提出中国成为世界年鉴大国，首次提出年鉴要有个性。2001年，中国年鉴研究会网络中心成立，首届中国年鉴工作（香港）研讨会在香港举行。2002年，中国年鉴网正式开通，成立中国年鉴数字化、网络化工程研究规划小组。2003年，与北大方正电子有限公司共建的"中国年鉴资源全文数据库"正式启动。2005年，首次提出年鉴编纂的两大基本矛盾、四大基本属性，首次提出办鉴"三民"原则（为民办鉴，记民喜忧，替民说话），正式提出中国年鉴的战略目标"六化"（特色化、风格化、多样化、系列化、数字化、集团化），首次提出构建年鉴学的学科体系的任务。2006年，《上海文化年鉴》《上海年鉴》编辑部在上海图书馆举办，"上海图书馆馆藏民国及海内外珍稀年鉴展"，展出包括中国第一部年鉴、创办于1864年的《海关中外贸易年刊》在内的中、英、日、俄等近500种年鉴。2008年，首次提出年鉴不能方志化、方志不能年鉴化，正式提出世界年鉴发展四阶段说、中国年鉴发展三阶段说。2009年，正式提出年鉴是一门实践性学科，年鉴学科建立的四条标准。2010年，《年鉴论坛》创刊。2011年，正式提出修改《地方志工作条例》中有关年鉴条文的建议，首次提出年鉴要传播公共信息。2012年，首次提出年鉴编辑"年度感知力"等新概念，首次提出年鉴反映的重点是"基础信息＋大事要闻"。

以上活动、措施、制度、理论、概念、标准、建议、组织等，不敢说在世界年鉴史上都是创新（其中不少确是世界年鉴史上的创新），但是可以肯定地说在中国近150年年鉴史上都是创新。

4. 离不开中国年鉴界对规范的重视。《中国百科年鉴》开始之时不但重视创新，同时十分讲究规范：制定了"概况"、"百科"、"附录"的三大部分的构架，

对概况的写法、条目的写法、附录的内容都有明确要求，并在实践中不断充实；全书有参见，通过参见删去了不必要重复，构建了全书的资料网络系统；书后自1980年开始就编制了内容非常丰富的主题索引。新时期我国年鉴的起步以《中国百科年鉴》为代表，起点是相当高的。从1983年便开始筹备次年在上海召开的全国第一次年鉴编纂经验交流会，会上由《中国百科年鉴》编辑部等10家年鉴单位介绍编纂经验；1985年在合肥举行全国第二次年鉴编纂经验交流会；1986年，先后举行全国地方年鉴、卫生系统年鉴、统计系统年鉴的编纂经验交流会，这些会议的主要内容是交流编纂规范的经验。1987年，除《中国百科年鉴》编辑部等单位举办第一期年鉴编纂研讨班（实为培训班）外，中央级年鉴等举办了年鉴编纂交流会；以后，《中国百科年鉴》于1988、1989、1990、1991年共承办5期培训班，被中国年鉴界誉为"黄浦（军校）五期"，主要内容是讲求栏目的规范、条目撰写的规范、附录的规范、文字的规范、版式的规范等；1992年，年鉴研究会委托北京大学图书馆学情报学系（今信息管理系）在北京举办第一、第二期全国年鉴编辑研修班，1993年及以后又举办多期，很大一部分内容讲的是规范；全国学术年会、中央级年鉴研讨会、地方年鉴研讨会、城市年鉴研讨会、地州县市年鉴研讨会、铁路年鉴研讨会、冶金系统年鉴研讨会，华东片、西南片、华北片、三北片（东北、华北、西北）年鉴和安徽、云南、辽宁、河北、山东、江苏、黑龙江等省年鉴都分别召开经验交流会或研讨会。截至2001年换届之前仅华东片年鉴研讨会8次，江苏省年鉴研讨会8次，三北片年鉴研讨会5次。这一系列研讨会，无不探讨和交流规范问题。1994年出版李今山、范作义等著的

《中国年鉴编纂规范化》一书。这一系列规范，为中国年鉴在21世纪的发展和创新打下了基础。

2001年之后，年鉴研究会在提倡创新的同时，不间断地抓规范，在前20年抓规范的基础上更进了一步。如学委会继续抓校对质量检查评比，并不失时机地把校对质量检查评比提升为编校质量评比，确对年鉴的规范化、提高年鉴的质量起了作用。年鉴研究会办公室曾多次印发年鉴编辑手册，其中影响较大的一是2005年由《年鉴信息与研究》杂志社编印的约80万字的《年鉴实用资料》，二是2008年线装书局出版的、由许家康担任编委会主任的《年鉴编辑手册》。在研究会举办的各种层次研讨会、培训班上，讲规范都是重要主题，如2001年以后学委会在北戴河等地开办至今已办13次的研讨会（带培训班性质），讲得最多的是规范问题，具体有12条要求，后又称之"年鉴体"。明确提出年鉴撰稿不能用新闻体、论文体、科普体、报告体，去除文秘化倾向等一系列规范性要求。我到各个中央级年鉴、中央企业年鉴、各省市年鉴讲课，讲得最多的还是规范，如《怎么撰写年鉴论文》《年鉴的性质和特点》《年鉴撰稿十忌、十要》《年鉴和方志要着力编制好主题索引》《年鉴和方志要善于运用参见系统》《论年鉴体》等。从第6届至第13届全国学术年会，先后对条目内容的规范性要求，条目标题的规范性要求，条目文体、文风的规范性要求，年鉴编校工作的规范性要求，年鉴索引的规范性要求，年鉴参见系统的规范性要求，提出较为系统的论述。

总之，中国年鉴35年奇迹般的发展离不开中国年鉴界对创新的重视，同样离不开中国年鉴界对规范的重视。创新和规范犹如中国年鉴事业这个大车的两个轮子，缺一不可。

（孙关龙　中国版协年鉴工作委员会顾问　原副主任兼学术委员会主任）

年鉴信息化发展概况

多年来，中国版协年鉴工作委员会一直重视推进年鉴事业的发展与现代信息技术相结合，敦促会员单位尽快掌握应用现代信息技术，促进我国年鉴事业向数字化、网络化道路发展，最终完善与建成中国年鉴网和中国年鉴资源全文数据库，全面记载与反映中国社会、经济发展的年轮，提供年度全方位、权威性信息，为我国社会主义建设服务，为传承中华民族先进文化、社会进步留下宝贵的精神财富，为全社会各领域、区域发展提供借鉴，以及对外文化、信息交流等服务，实现邓小平同志提出的：编辑出版年鉴，很有必要，这是国家的需要，四化建设的需要。

1. 中国版协年鉴研究会（原年鉴研究中心）创办《年鉴工作与研究》杂志。1990 年 9 月 13 日，年鉴研究中心第二届干事会第三次会议和学术工作领导小组（扩大）会议决定创办《年鉴工作与研究》杂志，1991 年第一季度创刊正式出版。从此全国年鉴界有了自己的宣传、交流平台，促进了年鉴事业发展的理论研究，提高了年鉴编纂出版的质

量和水平。特别是在年鉴事业与现代信息技术相结合方面起到积极推动作用，如年鉴事业发展如何适应市场经济新体制的要求，实现转轨变型、向信息产业靠拢，更好地为改革开放服务，推进现代信息技术交流与应用、人才培训等。随着事业的发展和工作的需要，于1995年1月，经新闻出版署批准将《年鉴工作与研究》更名为《年鉴信息与研究》，由新闻出版署主管、中国年鉴研究会主办，是我国年鉴界唯一公开发行的期刊。

2. 中国版协年鉴研究会形成推动年鉴事业与现代信息技术相结合的正能量。以《年鉴信息与研究》杂志为主体，通过举办各个层次年鉴研讨会、培训班，积极宣传、努力推广现代信息技术。从1994年《北京年鉴》编辑部运子微在《年鉴工作与研究》杂志发表《从年鉴到年鉴数据库》，到中国版协年鉴研究会网络中心主任赵海涛在《年鉴信息与研究》杂志发表《试论年鉴数字化、网络化的发展趋势》，再到北京大学博士生导师李国新教授在《年鉴信息与研究》杂志发表《中国年鉴的创新之路——集团化、数字化、网络化》，先后发表有关文章百余篇。推动了全国年鉴出版的数字化、网络化的建设。在中国版协年鉴研究会的推动下，年鉴界同仁对现代信息技术的认识与应用，快速提升了年鉴创新和年鉴现代化的水平。

3. 中国版协年鉴研究会积极推进中国年鉴网的建设。为促进年鉴数字化、网络化建设，2001年12月，中国版协年鉴研究会成立年鉴网络中心。同时，发出《关于组建中国版协年鉴研究会网络中心的若干通知》，明确网络中心的主要任务：一是创办中国年鉴网；二是承办年鉴创新和现代信息技术论坛；三是参与组

织、研究、制订中国年鉴数字化、网络化实施方案；四是参与中国年鉴资源全文数据库的前期筹备工作。经过努力，同年中国年鉴网测试版上网；2002年2月，正式开通为年鉴界服务。经过不断改进提升，提高了中国年鉴网的技术水平和质量，使中国年鉴网无论在形式上，还是在内容上，都成为名副其实的中国年鉴界的门户网站，成为中国年鉴界共享共建的数字化、网络化信息平台。2005年，中国版协年鉴研究会一届六次常务理事会研究决定：改组中国版协年鉴研究会网络中心，改革、充实中国年鉴网；特聘赵海涛为中国版协年鉴研究会网络中心主任，张自强、赵军科为副主任，张自强为中国年鉴网执行主任，并发出《关于聘任网络中心负责人的通知》。

4. 中国版协年鉴研究会加快推进中国年鉴资源全文数据库。2002年8月，中国版协年鉴研究会决定启动中国年鉴数字化、网络化工程。随即成立以李国新教授为组长的"中国年鉴数字化、网络化工程研究规划小组"。经过两个多月的努力后，向年鉴研究会提交了《中国年鉴数字化、网络化工程实施方案》。2003年3月，在天津召开的中国版协年鉴研究会一届三次常务理事扩大会议审议通过了这个方案，发出《中国版协年鉴研究会关于实施中国年鉴数字化、网络化工程的决定》。决定自2003年正式启动中国年鉴数字化、网络化工程。并对该工程的组织者、参加者，工程的最终目标和工程建设的步骤等做出明确规定。11月，中国版协年鉴研究会一届四次常务理事会会议讨论决定，同北大方正电子有限公司合作共同建设"中国年鉴资源全文数据库"工程。中国版协年鉴研究会常务副会长许进禄于11月30日同北大方正电子有限

公司签约,"中国年鉴资源全文数据库"工程正式启动。12月11日中国版协年鉴研究会发出《关于建设中国年鉴资源全文数据库的通知》,对建设数据库的意义、目标、步骤、合作模式、利益分配等均有详细的意见。经过一年的资料收集整理,到2004年末,全国入库年鉴180家,共520卷,中国年鉴资源全文数据库工程已初具规模。

经过十年的建设,到2013年初,中国年鉴资源全文数据库已收录1600余种年鉴,近10000卷。基本涵盖了我国各领域和地区社会、经济发展情况资料,已成为政府部门决策,科研、教育等部门研究施教宣传,以及国际文化交流与合作等方面的重要参考依据。

为了更广泛地向社会传播年鉴,让社会公民、法人和其他组织查阅使用年鉴,中国版协年鉴研究会中央年鉴工作部积极支持清华大学中国学术期刊(光盘版)电子杂志社开创"年鉴CNKI数字图书馆"。经过十年的努力,截止到2013年7月底,共收集年鉴2572种,共20593卷。

此外,中国版协年鉴研究会非常重视,推进年鉴事业的发展与现代信息技术相结合的人员培训工作。在2006年,年鉴创新与现代信息技术论坛暨中国年鉴数字化、网络化工作协调联络网成立大会上,中国版协年鉴研究会常务副会长许进禄回顾总结5年来中国版协年鉴研究会在促进年鉴与现代信息技术结合方面的经验,提出今后一段时期的努力方向。一是继续加强现代信息技术的宣传和推广;二是认真做好数字化、网络化工作协调联络网的建设工作;三是继续办好中国年鉴网;四是继续办好中国年鉴全文数据库;五是逐步实现年鉴编辑部的数字化;六是实现年鉴界通联数字化。

目前,随着现代信息技术的应用,许多年鉴社(编辑部)建立起自己的网站,多数年鉴出版都配有电子光盘,有的年鉴还将历年出版的年鉴制作成电子数据光盘。使年鉴出版由单一纸质出版,向多介质出版转变,满足使用者对年鉴查阅、检索、下载等多方面的需求,提高年鉴的使用价值。

(梁书生 中国版协年鉴工作委员会顾问 原副主任 中国农业出版社年鉴出版中心主任)

长春年鉴
2012
CHANGCHUN ALMANAC
广州年鉴
2012
杭州年鉴
2012
哈尔滨年鉴
2012
2012
临安年鉴
YEARBOOK OF LINAN
方志出版社
衢州年鉴
中国文史出版社
南京年鉴
NANJING ALMANAC
南京市地方志编纂委员会办公室主办
唐山年鉴
TANGSHANYEARBOOK
方志出版社
西安
年鉴
西安出版社
年鉴
CHANGSHA NIANJIAN 2012

历任年鉴工委会负责人简介

年鉴工委会（研究会）第三届负责人
曾任年鉴工委会（研究会）负责人

年鉴工委会（研究会）第三届负责人

许家康

　　1950 年 3 月生。广西社会科学界联合会原副主席、巡视员，中国版协年鉴工作委员会主任，编审。广西合浦人。1970 年参加工作。1976 年广西大学中文系毕业。在中共合浦县委、县人民政府工作多年。1986 年调广西社会科学院，曾任《广西年鉴》编辑部副主任、副主编，编辑部（年鉴社）主任（社长）、主编，广西社会科学院副院长。长期从事年鉴编纂出版工作和年鉴学理论研究，先后协助《柳州年鉴》、《广西政法年鉴》等 10 种年鉴创刊，创办《广西社会科学年鉴》、《中国—东盟年鉴》并任主编，策划并主持编纂《广西大百科全书》。其中主编年鉴、百科全书 50 多卷 7600 多万字；出版专著 2 种、论文集 1 种，发表论文 60 多篇。研究成果和主编的年鉴、百科全书获省部级奖 15 项。1996 年当选中国年鉴研究会副会长、秘书长。2001 年至今任中国版协年鉴工委会（研究会）主任（会长）。2006 年获广西优秀专家称号，是广西壮族自治区领导联系关护的首批专家之一。

李国新

　　1957 年 11 月出生。北京大学博士研究生毕业，管理学博士学位。现任北京大学教授，博士生导师，国家社科基金重大项目首席专家。主要社会兼职有文化部国家公共文化服务体系建设专家委员会副主任，中国图书馆学会学术研究委员会常务副主任，图书馆法律与知识产权研究专业委员会主任。2006 ～ 2009 年受聘兼任中国国家图书馆首席专家。2009 ～ 2012 年受聘兼任杭州市人民政府钱江特聘专家。2003 ～ 2010 年兼任《中国图书馆年鉴》副主编、主编。此外，还兼任多家专业期刊编委。

　　主要研究方向为公共文化政策、图书馆法治与管理、文献信息资源检索与利用。主要著作有《中国公共文化服务发展报告 (2012)》《日本图书馆法律体系研究》《国外公共图书馆法研究》《外国年鉴编纂出版概观》《中国文献信息资源检索与利用》等 10 余种，在专业期刊上发表论文 160 多篇。

王守亚

　　1956 年 6 月生。现任安徽省地方志办公室副巡视员兼《安徽年鉴》常务副总编、年鉴社社长，编审。1982 年 1 月安徽大学毕业，1983 年从事年鉴编辑出版工作，从创办《安徽年鉴》（前身为《安徽经济年鉴》）开始，即为业务骨干，1992 年任编辑部副主任（副社长），1996 年任编辑部主任、社长至今。

　　先后任中国年鉴研究会地方工作部副秘书长、副主任兼秘书长、主任，2003 年当选为中国版协年鉴研究会副会长，2008 年 3 月当选为中国版协年鉴工委常务副主任。2009 年 5 月当选为安徽省年鉴研究会会长。

　　从事年鉴编辑出版工作整 30 年，主持编纂出版的《安徽年鉴》在 1994、1999、2004、2009 年的 4 届全国年鉴评奖中，分别被评为一等奖和特等奖。至今已公开发表专业论文 30 余篇，10 万多字，分获中国年鉴研究会优秀论文三等奖、二等奖和特等奖各一次。

鲍海春

1956 年 1 月出生，1973 年 8 月参加工作。北京大学哲学系毕业，先后在黑龙江生产建设兵团、哈尔滨市委宣传部、哈尔滨市社会科学院工作。现任哈尔滨市社会科学院党组书记、院长，研究员，哈尔滨年鉴社主编，兼任社会科学联合会副主席，哈尔滨市人大常委会委员。1996 年 3 月起参与哈尔滨年鉴编纂工作，任哈尔滨年鉴社社长，至今组织编纂年鉴 18 部。2008 年 3 月起任中国版协年鉴工委副主任。多年来发表论文多篇，编著多部。

黄 丽

1963 年 4 月生，四川交通年鉴主编，编审。1985 年西华师范大学毕业。现任中国版协年鉴工委副主任，中国地方志学会年鉴专委会副秘书长，四川省地方志学会副主任、省年鉴专委会副主任。分别被中国地方志指导小组和四川省人民政府、省社科联、省妇联授予"全国方志先进工作者""四川省地方志先进工作者""四川省社会科学先进工作者""四川省三八红旗手"等荣誉称号。

王中华

山东海阳人，现任河南省地方史志办公室副主任，河南年鉴社社长、常务副主编，副编审。1984 年参与《河南年鉴》创刊并一直从事年鉴编辑出版工作至今；1991 年任原河南年鉴编辑部副主任、副主编，主持编辑部工作，1994 年任常务副主编；1996 年任河南省地方史志办公室年鉴处处长，2001 年任现职；1997 年任中国年鉴研究会地方年鉴工委副主任，2001 年任年鉴研究会常务理事；2002 年任河南省地方史志协会副会长、河南省年鉴协会副会长兼秘书长、中国地方志协会年鉴专业委员会副主任；2003 年任中国版协年鉴研究会省级年鉴工作部主任，2008 年任中国版协年鉴工委副主任。

所主持编辑出版的《河南年鉴》（1991 年至今）在历次全省期刊编校质量评比中均名列前茅。

邵权熙

　　中国林业出版社副总编辑、编审、博士。中国版协年鉴工作委员会副主任，中国林学会青年工作委员会常委，中国科普作家协会会员，中国林学会林业科技期刊分会副主任，中国林业经济学会理事，《林业经济》杂志编委，中国生态文化协会理事，南京林业大学兼职教授，北京师范大学出版研究院客座教授。

　　著作出版有《当代中国林业耦合论初探》《行业年鉴的理论与实践》。在《出版参考》《中国出版》《年鉴信息与研究》《中国新闻出版报》《中国图书商报》《中国绿色时报》等报刊发表专业文章50余篇，在报刊发表论文、评论、消息150余篇。研究和关注方向：出版社发展战略、编辑理论与实践、中国年鉴发展理论与实践、机关干部素质提升与领导艺术、当代林业发展史，园林评论，胡同文化。

宋　毅

　　中国农业出版社副总编辑，副局级，高级编辑。1959年5月生于北京，祖籍山东平度。1982年毕业于中国人民大学历史系，曾在共青团中央团校（现为中国青年政治学院）青年运动史研究室、共青团中央青年运动历史研究室从事研究工作。1986年起，先后在农业部农村工作通讯杂志社、中国农牧渔业报社担任记者；1991年调农业部办公厅新闻处任副处长（主持工作）；1995年至2012年7月在农业部中国农机安全报社任副社长、社长、总编辑，主持创办《中国农机化导报》和《中国农机监理》（月刊）；2012年7月调中国农业出版社任副总编，分管期刊出版分社、生活文教出版分社和图书营销中心。多年来数次获得全国农业好新闻一等奖和二等奖，现为中国农机化协会副会长、中国经济报刊协会副会长、中国农业大学中国农机化发展研究中心特邀研究员。个人著述主要有《笔写阡陌——一个新闻记者笔耕农业机械化之旅》、《献身农业工程、存进学科发展——中国农业工程院汪懋华院士口述学术生涯》。

李　捷

　　1961年9月生，广东汕头人。中共党员。大学本科学历，高级政工师，高级经济师。1986年6月毕业于华北水利水电学院水利系；2006年12月毕业于中央党校经济管理专业。1980年8月参加工作，历任助理工程师、经济师、科长、机关团委书记等职。1996年7月至2012年3月，在水电总公司、水电建设集团公司(股份公司)。历任水电建设集团公司人事管理部副主任兼领导班子建设处处长，人力资源部副主任，股份公司人力资源部副主任、党委企业领导人员管理部副主任。2012年3月至2012年11月，调任中国水电建设集团新能源开发有限公司党委副书记（主持党委工作）、副总经理。2012年11月调中国水利水电建设有限公司任党委工作部主任、党委组织部部长、工会办公室主任、总部机关党委副书记、机关纪委书记。兼任中国水利水电建设集团公司年鉴编辑委员会委员、年鉴编辑部主任，负责股份公司史志鉴编纂工作。

张恒彬

1965 年 3 月生于北京。北京市地方志办公室党组成员、副主任，机关党委书记，北京市地方志学会年鉴工作委员会主任，分管年鉴指导处、北京年鉴社，任《北京年鉴》副主编。

1988 年 7 月毕业于江西财经大学经济学专业，获经济学学士学位。2010 年 5 月至 2013 年，就读于北京工业大学软件学院，获工学硕士学位。

1988 年 7 月，在北京市财政学校基础教研室任教。1992 年 1 月，就职于北京市委市直机关工委组织部。1993 年 8 月至 2006 年 11 月，在市委办公厅办公室、机关党委工作，先后任副处长、机关党委专职副书记兼办公室主任。期间，1995 年 4 月至 1998 年 12 月，作为第一批援藏干部，任拉萨市委副秘书长。2006 年 12 月至今现任职北京市地方志办公室党组成员、副主任。2011 年 9 月至 2013 年 2 月，挂任国家开发银行评审一局副局长。

张兆安

现为全国人大代表、《上海经济年鉴》主编、研究员、经济学博士，以及上海交通大学、上海外经贸大学、上海金融学院、上海海洋大学等高校的兼职教授。自 1983 年以来，在上海社会科学院以及上海市政府发展研究中心从事经济理论、决策咨询和新闻出版的工作。个人和合作的著作有 20 部、个人译著 1 部、发表论文和文章 300 余篇，主持与撰写的研究报告有 120 余篇，主编了自 1997 年以来每年的《上海经济年鉴》，并荣获了 20 多项的各类奖项。

贾大清

1958 年 10 月出生。1974 年 9 月参加工作。河南太康人。中共党员。研究生学历，高级经济师。现任杭州市人民政府办公厅党组成员、杭州市人民政府地方志办公室主任，《杭州市志》主编，《杭州年鉴》常务副主编。兼任中国地方志学会年鉴专业委员会副秘书长，中国版协年鉴工委城市年鉴工作部主任，浙江省地方志学会副会长。先后主持编纂《杭州年鉴》11 部计 1500 余万字。先后在《年鉴信息与研究》《中国地方志》《浙江地方志》等刊物发表论文 20 余篇。

2010 年获人力资源社会保障部和中国地方志指导小组联合授予的"全国地方志系统十佳先进工作者"荣誉称号（享受省部级劳动模范待遇），被评为中国方志系统先进个人 2 次，浙江省地方志系统先进个人 7 次，杭州市政府表彰的先进个人 2 次，还获得杭州市直机关优秀党员、优秀党务工作者、省市社科先进工作者等荣誉称号。

莫秀吉

广东年鉴社社长，副编审。1987 年 7 月南京大学本科毕业，经济学学士。1987 年 7 月至 2001 年 11 月在广西年鉴社工作，先后任编辑、副主编、副社长；2001 年 11 月至 2008 年 9 月在广东年鉴社工作，任副社长；2008 年 9 月至 2009 年 11 月任广东省政府发展研究中心副处长；2009 年 12 月起任广东年鉴社社长，2010 年 9 月起兼任中国版协年鉴工作委员会学术委员会副主任。长期从事年鉴编纂出版工作和年鉴学理论研究。参与编纂的《广西年鉴》和《广东年鉴》在全国年鉴编纂出版质量评比中，均连续四次获综合特等奖。与许家康、陈延昌合著的《年鉴条目及编写研究》于 1995 年出版，并获第二届全国年鉴学术成果评比二等奖。论文《论地方综合年鉴的公共信息传播功能》获第六届全国年鉴学术论著评比一等奖。

姚敏杰

1963 年 11 月生于陕西。1985 年毕业于西北大学中文系，同年留校工作，1991 年获得文学硕士学位。1997 年以来，先后在西安市卫生局、西安市灞桥区政府工作，现为西安市地方志办公室副主任，《西安年鉴》常务副主编，兼任陕西省赋学学会副会长。长期于业余从事中国传统文化和古典文学研究，发表学术论文多篇。独立或合作出版有《初唐四杰》、《中国古代医学伦理道德思想史》、《古文笔法百篇》、《那时长安》等。

《西安年鉴》2009 卷获"第四届全国年鉴编纂出版质量评比"特等奖，以及框架设计、条目编写特等奖和装帧设计一等奖等 3 个单项奖。2010 年在中国地方志指导小组主办的全国地方志系统第二届年鉴编纂出版质量评比中，获得地市级综合年鉴特等奖中的第一名。

曾任年鉴工委会（研究会）负责人

尚 丁

编审、教授，1921 年生于江苏丹阳，新闻专业。40 年代初起从事编辑出版工作，担任过进步刊物《国讯》周刊、《宪政》月刊、十大杂志《联合增刊》《展望》周刊、上海《学术月刊》《辞书研究》等杂志编辑、编委、总编辑、主编；创办新知识出版社、古籍出版社。曾任中国年鉴研究会会长、著名民主人士国务院副总理黄炎培秘书，后任中国版协年鉴研究会名誉会长、上海辞书学会名誉会长。著作有：诗剧《六世达赖喇嘛传奇》，传记《黄炎培》，散文集《四十年编余忆往》《芳草斜阳忆行踪》《鸦雀有声》等。尚丁于 2009 年 9 月 21 日因病在上海逝世，享年 88 岁。

陈汝鼎

1930 年生，中共党员，浙江湖州人，1948 年参加工作，现为正厅级离休干部。1983 年参与创办《安徽经济年鉴》，任年鉴编辑委员会委员兼编辑部负责人。1985 年 9 月，积极推动成立全国年鉴研究中心，并在研究中心干事会第一次代表大会上当选为副总干事长。中国年鉴研究会成立后，先后任副会长、常务副会长、中国版协年鉴研究会（工委）顾问。主持编纂并亲自把关《安徽年鉴》20 多卷，先后获得全国年鉴编纂出版质量评比一等奖、特等奖。他热心年鉴事业，经常协调解决中国年鉴研究会会员单位遇到的困难和问题，组织召开若干次省级年鉴、城市年鉴、地州区县级年鉴等研讨会，主持了第一、二届和参与了三、四届全国年鉴编纂出版质量评奖活动，为中国的年鉴事业作出了重大贡献。

李振水

山东寿光人。1946 年参加工作，中共党员，研究员。

1947 年任渤海日报社编委会秘书。1950 年任山东人民广播电台记者、记者组组长。1955 年 7 月入中国人民大学新闻系新闻专业学习。1959 年调北京广播学院工作，先后担任教师、教研组组长、教务处处长、副院长、院学术委员会主席。1985 年评为研究员，享受政府特殊津贴。1986 年先后任中国广播电视年鉴副主编、主编。曾任中国广播电视学会常务理事、专家组副组长、中国年鉴研究会副会长、常务副会长、全国新闻教育学会副会长。离休后任中国版协年鉴工委顾问、中国电视艺术家协会旅游研究会顾问、培训部顾问。

研究成果有：合著《赴南方十所高校考察报告》《中日广播电视人才培养的比较研究》获教育部研究成果奖。在报刊上发表论文、文章 30 多篇。

方厚枢

　　1927 年生，安徽巢湖人。中共党员，编审。1943 年进商务印书馆南京分馆为练习生，后任职员。新中国成立后，曾在新华书店北京发行所、文化部出版事业管理局等出版发行单位工作。1980 年后，历任国家出版局研究室副主任、中国出版科学研究所副所长、新闻出版署编辑专业高级职务评审委员会委员、全国出版系列高级职务任职资格评审委员会委员等职。1991 年获国务院颁发"为发展我国新闻出版事业作出突出贡献"的表彰证书，享受政府特殊津贴。

　　从 1980 年开始参与创办我国第一部《中国出版年鉴》的编辑工作，先后担任出版年鉴的编辑、编辑部主任、主编，直到 1994 年止，1995 ～ 2003 年担任年鉴编辑委员会副主任，2004 ～ 2009 年任年鉴顾问。

　　从 1985 年开始，和年鉴界几位老同志创立年鉴学术团体并参与组织领导工作，先后担任全国年鉴研究中心副总干事、中国年鉴研究会常务副会长兼学术工作委员会主任、中国版协年鉴研究会顾问，并任《年鉴工作与研究》（季刊）1991 ～ 1994 年主编，《中国年鉴概览》主编。

许进禄

　　1943 年 8 月生于北京，中共党员。1966 年参加工作，先后在商业部储运局、办公厅、政策研究室、商业经济研究所、中国商业出版社工作。历任《中国烹饪》编辑部副主任、《中国商业年鉴》编辑部主任、中国商业年鉴社副社长、商业部商业经济研究所副所长兼中国商业年鉴社社长。1975 年以来，先后参加《商业辞典》《商业部简报》《马恩列斯论商业》《新中国商业三十年》《新中国商业史稿》《当代中国商业》《中国烹饪》等重要书、刊的撰写、编辑工作。1988 年起，主持年鉴编纂工作，是《中国商业年鉴》《中国国内贸易年鉴》《中国饮食服务年鉴》《中国汽车市场年鉴》《中国电子商务年鉴》的创办者和组织者。1997 年，经人事部、国务院批准，被授予享受政府特殊津贴的专家称号。1992 年起，参加年鉴研究会工作，先后任学术委员、中央级年鉴工委会副主任兼秘书长、中央级年鉴工委会主任。2001 年被选为中国版协年鉴研究会常务副会长兼秘书长。

周兴俊

　　1945 年 4 月生于北京，1970 年毕业于南开大学，汉族，中共党员，编审。历任民政部科技干部处副处长、人民文学出版社办公室副主任、兵器工业出版社常务副总编辑、中国版协副秘书长、中国版协年鉴研究会顾问、中国出版年鉴社社长、《中国出版年鉴》执行主编、线装书局总经理兼总编辑、中华诗词学会副会长。先后主编《中国名胜古迹大观》（风景名胜卷、文化古迹卷、文学作品卷）《中国名胜诗文墨迹大观》《中国当代书法百家》《苏轼诗文选》《大江东去》《千古绝唱》《千古风流》和《中国出版年鉴》（2002 ～ 2005）等大型书刊并著有《成吉思汗》等。

徐福生

1938 年生。1962 年 10 月起从业编辑出版工作。编审。曾任上海科学技术出版社党组书记、社长兼总编辑，中国大百科全书出版社上海分社党委书记、社长兼总编辑，上海市新闻出版局局长，上海市文史研究馆馆长。担任的社会职务有：中国版协副主席、电子与网络出版研究会副会长，上海市版协主席，上海市期刊协会会长，上海市版权保护协会会长，上海电子出版公司首任董事长，上海市编辑专业职称高评委主任和复旦大学上海校友会副会长等。2004 年 11 月退休。

李希凡

1927 年 12 月 11 日生于北京通州，祖籍浙江绍兴，原名李锡范，字畴九。汉族，中国共产党党员。1953 年毕业于山东大学中文系，1954 年又毕业于中国人民大学哲学研究班。历任《人民日报》文艺部编辑、评论组长、副主任、常务副主任，中国艺术研究院常务副院长，研究员。全国第二、八届政协委员，全国第四届人大代表，中共十三大、十四大代表。1949 年开始发表作品。1954 年加入中国作家协会。著有《红楼梦评论集》《弦外集》《论"人"和"现实"》《管见集》《论中国古典小说的艺术形象》《寸心集》《题材·思想·艺术》《〈呐喊〉〈彷徨〉的思想与艺术》《红楼梦艺术世界》《李希凡文学评论选》《文艺漫笔》《文艺漫笔续编》《燕泥集》《说情》《毛泽东文艺思想的贡献》《冬草》《艺文絮语》《沉沙集》，主编《红楼梦大辞典》《中华艺术通史》等。

陈仁礼

研究员，教授，1938 年 9 月出生，1963 年 7 月苏州大学（原江苏师范学院）毕业。1984 年上半年在中央党校经济体制改革研究班学习。1986 年至 1990 年担任《江苏经济年鉴》常务副主编，编辑部主任。1991 年开始担任，《江苏年鉴》《江苏乡镇企业年鉴》《江苏交通年鉴》主编，社长。先后已出版 25 本年鉴、2500 多万字，向国内外发行 13 万多册。在 1994 年全国地方年鉴首次评奖中，《江苏年鉴》荣获一等奖，1999 年第二次全国年鉴评奖中再获一等奖，2004 年获得特等奖。曾任江苏省委办公室副主任，南京市体政办副主任，江苏社会科学院副秘书长，中国年鉴研究会副会长，中国版协年鉴工作委员会顾问。

李维民

李维民，1933 年 10 月生，山东利津人、中国人民解放军军事研究院军史部原副部长、部党委副书记。1946 年 2 月参加革命，1947 年 7 月参加中国人民解放军，1950 年 2 月加入中国共产党。历任渤海军区政治部《前锋》报社新闻报导员，第三野战军第三十三军政治部《进军》报社、上海警备政治部《警卫》报社记者、编辑。先后参加济南、淮海、渡江、上海等战役。1951 年任华东军区防空军政治部《华东防空》报社编辑组长，立二等功。1952 年起任华东军区政治部《人民前线》报社记者、编辑，曾参加东山岛战斗、一江山战斗采访，在《人民日报》、《解放日报》等发表多篇报道，立三等功。

1998 年发起创办《中国人物年鉴》，兼任主编，曾任中华名人协会副秘书长，中国年鉴研究会副会长，2001 年起任北京志鉴书刊研究院院长。

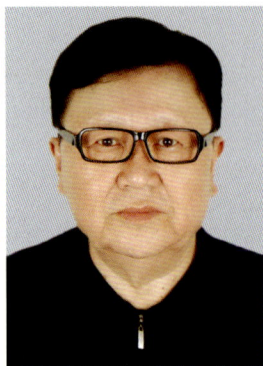

房德胜

房德胜，1942 年 8 月生，哈尔滨人。曾任黑龙江省社会科学院学习与探索杂志社主编（副厅级），《黑龙江年鉴》总编辑，中国年鉴研究会副会长。中共党员，编审。荣获国务院特殊津贴，第二届全国百佳出版工作者，黑龙江省第七次社会科学优秀科研成果一等奖，黑龙江省首届十佳出版工作者，黑龙江省社会科学院建院 50 周年突出贡献奖。

房德胜 1960～1965 年在黑龙江大学中文系学习。1965～1979 年，在齐齐哈尔市先后任市教师进修学院教师、市电台电视台记者。1979～1989 年，任学习与探索杂志社编辑、总编室主任。1989～1993 年，任黑龙江省社会科学院院长办公室主任。1993～2003 年，任学习与探索杂志社主编，同时任《黑龙江年鉴》总编辑。《黑龙江年鉴》1983 年创刊，是全国第一部省级年鉴。房德胜参与创刊的筹备工作，并从 1983 年起历任《黑龙江年鉴》编辑、编辑部主任、副总编、总编辑、编委会副主任。2001 年当选为中国年鉴研究会副会长，2007 年起改任顾问。

王相钦

1951 年 6 月 23 日出生，籍贯河南省濮阳市清丰县。1969 年至 1979 年在中国人民解放军第 47 军服役；1980 年至 1986 年在北京市纺织局所属企业任科长。1986 年至 1995 年在轻工业部经济研究所（发展研究中心）经济史研究室工作，先后任编辑、室副主任，中国轻工业年鉴社编辑部副主任、副社长。1995 年至 2013 年先后任中国轻工业年鉴编辑部主任、社长、常务副主编，中国轻工业史学会副秘书长、秘书长兼法人代表、副会长；曾任中国出版工作者协会年鉴研究会理事、常务理事，中央级年鉴工作部副主任、主任，年鉴研究会（工委会）副会长（副主任）。中国社会科学院中国经济史学会理事、常务理事，现代经济史分会副主任。撰写"浅谈年鉴条目构成要素"，"行业年鉴如何撰写有特色条目"，"年鉴的中国式理解及其流派发展"等多篇论文。创先性提出年鉴"条目的构成要素"，"办有特色的年鉴"及"在中国文化与历史的基础上办中国式年鉴，鼓励不同风格特点年鉴竞相发展"的意见。成功组织及实施第二、第三、第四届全国（中央）年鉴的编纂出版质量的评比，为提高年鉴界编纂水平做出贡献。

孙关龙

1941 年生，上海浦东人，1965 年毕业于北京大学古生物专业（六年制）。曾任光明日报社领导小组成员（副总编辑），中国大百科全书出版社中国地区百科全书指导小组组长、中国地方志专家组组长，中国政府出版奖评选委员会委员等。主持完成《中国大百科全书（第二版）》《广西大百科全书》等 20 多套（部）百科全书。已完成国家自然科学基金资助项目三项、国家社会科学基金资助项目两项。著或主编有《孙关龙百科全书论集》《分分合合三千年》《中国传统文化与现代科学技术》《中国传统文化的瑰宝——自然国学》等 23 部（套）著作，发表《诗经泉水考》《诗经鱼类考》《重读＜论语＞，重评孔子》等论文、文章约 400 篇。编著的图书和研究的成果曾获中国国家图书奖、中国政府出版奖、中国辞书奖、国家教委优秀教材奖、中国科学院重大成果奖等省、部级及以上奖项近 30 个。是国务院授予政府特殊津贴的专家（1993），中国辞书事业终身成就奖获得者。

武星斗

1951 年 2 月生，山西盂县人，编审。1966 年 8 月入伍，在空军航空兵部队服役。1986 年 11 月转业到新疆维吾尔自治区地方志编委会工作，历任新疆年鉴编辑室副主任、主任，新疆维吾尔自治区地方志编委会党组成员、副主任，新疆年鉴副主编、主编，新疆地方志学会副会长兼秘书长，中国年鉴研究会理事、常务理事，中国版协年鉴工委副主任。

梁书生（曾用名：梁书升）

1952 年 3 月生。中共党员。编审。

1970 年参加工作。黑龙江生产建设兵团，1976 年在黑龙江八一农垦大学农机专业上学，1979 年底分配到农业部社队企业局工作。1984 年后在农业部乡镇企业局任过副处长、处长，中共芷江侗族自治县委副书记、中共怀化地区乡镇企业局副局长，中国农业出版社《中国农业百科全书》编辑室主任、年鉴出版中心主任。

2001 年起在中国版协年鉴工委会担任中央级年鉴工作部副主任、主任，工委会副秘书长、副主任（副会长）。

在中国农业出版社年鉴出版中心任主任期间，主持《中国农业年鉴》中（英）版、《中国乡镇企业年鉴》、《中国畜牧业年鉴》、《中国渔业年鉴》的编纂出版工作，并担任《中国农业年鉴》副主编、执行主编、主编。在第二、三、四届全国年鉴编纂出版质量评比中，《中国农业年鉴》三次获得"特等奖"，其他年鉴也获得较好奖项。

谭惠全

中国版协年鉴工委顾问，原副主任。曾任广州年鉴社社长兼总编辑，珠江三角洲城市群年鉴副主编、编辑部主任。副编审，党校研究生。

1950年4月出生，1968年下乡务农，1975~1981年在广州教师进修学院工作，1982~1995年在广州市社会科学院工作，1995年起在广州年鉴社工作。

1999年被评为"全国年鉴优秀工作者"，2004年撰写的论文《抓住主要矛盾，推动城市年鉴创新发展》获第四届全国年鉴学术论著评比特等奖。

朱敏彦

1951年8月生。1982年1月上海师范大学毕业后留校任教，先后任助教、讲师、副教授；1992年7月调到中共上海市委宣传部工作，历任市委宣传部理论处副处长、处长，兼任市社科规划办公室副主任、主任。1996年7月任历史学教授；2000年12月任市地方志办公室党组副书记、副主任。2008年1月任市政协文史资料委员会副主任，兼任市地方史志学会常务副会长、市文史资料研究会执行会长、市年鉴学会会长等。2008年9月增补为中国版协年鉴工委副主任，现为年鉴工委顾问。

注：原副会长张淑静同志资料久寻未果，敬请谅解。

桂林年鉴
GUILIN YEARBOOK
2012
惠州年鑑
海口市年鉴
绵阳年鉴
2012
昆明
年鉴
2012
KUNMING YEARBOOK
寧波年鑒
NINGBO YEARBOOK
WUXI YEARBOOK
2012
無錫年鑑
无锡市人民政府主办
方志出版社出版
2012
威海年鉴
2012
張家港年鑑
ZHANGJIAGANG ALMANAC
2012
咸陽年鑒
XIANYANG YEARBOOK

35 年轮

中国年鉴事业35周年

年鉴评奖

第三届全国年鉴编纂出版质量评比

(2004 年)

编者按：根据新闻出版总署出图 [2004]743 号文批复，由中国出版工作者协会主办、中国版协年鉴研究会承办的第三届全国年鉴编纂出版质量评比活动，经一年多的工作，评比结果揭晓。《中国农业年鉴》等 109 种年鉴获中国年鉴奖；《中国林业年鉴》等 105 种年鉴获中国年鉴奖提名奖。

中国年鉴奖

中央级年鉴			
中国农业年鉴	中国轻工业年鉴	中国城市年鉴	中国铁道年鉴
中华人民共和国年鉴	中国出版年鉴	中国乡镇企业年鉴	中国财政年鉴
中国会计年鉴	中国民族工作年鉴	中国电力年鉴	中国经济年鉴
中国电子工业年鉴	中国工会年鉴	中国机械工业年鉴	中国法律年鉴
中国民族年鉴	中国汽车市场年鉴	中国环境年鉴	世界知识年鉴
黄河年鉴	中国广播电视年鉴	中国渔业年鉴	中国水利年鉴
中国税务年鉴	IMI 消费行为与生活形态年鉴	中国税务年鉴	IMI 消费行为与生活形态年鉴

省级年鉴			
广西年鉴	江苏年鉴	广东年鉴	安徽年鉴
浙江年鉴	黑龙江年鉴	吉林年鉴	辽宁年鉴
新疆年鉴	上海年鉴	云南年鉴	河南年鉴
北京年鉴	福建年鉴	天津年鉴	湖北年鉴
山东年鉴			

城市年鉴			
大连年鉴	广州年鉴	温州年鉴	武汉年鉴
杭州年鉴	乌鲁木齐年鉴	西安年鉴	哈尔滨年鉴
苏州年鉴	柳州年鉴	深圳年鉴	成都年鉴
青岛年鉴	宜昌年鉴	厦门年鉴	东莞年鉴
桂林市年鉴	无锡年鉴	威海年鉴	淮安年鉴
南京年鉴	扬州年鉴	南宁年鉴	贵阳年鉴
连云港年鉴	常州年鉴	镇江年鉴	长春年鉴
绵阳年鉴	绍兴年鉴	鞍山年鉴	郑州年鉴
马鞍山年鉴			

地州县区年鉴			
浦东年鉴	武进年鉴	宝山年鉴	金州年鉴

张家港年鉴	江阴年鉴	黄浦年鉴	嘉定年鉴
南海年鉴	绍兴县年鉴	奉贤年鉴	楚雄州年鉴
青浦年鉴	靖江年鉴	海宁年鉴	宜兴年鉴
嘉善年鉴	桐乡年鉴	栖霞年鉴	萧山年鉴

地方专业年鉴

上海文化年鉴	上海经济年鉴	四川交通年鉴	云南经济年鉴
广西社会科学年鉴	上海宝钢年鉴	上海科技年鉴	长江年鉴
中远集装箱运输有限公司年鉴	新疆生产建设新疆生产建设兵团年鉴	江汉油田年鉴	浙江公安年鉴
成都铁路局年鉴			

中国年鉴奖提名奖

中央级年鉴

中国林业年鉴	中国石油化工集团公司年鉴	中国建筑业年鉴	中国审计年鉴
中国畜牧年鉴	中国地震年鉴	中国石油天然气集团公司年鉴	中国药学年鉴
中国三峡建设年鉴葛州坝年鉴	江苏油田年鉴	中国汽车工业年鉴	重钢年鉴
中国质量监督检验检疫年鉴	中国造纸年鉴	中国金融年鉴	中国期刊年鉴
中国劳动和社会保障年鉴	中国建设市场年鉴	中国工商行政管理年鉴	中国内科年鉴

省级年鉴

江西年鉴	四川年鉴	贵州年鉴	海南年鉴
宁夏年鉴	内蒙古年鉴		

城市年鉴

铜陵年鉴	襄樊年鉴	福州年鉴	盐城年鉴
银川年鉴	泰州年鉴	济南年鉴	昆明年鉴
株洲年鉴	金华年鉴	濮阳年鉴	宝鸡年鉴
攀枝花年鉴	盘锦年鉴	抚顺年鉴	白城年鉴
商丘年鉴	渭南年鉴	珠海年鉴	赤峰年鉴
海口年鉴	咸阳年鉴	台州年鉴	沈阳年鉴

地州县区年鉴

高邮年鉴	秦淮年鉴	静安年鉴	南汇年鉴
金坛年鉴	庄河年鉴	北京西城年鉴	松江年鉴
大理州年鉴	金牛年鉴	涟水年鉴	长宁年鉴

当涂年鉴	红塔年鉴	余杭年鉴	鼓楼年鉴
杨浦年鉴	沾益年鉴	宿豫年鉴	泰兴年鉴
丹徒年鉴	丹东年鉴	徐汇年鉴	高淳年鉴
北京崇文年鉴	金山年鉴	下关年鉴	京口年鉴
江宁年鉴	新昌年鉴	三水年鉴	
地方专业年鉴			
浙江大学年鉴	中国铁道建筑总公司年鉴	上海工会年鉴	南京卫生年鉴
上海公安年鉴	济钢年鉴	胜利油田年鉴	马钢年鉴
上海教育年鉴	乌鲁木齐铁路局年鉴	郑州铁路局年鉴	

注：因特等奖、一等奖，二等奖、三等奖与中国年鉴奖和中国年鉴奖提名奖名单重复，名单略。特等奖、一等奖为中国年鉴奖；二等奖、三等奖为中国年鉴奖提名奖。

第四届全国年鉴编纂出版质量评比

（2009 年）

编者按：由中国出版工作者协会主办、中国出版工作者协会年鉴工作委员会承办的第四届全国年鉴编纂出版质量评比活动，经一年多的工作，评比结果揭晓，特等年鉴 35 种、一等年鉴 109 种、二等年鉴 92 种、三等年鉴 31 种。

综合奖

特等奖			
中央级年鉴（含中央企业年鉴，下同；11 种）			
中国轻工业年鉴	中国广播电视年鉴	中国农业年鉴	中国城市年鉴
中国林业年鉴	中国信息产业年鉴（电子卷）	中国会计年鉴	中国版权年鉴
中国铁建年鉴	宝钢集团有限公司年鉴	中国水利水电建设集团公司年鉴	
省级年鉴（5 种）			
广西年鉴	广东年鉴	安徽年鉴	山东年鉴
河南年鉴			
城市年鉴（11 种）			
武汉年鉴	哈尔滨年鉴	大连年鉴	苏州年鉴
广州年鉴	西安年鉴	南京年鉴	杭州年鉴
扬州年鉴	镇江年鉴	乌鲁木齐年鉴	

地州县区年鉴（5 种）

栖霞年鉴	张家港年鉴	武进年鉴	秦淮年鉴
浦东年鉴			

地方专业年鉴（3 种）

四川交通年鉴	浙江外事年鉴	长江年鉴

一等奖

中央级年鉴（21 种）

中国铁道年鉴	中国法律年鉴	中国税务年鉴	中国金融年鉴
中国电力年鉴	中央电视台年鉴	中国民族年鉴	中国信息年鉴
中国财政年鉴	中国汽车市场年鉴	中国畜牧业年鉴	中国质量监督检验检疫年鉴
中国药学年鉴	中国工业经济年鉴	中国商务年鉴	中国机械工业年鉴
中国海洋统计年鉴	中国餐饮年鉴	中国石油天然气集团公司年鉴	黄河年鉴
中国石油化工集团公司年鉴			

省级年鉴（14 种）

北京年鉴	新疆年鉴	福建年鉴	天津年鉴
上海年鉴	江苏年鉴	黑龙江年鉴	湖北年鉴
吉林年鉴	云南年鉴	香港经济年鉴	陕西年鉴
新疆生产建设兵团年鉴	贵州年鉴		

城市年鉴（27 种）

青岛年鉴	温州年鉴	南宁年鉴	常州年鉴
成都年鉴	福州年鉴	深圳年鉴	宜昌年鉴
无锡年鉴	合肥年鉴	咸阳年鉴	东莞年鉴
长春年鉴	厦门年鉴	曲靖年鉴	宁波年鉴
连云港年鉴	桂林年鉴	贵阳年鉴	淮安年鉴
铜陵年鉴	威海年鉴	郑州年鉴	常德年鉴
泰州年鉴	绵阳年鉴	武汉城市圈年鉴	

地州县区年鉴（36 种）

奉贤年鉴	南海年鉴	义乌年鉴	金州年鉴
桐乡年鉴	鼓楼年鉴	金牛年鉴	黄浦年鉴
汉阳年鉴	龙湾年鉴	江宁年鉴	闸北年鉴
硚口年鉴	金湖年鉴	嘉定年鉴	青浦年鉴
高邮年鉴	旅顺口年鉴	余杭年鉴	宜兴年鉴
夷陵年鉴	六合年鉴	昌吉年鉴	黄山区年鉴
萧山年鉴	浦口年鉴	临安年鉴	如皋年鉴

| 蔡甸年鉴 | 武侯年鉴 | 建邺年鉴 | 金坛年鉴 |
| 青山年鉴 | 长阳年鉴 | 大丰年鉴 | 中山年鉴 |

地方专业年鉴（11 种）

长江文化年鉴	上海科技年鉴	北京教育年鉴	北京社会科学年鉴
广西社会科学年鉴	云南生态年鉴	甘肃金融年鉴	江汉油田年鉴
建工师年鉴	山东金融年鉴	上海公安年鉴	

二等奖

中央级年鉴（16 种）

中国检察年鉴	中国教育年鉴	中国气象年鉴	中国建筑业年鉴
中国期刊年鉴	中国妇女研究年鉴	中国造纸年鉴	中国三峡建设年鉴
胜利油田年鉴	首钢年鉴	南宁铁路局年鉴	中原油田年鉴
江苏油田年鉴	中国林业产业与林产品年鉴	中国乡镇企业及农产品加工业年鉴	中国南水北调工程建设年鉴

省级年鉴（7 种）

| 辽宁年鉴 | 山西年鉴 | 天津区县年鉴 | 宁夏年鉴 |
| 河北年鉴 | 江西年鉴 | 内蒙古年鉴 | |

城市年鉴（21 种）

南通年鉴	盐城年鉴	株洲年鉴	岳阳年鉴
攀枝花年鉴	泰安年鉴	洛阳年鉴	玉溪年鉴
襄樊年鉴	芜湖年鉴	遵义年鉴	玉林年鉴
台州年鉴	三门峡年鉴	安庆年鉴	宿迁年鉴
渭南年鉴	长沙年鉴	平顶山年鉴	徐州年鉴
开封年鉴			

地州县区年鉴（31 种）

甘井子年鉴	麒麟区年鉴	吴江年鉴	常熟年鉴
上城年鉴	润州年鉴	绍兴县年鉴	江汉年鉴
维扬年鉴	海盐年鉴	宜阳年鉴	吴中年鉴
文登年鉴	宿豫年鉴	海宁年鉴	东西湖年鉴
桐庐年鉴	宝应年鉴	庄河年鉴	南汇年鉴
锡山年鉴	丹徒年鉴	京口年鉴	富阳年鉴
普兰店年鉴	三水年鉴	玄武年鉴	昆山年鉴
北京石景山年鉴	新疆生产建设兵团农六师五家渠市年鉴	天津市塘沽年鉴	

地方专业年鉴（17 种）

天津科技年鉴	云南小康年鉴	湖北教育年鉴	湖北农业年鉴
上海工会年鉴	上海金融年鉴	四川油气田年鉴	葛洲坝集团年鉴
上海教育年鉴	上海交通大学年鉴	浙江地税年鉴	陕西工业交通年鉴

浙江公安年鉴	武汉卫生年鉴	安徽水利年鉴	北京卫生年鉴
山西省国有资产监督 管理年鉴			

三等奖

城市年鉴（5种）

商丘年鉴	马鞍山年鉴	新乡年鉴	辽源年鉴
鹰潭年鉴			

地州县区年鉴（20种）

平湖年鉴	市北年鉴	丹阳年鉴	静安年鉴
武昌年鉴	瑶海年鉴	乳山年鉴	北京海淀年鉴
句容年鉴	鄞州年鉴	嘉善年鉴	伊川县年鉴
溧阳年鉴	北京崇文年鉴	赣榆年鉴	汉南年鉴
盐都年鉴	耒阳年鉴	天津南开年鉴	宽城年鉴

地方专业年鉴（6种）

国钧瓷年鉴	濮阳经济年鉴	无锡交通年鉴	徐州教育年鉴
沧州教育年鉴	韩城矿务局年鉴		

注：1.各项专项奖（框架设计、条目编写、装帧设计）略。

2.第一届第二届全国年鉴编纂出版质量评比由中国年鉴研究会组织评奖活动，资料略。

3.第三届第四届全国年鉴编纂出版质量评比，经新闻出版总署批复，同意中国版协举办，中国版协年鉴研究会承办。

（王璠　中国版协年鉴工作委员会副秘书长　办公室主任）

泰州年鉴
2012
镇江年鉴
镇江市人民政府主办 镇江市史志办公室编
萝岗年鉴
LUOGANG YEARBOOK
2012
余杭年鉴
YUHANG YEARBOOK
2013
方志出版社
2012
金牛
2012
中关村国家自主创新示范区年鉴
YEARBOOK OF ZHONGGUANCUN NATIONAL INNOVATION DEMONSTRATION ZONE
—2012—
北京出版集团公司
北京出版社
2012
珠江三角洲城市群年鉴
东风汽车公司
四川油气田年鉴

历史回眸

中国版协年鉴工作委员会（年鉴研究会）前期机构

中国版协年鉴工作委员会（年鉴研究会）创建于 1985 年。

1984 年 3 月，第一次全国年鉴学术编纂经验交流会在上海举行，会议决定筹备成立"年鉴研究中心"。经上海市委宣传部同意，报中宣部出版局、文化部出版局备案，由上海辞书学会筹建"年鉴研究中心"，并由尚丁主持草拟《年鉴研究中心简章（草案）》。

1985 年 9 月，第二次全国年鉴学术编纂经验交流会在安徽合肥举行，大会选举产生了第一届干事会。

干事会由上海市辞书学会、中国百科年鉴、辞书研究杂志、中国出版年鉴、中国统计年鉴、中国经济年鉴、中国文艺年鉴、中国卫生年鉴、安徽经济年鉴、广州年鉴 10 个单位组成。第一届干事会第一次会议选举如下：

总干事兼秘书长：尚 丁

副总干事单位：中国出版年鉴、中国百科年鉴、中国文艺年鉴

干事单位：辞书研究杂志、中国统计年鉴、中国经济年鉴、中国卫生年鉴、安徽经济年鉴、广州年鉴

1989 年 3 月，经文化部批准，正式成立"全国年鉴研究中心"。1991 年 11 月，经国家新闻出版署批准，"全国年鉴研究中心"更名为"中国年鉴研究会"，由新闻出版署主管。同月，选举产生第二届理事会。

会长兼秘书长：尚 丁

副会长：徐福生、方厚枢、李希凡、陈汝鼎、张淑静、李振水

1996 年 11 月，换届选举产生第三届理事会：

会 长：尚丁

常务副会长：陈汝鼎、李振水

副会长：许家康、陈仁礼、李维民

秘书长：许家康（兼）

2000 年 6 月，新闻出版署决定，将中国年鉴研究会作为二级协会并入中国出版工作者协会，更名为中国出版工作者协会年鉴研究会，并将研究会会址从上海迁至北京。

2001 年 3 月，中国版协年鉴研究会第一次会员代表大会在北京举行，选举产生第一届中国版协年鉴研究会常务理事会及其领导班子（见后页）。2007 年 5 月，根据民政部决定，中国版协年鉴研究会更名为中国版协年鉴工作委员会。2008 年 2 月，中国版协年鉴工作委员会（年鉴研究会）第二次会员代表大会在北京举行，选举产生第二届中国版协年检工作委员会常务理事会及其领导班子（见后页）。

第一届中国版协年鉴研究会组织机构

(2001 年 3 月)

名 誉 会 长：尚　丁
顾　　　问：方厚枢　邬书林　李振水　陈汝鼎
会　　　长：许家康
常务副会长：许进禄
副　会　长：陈仁礼　房德胜　孙关龙（增补）　土守业（增补）
秘　书　长：许进禄（兼）

办事机构

副 秘 书 长：方亚光　苏伯华　周　斌
办公室主任：周　斌（兼）
副　主　任：刘士贵　王　都

内设机构

网络中心　主　任：赵海涛
　　　　　副主任：张自强　赵军科
中国年鉴网执行主任：张自强（兼）

中央级年鉴工作部

主　　　任：王相钦
副　主　任：王桂花　刘　玲　刘士贵　吴幽香　旷建伟　梁书生　焦黎鹰（增补）
秘　书　长：梁书生（兼）
副秘书长：周　方　陈迎新　焦黎鹰（兼）　郑维桢（增补）　杨百琦（增补）　粟东平（增补）
　　　　　罗建平（增补）　诸葛平平（增补）

学术委员会

主　　任：孙关龙（兼）

副 主 任：李　平　杜焕生　杨汉平　肖东发　凌　岩　程金华　苏伯华（增补）　曲宗生（增补）

委　　员：邓建平　丛　坤　田　宇　孙关龙　李　平　曲宗生　阳晓儒　苏伯华　杜焕生　杨汉平
　　　　　杨锦霞　肖　凯　肖东发　张　炯　周苏民　莫秀吉　凌　岩　程金华　张建明（增补）
　　　　　张　凌（增补）　王　浩（增补）　郭建平（增补）　张子忠（增补）　柯小敏（增补）
　　　　　陆可亮（增补）　王　钢（增补）

特邀委员：马惠平　李国新（增补）

秘 书 长：苏伯华（兼）

副秘书长：邓建平　丛　坤

地方年鉴工作部

主　　任：王守亚（兼）

副 主 任：王江传　王佩平　孙其海　侯文正　袁太平　高共青　彭　钢　韩荣根

秘 书 长：方亚光

副秘书长：陈杰明　苟茂安　黄瑞禄

铁路年鉴工作部

主　　任：苏增强

副主任：刘润辉　沈富泉　姚世刚

企业年鉴工作部

主　　任：刘贤福

副主任：李厚江　陈　忠　唐富华　徐宪民　蒋　琦

秘 书 长：蒋　琦（兼）

下属机构

年鉴信息与研究杂志

主　　编：刘菊兰

上海年鉴展示中心

负责人：陈少能

广州年鉴展示中心

主　　任：谭惠全

第二届中国版协年鉴工作委员会（年鉴研究会）组织机构

(2008 年 2 月)

顾　　　问：龚心瀚　邬书林　陈汝鼎　李振水　方厚枢　陈仁礼　房德胜　徐　诚　马　威

主任（会长）：许家康

常务副主任（常务副会长）：周兴俊　许进禄　王守亚

副主任（副会长）：孙关龙　土相钦　武星斗　鲍海春　黄　丽　梁书生（增补）　王中华（增补）
　　　　　　　　　谭惠全（增补）　朱敏彦（增补）　邵权熙（增补）

内设机构

学术委员会

主　　任：孙关龙（兼）

副 主 任：肖东发　苏伯华　曲宗生　卢晓华　边丽君　柯小敏　杨汉平　姚世刚

委　　员：张　炯　阳晓儒　莫秀吉　郭建平　张子忠　徐远征　黄建设　邓建平　刘　慧　肖爱华
　　　　　崔　震　丁日杰　刘帅刚　方玉红　杨启燕（增补）　胡新力（增补）　吟幸凌（增补）
　　　　　杨正宏（增补）

特约委员：马惠平　李国新　杜焕生　刘菊兰

秘 书 长：苏伯华（兼）

副秘书长：邓建平

中央级年鉴工作部

主　　任：梁书生（2008 年 9 月免）　郑维桢（2008 年 9 月任）

副主任：刘　玲　诸葛平平　周　方　郑维桢（2008 年 9 月免）　杨百琦　罗建平　肖春华
　　　　宋晓兰　骆　珊　李卫玲　孙玉琦

省级年鉴工作部

主　任：王中华（兼）

副主任：袁太平　罗征文　朱敏彦　郭永生　甘文应　黄瑞禄　黄建安　孙　颖　肖　凯

城市年鉴工作部

主　任：谭惠全（2008 年 9 月免）　贾大清（2008 年 9 月任）

副主任：马　兵　贾大清（2008 年 9 月免）　张红蕾　崔义萍　王　浩　杨国祥　吴孙兆

地州区县年鉴工作部

主　任：张建明

副主任：王　播　杨光复　陈　渊　周国平

地方专业年鉴工作部

主　任：黄　丽（兼）

副主任：许太琴　沈美新　李仁贵　刘杰峰　邓　荣　王新建　胡晓东

企业年鉴工作部

主　任：刘贤福（2010 年 9 月免）　郭　志（2010 年 9 月任）

副主任：蒋　琦　郭　志　王宇芬　徐宪民　唐富华

信息网络中心

主　任：张自强

办事机构

副秘书长：朱　诠　郝文勉　崔建伟　苏伯华　蒋　琦（兼）　赵海涛

年鉴数字化、网络化建设的回顾

今天，年鉴界有自己的门户网站，有中国年鉴资源全文数据库。各主要年鉴都有自己的网络版和光盘版。年鉴的信息征集和编纂过程也在不同程度上使用了现代信息技术。中国年鉴的数字化、网络化水平已远非昔日可比。能够取得今天的成绩，当然主要是年鉴界同仁努力学习新知识，不断紧跟时代步伐的结果。其中年鉴研究会作为年鉴编纂、出版理论和实践的交流机构，也发挥了重要作用。年鉴研究会成立以来，始终注重引导会员积极探索年鉴编纂出版与现代信息技术结合的道路。2001年，年鉴研究会改制换届后，更进一步确立了推进年鉴数字化、网络化的指导方针，制定了数字化、网络化实施方案；建立了实施数字化、网络化的职能机构。中国年鉴界网络化数字化建设得到迅速发展。

确立年鉴信息化的指导思想，建立相应机构

2001年3月，新班子组建后，即把"促进会员单位认真学习，努力掌握现代信息技术，用先进科学武装自己，武装年鉴，推进年鉴数字化、网络化"作为的重点之一列入工作计划。

为了更好地推进这项工作，当年12月，组建了中国版协年鉴研究会网络中心。网络中心设在北京，是年鉴研究会促进年鉴数字化、网络化的职能机构。其主要任务：一是协助秘书长组织、落实年鉴界数字化、网络化实施方案的研究、制定；二是承办年鉴创新和现代信息技术论坛，宣传年鉴与现代信息技术结合；三是创办中国年鉴网；四是协助秘书长组织中国年鉴资源全文数据库的前期筹备工作。

2002年8月，成立了以李国新教授为组长的"中国年鉴数字化、网络化研究规划小组"。研究规划小组在京成员经过两个多月的反复推敲，数易其稿，在书面征询其他成员意见后，向研究会提交了《中国年鉴数字化、网络化工程实施方案》。

为便利网络中心同会员单位的密切联系，2005年9月，研究会发出筹建"数字化、网络化工作协调联络网"的通知。协调联络网设在网络中心，其成员由会员单位派出的数字化、网络化联络员组成。联络员的任务是：（1）追踪、学习与年鉴相关的现代信息技术，研究、推动本年鉴数字化、网络化工作的发展；(2)向研究会反映本单位对数字化、网络化工作的意见、要求；（3）及时传达并根据实际情况协助本单位负责人落实年鉴研究会关于数字化、网络化工作的意见、要求;(4)及时向网络中心提供本年鉴编纂、出版、发行的信息，加强本年鉴在中国年鉴网上的宣传；(5)参加包括"年鉴创新与现代信息技术论坛"等活动，积极参与年鉴界的相关交流。经过近10个月的努力，2006年9月24日，年鉴研究会数字化、网络化协调联络网正式成立。

这些措施多数得到落实，在相当一段时间内保障了年鉴界数字化、网络化工作比较扎实、稳定的发展。可惜的是，由于网络中心负责人不稳定，研究会的相关负责人也有变化，有些制度没有完全落实，有些没有坚持下来。

积极宣传，努力推广现代信息技术

中国年鉴的发展得益于许多专家、学者的指导和帮助。其中参加年鉴界活动最多，时间最长的是北京大学的肖东发、李国新两位教授。前者的主要贡献在年鉴编纂出版理论方面，有多部年鉴编纂专著出版。后者则是年鉴界数字化、网络化的功臣。研究会宣传现代信息技术和培训相关干部，主要通过在会刊《年鉴信息与研究》上发表相关文章，召开各种研讨会、举办培训班三个渠道。李国新教授在三个领域都发挥了重要作用。在2001年后的两三年中，《年鉴信息与研究》先后发表有关年鉴信息化的理论研究和经验交流文章百余篇。其中李国新教授的大作"中国年鉴的创新之路——集团化、数字化、网络化"影响最大。在那段时间里，他还先后四次应邀在我会主办的研讨会、培训班上发表了精彩演讲。他在文章和讲演中，科学的分析了现代信息技术的发展和中国年鉴界的现状，雄辩地证明年鉴如果不创新，不用现代信息技术武装自己，就会被淘汰。他指出就中国年鉴事业的整体发展方向而言，实施顺应社会信息化趋势的创新最为重要和迫切的任务，是应该自觉而又迅速地走上集团化、数字化、网络化的道路，目标是构建大规模的中国年鉴资源数据库。他的文章和演讲在年鉴界引起很大震动。

现代信息技术的宣传、推广活动以及年鉴与现代信息技术结合的初步实践，提高了年鉴界对现代信息技术的认识。大家确实感到用现代信息技术装备和改造年鉴，对推动年鉴创新和与时俱进，具有极其重要的意义。现代信息技术所改变的将不只是信息的收集、编纂和传播手段，还将对年鉴的编纂思想、编纂方式以及年鉴的社会分工和联系产生深刻的影响。年鉴同现代信息技术日益紧密的结合，必将为年鉴编纂、出版、发行等整个工作带来一场深刻的革命。年鉴工作者一定要认真学习，努力掌握现代信息技术，用先进的科学文化武装自己，才能适应年鉴创新的需要，才能适应飞速发展的新时代的需要。

创办中国年鉴网

2002年8月，年鉴研究会决定启动中国年鉴数字化、网络化工程。创办中国年鉴网首先被提上日程。创办年鉴网遇到三大难题：一是懂技术的专业人员和常年性的工作班子问题；二是办公场所和技术设备问题；三是运转资金问题。研究会的经费不多，拿不出钱来购置技术设备，更不可能维持一个非营利的、常年性的工作机构。经反复研究，决定先由中国国内贸易年鉴社垫付10万元，作为开办费，同时要求网络中心采取自负盈亏为主，研究会补贴为辅的办法解决此后的运转经费问题。为筹集年鉴网的经费，研究会允许网络中心在办好年鉴网的前提下，利用研究会的渠道开展光盘制作、年鉴发行、年鉴网研制等经营性活动。这样做既解决了工作人员和所需技术问题，保障了年鉴网的创办和日常运转，又为研究会节约了经费。中国国内贸易年鉴社垫付的十余万元开办费最后没有收回，算是该年鉴社对年鉴界的一点贡献。

经多方努力，中国年鉴网测试版于2001年11月运转，并于2002年2月1日正式开通。最初的中国年鉴网设9个栏目，负责发布本会的各类信息，报道各年鉴编纂、出版发行情况，交流年鉴编纂、出版理论和实践经验。在国内著名搜索引擎上均可搜索到中国年鉴网。通过中国年鉴网还能够链接到大部分已经建立的单个年鉴网站和相关信息网站。据2002年底统计，中国年鉴网总文字量已达到320万字以上，图片200余幅。在不足一年的时间内，访问量已经达到

4万5千多人次；共收到与年鉴相关的邮件2000余份；受理500多个要求咨询的电话；帮助近300位网友购买到需要的年鉴。服务对象包括高等院校研究机构、图书馆、广告公司、咨询公司、国外银行驻华机构，甚至有些电话来自国（境）外。2004年、2006年和2010年，中国年鉴网先后三次进行改版。改版后的中国年鉴网除充实和丰富年鉴宣传方面的内容外，进一步强化了网络的服务和互动功能，提高了亲和力，基本上发挥了年鉴界门户网站的作用。

年鉴网络中心的第一位负责人刘三军，是从北京一个电子科技公司中聘请的。他在资金紧缺，设备简陋，经验不足等诸多困难条件下，支撑起网络中心的摊子，开创了中国年鉴网。今天我们登陆年鉴网、享受网络便利的时候，不应忘记开创人的艰辛。为年鉴网做出较大贡献的还有两个人，一个是赵海涛，一个是张自强，他们都来自北京金报兴图科技公司。2004年，为加强管理，进一步充实提高中国年鉴网，研究会改组了年鉴研究会网络中心。赵海涛接替刘三军担任网络中心主任，张自强为副主任兼中国年鉴网执行主任。根据两人精心设计，中国年鉴网进行了全面改版。再加上金报兴图有较好的设备和较强的编辑、录入力量，使中国年鉴网无论在内容上还是在形式上，都大大向前跃进了一步。由于信息量日益丰富，栏目设计切合实际又清新活泼，年鉴网的人气大增。赵海涛和张自强主持网络中心时期承办的第三届"年鉴创新和现代信息技术论坛"别开生面，也值得一提。那届论坛采用了邀请部分年鉴主编上台面对面进行交流的形式，生动活泼，感染力强，开创了年鉴界会议的新形式。论坛内容新颖，形式活泼，引起了与会代表的强烈兴趣和共鸣。海涛同志收集了研究会20年来编辑出版的三会刊，设计制作了《年鉴工作》《年鉴工作与研究》《年鉴信息与研究》的全文检索数据库。

建设中国年鉴资源全文数据库

2003年3月，在天津召开的研究会一届三次常务理事会审议通过了"中国年鉴数字化、网络化研究规划小组"提交的《中国年鉴数字化、网络化工程实施方案》，发出《中国版协年鉴研究会关于实施中国年鉴数字化、网络化工程的决定》。中国年鉴资源全文数据库的建设拉开了序幕。

当时设想，数据库的资金采取年鉴编纂单位集资的办法来解决，条件成熟时由研究会出面组建独立运行的股份制公司，以数据库为主要依托，开展年鉴信息提供与咨询服务，并进行数据库的运营、后续建设、滚动发展。但经过一段时间的实践后，发现这个设想行不通。由于数据库建设工程浩大，需独立的办公场所、技术装备和专职技术人员。研究会所筹集的资金远远不够，只好放弃自建数据库的想法。此后，研究会征询了包括清华同方、北大方正在内的20余家电子科技公司的意向，进行了反复谈判。2003年11月，中国版协年鉴研究会一届四次常务理事会讨论决定同北大方正电子有限公司合作，共同建设数据库。同年11月，研究会常务副会长许进禄同北大方正电子公司签约。12月11日，中国版协年鉴研究会发出《关于建设中国年鉴资源全文数据库的通知》。通知对建设数据库的意义、目标、步骤、合作模式、利益分配等作了详细的说明，"中国年鉴资源全文数据库"建设正式启动。经过一年的努力，到2004年末，全国入库年鉴达180家，共520卷，数据库初步成型。经过十年建设，到2013年，数据库已收录1600种年鉴，近10000卷，基本涵盖了我国各领域，各地区社会政治、经济、文化发展的资料。

在这期间，中国版协年鉴研究会中央级年鉴工作部还积极支持清华大学中国学术期刊（光盘版）电子杂志社开发"年鉴CNKI数字图书馆"。到2013年7月底，该数字图书馆收集了2572种年鉴，共20593卷，成为另一版本的年鉴数据库，同样为中国年鉴的信息化建设做出了贡献。

建设"中国年鉴资源全文数据库"是一项利用现代信息技术在全国范围内对年鉴资源进行整合的巨大工程。"中国年鉴资源全文数据库"的建成和不断充实完善，使年鉴出版由单一的纸介质向多介质转变，大大便利了使用者对年鉴查阅、检索、下载等多方面的需要，必将更加充分发挥年鉴资源的社会作用，提高年鉴编纂的社会地位。同时，也将反过来推动年鉴的编纂、出版、发行的发展。它的建设不仅是中国年鉴界的新成果，也是中国信息化建设的一个新成果。

（许进禄　中国版协年鉴工作委员会顾问　原中国版协年鉴工委会常务副主任）

我和年鉴 30 年

从 1983 年到现在，我从事年鉴工作整整 30 年了。30 年来，青丝变成白发，工作在无情的年轮上重复，事业在辉煌的征途上发展，水平在温馨的环境中提高。在等身高的巨著中，有我心血汗水的印痕，有我不断攀登的足迹，还有我如歌岁月的华章。

引路人

在 30 年的年鉴编纂生涯中，我一直在走上坡路，引路人很多，最值得尊敬和感谢的有三人，即欧远方、尚丁、许家康先生。

欧远方、尚丁已作古，二位都是品德高尚、才学渊博、胸怀宽广，又能提携后生的巨匠式人物，都是生于 1922 年。欧远方先生是安徽省社科院原院长、省顾委常委，是专家型领导。他研究范围甚广，涵盖文史哲经济，书法功底颇为深厚。从《安徽年鉴》创刊到他 2001 年去世，一直担任主编长达 17 年，并且每年的编纂工作大会都做主题报告。他结合社会热点和党委政府关心的问题，纵横捭阖，旁征博引，赢得与会人员自发的阵阵掌声。他的演讲为提高大家对编写年鉴的认识、增强为党为人民为历史秉笔直书的责任，都大有帮助。10 多年间，我从兵到将，就是在这种环境熏陶下成长起来的。

尚丁先生是全国民盟常委，早年给黄炎培当秘书，改革开放以前历经坎坷。20 世纪 80 年代初期担任上海辞书学会副会长、辞书研究主编。全国年鉴事业刚刚兴起，他敏锐地觉察到新中国"年鉴热"就要到来。于是，就与大百科全书上海分社的领导们一道积极组织创办《年鉴通讯》，筹办全国年鉴研究中心（后改为中国年鉴研究会）。由于他德高望重，在全国年鉴界发挥着不可替代的作用，连任三届会长，长达 16 年。在他的鼓励关怀下，我刚从事年鉴编辑工作不到两年，就在《辞书研究》发表年鉴学术论文。之后又一路提携我担任中国年鉴研究会地方工作部副秘书长、副主任兼秘书长、主任，为近年来担任中国版协年鉴工委副主任（副会长）、常务副主任（常务副会长）打下坚实基础。

许家康先生长我6岁，是我的良师益友和"班长"，从1991年西安会议上相识，已有整整22年。他从2001年接手成为全国年鉴组织的当家人，高擎起创新的大旗，引领全国学术之风，把年鉴学术研讨推向新阶段。同时也通过鼓励创新，彰显年鉴特色，特色年鉴不断涌现。我在他的领导下做一些具体工作，深受其人格力量的感召，严谨治学的影响，奉献精神的鼓舞。

几件事

回想这30年，仅凭斑斑点点的记忆，不足以说明全国年鉴的万般气象。刘菊兰大姐编写的《中国年鉴事业发展大事记》，翔实记载了发展的历程，为我们修建了回忆的轨道。顺着这条轨道，我想到几件事情：

第一件事情，是我们这个组织的前身——全国年鉴研究中心的成立。1984年3月，由中国百科年鉴编辑部发起，在上海召开第一次全国年鉴纂经验交流会，会上确定第二次会议由安徽年鉴编辑部承办，同时成立"全国年鉴研究中心"。经过长达一年半的筹备，于1985年9月15～20日在合肥稻香楼宾馆召开，120多人参会，刘火子、汤季宏、尚丁、邓伟志、邬书林等出席，尚丁当选为全国年鉴研究中心总干事。这是全国年鉴界的第一次盛会。时隔28年，第23届全国城市年鉴研讨会又在稻香楼宾馆召开，物是人非，当年参会的代表中能再次聚首合肥的已屈指可数。

第二件事情，是我接手办《年鉴通讯》。《年鉴通讯》创办于1982年初，当时全国仅有年鉴11种。星星之火，可以燎原。我认为《年鉴通讯》就是年鉴发展之火、之风、之油，火借风势，风助火威，到80年代末期，

全国年鉴能发展到500多种，是与《年鉴通讯》的贡献分不开的。1989年，国家加大对社团的管理力度，由上海市委宣传部批准的"全国年鉴研究中心"先后变为国家文化部、新闻出版署批准的"全国年鉴研究会"、"中国年鉴研究会"。这时，领全国风气之先的《中国百科年鉴》由于人事变动，领衔创办的《年鉴通讯》面临危机。经尚丁、陈汝鼎等老前辈协商，从1990年起，《年鉴通讯》暂由我负责承编，与安徽省年鉴研究会会刊《年鉴信息》合刊。我负责承编一年，出刊4期，到1991年初公开刊物《年鉴工作与研究》（1995年更名为《年鉴信息与研究》）创刊为止。这一年多时间人虽辛苦，却使全国年鉴会刊承载了薪火不断、年鉴学术永续的功能。

第三件事情，安徽出了两个常务副会长。第一位即《安徽年鉴》的创始人陈汝鼎。他1984年参加了上海会议，1985年主持了合肥会议，即成为全国年鉴研究中心负责人之一。90年代初兼年鉴研究会司库，1994年11月任常务副会长。他活跃于全国年鉴界近20年，勤于安排、精于协调、乐于奉献，并广交朋友，至今仍与各地年鉴保持着良好的关系。客观地说，像尚老这样宽厚仁慈的长者担任会长，必须有一位擅长行政协调工作、热心年鉴事业、有较强驾驭能力的助手。他们的配合几乎是天衣无缝，并在1996年扬州会议和2001年北京会议研究会两次换届、世纪之交研究会迁址（从上海迁到北京）等重大事件中得到证明。

我是2001年当选为中国版协年鉴研究会常务理事，2003年补选为副会长，2008年当选为常务副会长。很显然，我是受了陈汝鼎先生庇荫的。他是我从事年鉴事业的直接领导，其高尚的情操、严谨的学风、深厚的文字功底，深深影响着我、教育着我，使我终身受用不尽。大家对他的崇敬爱戴之情部分地加在了我身上，也给我增添了积极协助许家康会长工作、服务好会员单位、促进年鉴事业发展的压力和动力。

（王守亚　中国版协年鉴工作委员会常务副主任
安徽省地方志办公室副巡视员　常务副主编　年鉴社社长　编审）

回忆年鉴研究会成立往事

"年鉴热"兴起的 1980 年至今已经历时 33 个年头，中国年鉴研究中心即中国版协年鉴研究会也成立 28 个年头。回忆 20 世纪 80 年代年鉴事业及年鉴学研究的早期发展也是一件十分有意义的事情。

我于 1974 年在北大图书馆学系毕业后给朱天俊老师当助教，讲"中文工具书"课，还和中文系陈宏天老师一起编《文史工具书》教材，分配我负责"年鉴手册"一章。20 世纪 70 年代中期，我国年鉴的出版是"白茫茫大地一片真干净"，只能讲 1965 之前的几种年鉴。我曾向大公报社和世界知识出版社呼吁：尽快恢复编辑出版《人民手册》和《世界知识年鉴》，这篇文章发表在 77 级学生办的刊物《初读》之上，找起来已经不大容易了。1980 年《中国百科年鉴》由中国大百科全书出版社出版，其质量远远超过以往的年鉴和我的期望，我和陈慧杰高兴地在《世界图书》1981 年第 2 期上发表了《喜读〈1980 中国百科年鉴〉》，表达了我们欣喜的心情，这篇文章中的一段话被引用印在 1982 年《中国百科年鉴》的腰封上。《中国出版年鉴》和《中国年鉴》以及《世界知识年鉴》随后相继出版，大大丰富了我们的授课内容。我关注着新年鉴的创刊和出版动态，及时告诉北大图书馆的工具书采购的负责人朱宪，我记得他有一次一下子就订购 10 本年鉴。这期间得以结识刚刚成立的中国出版发行科研所的方厚枢老师，他正在主编《中国出版年鉴》。

在方老师的推荐下，我有幸出席了 1985 年 9 月在安徽省合肥市稻香湖宾馆举行第二次年鉴编纂经验交流会，会上正式成立全国年鉴研究中心，从那以后我与年鉴结下不解之缘，该中心后来改名为年鉴研究会，后来又覆在中国出版工作者协会之下，一直坚持开展学术活动，几乎每年都举办全国性、行业性、地区性年鉴编纂经验交流会和研讨会。为年鉴事业的发展打开了新局面。

2013 年 1 月 29 日，时任中国版协年鉴工委会常务副会长的王守亚先生特别从合肥赶到北京，出席中央和北京地区年鉴的团拜会。我们回

1993 年 5 月 20 日，邬书林、方厚枢、许进禄、肖东发出席在北京大学召开的中央级年鉴工委会成立大会

忆起当年的合肥会议。守亚说，他还找到 28 年前的一份会议通讯录。我请他给我发来，2 月 18 日大年初九一上班，他就给我的邮箱传来通讯录照片。已是难得的资料。通过当年的章程草案及名单使我回忆起大会盛况。不难看出这次会议有如下几个特点：一是来的代表很多，超过 100 人，正是当时改革开放大好形势和年鉴热的实际反映，代表们热情很高，大会发言小组讨论十分热烈，很多会议代表一直是年鉴研究的热心人。二是解决的问题很实际，我从保存至今的 1985 年第一期《年鉴通讯》可知，为召开好安徽会议，1985 年 3 月份尚丁同志特意从上海赶到北京与在京的年鉴单位通气，召开了会前会，起草了年鉴研究会的章程，提出了候选人名单，使得会议完成议程很多，其中之一就是建立了年鉴研究中心，把全国年鉴界的同仁团结到了一起。三是上海去的领导同志和学者特别多，有 20 位，原因是在前一年 1984 年 3 月由中国百科年鉴编辑部等 16 个单位发起，在上海举行了第一次全国年鉴编纂经验交流会。为第二次合肥会议打下很好的基础，有上海辞书学会会长汤季宏、副会长尚丁、副秘书长邓伟志、中国百科年鉴主编刘火子等，全国年鉴研究中心是由中国百科年鉴编辑部、上海辞书学会和辞书研究杂志社倡议，经由中共上海市委宣传部批准，上海哲学社会科学联合会支持于 1985 年 9 月正式成立的。确定为一个探讨和交流年鉴理论与实践经验的联络中心，并已报请中宣部出版局，当时的局长徐力以派 1983 年由南京大学毕业，时任中宣部

出版局期刊处副处长的邬书林（后任国家新闻出版总署副署长、国家新闻出版广电总局副局长）前来参会，他在 1984 年就在人大《资料工作通讯》上发表了《出好年鉴 用好年鉴》一文。近 30 年来他一直十分关心年鉴事业。1992 ～ 1997 年我们北大信息管理系举办 7 届年鉴培训班，他多次出席开学典礼，做精彩的主题报告。第四点很重要，这次会议还直接催生了我国年鉴学的建立。原因是研究中心高度重视理论研究和经验交流，设立基金，制定规划，年年组织召开会议。再就是有两个难得的阵地《辞书研究》和《年鉴通讯》。

1985 年之后我经常给各类年鉴讲授有关工具书和年鉴的基本知识。我从 1986 年就提出建立年鉴学的学科体系。在《年鉴通讯》和《辞书研究》先后发表了《论年鉴学研究体系的建立》和《年鉴学刍议》等文章，立刻得到全国年鉴中心和各地年鉴界朋友的热烈反应。《年鉴通讯》的编者在按语中说："改变了以往零敲碎打式的研究方法，提出了建立年鉴学这门新学科体系的总体设想，并提出了可供大家讨论的章目，这一探索无疑是可贵的。"随即，《武汉年鉴》的几位同志找到我，表示愿意南北合作，发挥各自特长，共同完成了《年鉴学概论》。

年鉴研究中心总干事长尚丁同志亲自给这本书撰写了序言，他在序言里写道："肖东发同志任教于北京大学图书馆学情报学系，潜心研究年鉴学理论多年，多次参加我们年鉴学的活动，被聘为全国年鉴研究中心特约研究员，并在北大为研究生开出了'年鉴

学研究'课程，为中国年鉴事业的发展，浇过水、施过肥，培养了人才。现在，正当我们为提高年鉴质量，积极开展年鉴学理论研究的时候，又为我们送来了及时雨——《年鉴学概论》一书，不胜感谢。"

这部书1991年由中国书籍出版社出版，首印4000册，第二年售罄，1993年加印3000册。短短3年时间就发行了7000册。作者共5位。在这部书里，我们共分撰历史、理论、事业、方法四篇13章，我主要撰写了绪论；年鉴学的学科体系，理论篇：年鉴学基本理论和年鉴的性质与作用两章和中国年鉴事业的发展一章；武汉年鉴社邵荣霞和钱锋写了年鉴事业的管理与建设、方法篇中年鉴的编纂原理、表现形式和栏目以及年鉴的写作等五章；北大图书馆的戴龙基（当时在图书馆系讲"西文工具书"，后任北大图书馆馆长）撰写了国外年鉴史、外国年鉴事业及中外年鉴比较 三章；王建华写了年鉴的类型一章并编写了两个附录：一是我国80年代出版年鉴一览表；二是有关年鉴的论文资料索引，当时就已经收集到800余篇。

在这部书的第七章里，我总结了中国年鉴事业的形成与发展、现存问题与解决思路、发展趋势，还分析了港澳台地区编辑出版的年鉴。我认为中国年鉴事业有如下特点：大都得到各级领导重视，品种数量发展迅猛，与改革同步，最能体现时代精神，在肯定我国年鉴内容严肃、发展健康等优点的同时，也存在内容质量不高、框架结构不稳、实用性、普及型不强、发行量不大、经济效益不佳等缺点，归纳出年鉴业正在向系列化、网络化、规范化、多样化、完善化，以及编辑经营性转化等趋势。

1990年我在北大给研究生开出"年鉴学研究"课程，培养了一批以年鉴为研究方向的研究生。仅90年代前期，我指导以年鉴学为题目的硕士论文就有90级硕士戴煜斌《论年鉴信息价值的生产与实现》、93级研究生周艳《论年鉴的实用性研究》、93级在职硕士李维《论年鉴编纂体例的规范化》、94级硕士生宋姣《方志与年鉴的关系研究》及中国建筑业年鉴的王秀兰、97级硕士研究生李颖《中国早期年鉴编辑出版研究》等。

应该说在年鉴学研究方面，我国走在世界的前列。

因为我们专门做过统计和调查，其他国家只有一些书中有关于年鉴的章节，没有整部书都论述年鉴的专著，法国年鉴学派在历史学领域影响巨大，但其研究对象不是作为工具书类型之一的年鉴，与我国的年鉴学内涵和外延并不一致。而我国仅在1990年前后就陆续出版了《年鉴学浅说》《年鉴编纂手册》《年鉴编纂百议》及《年鉴的功能与使用》等论著，这一良好的开端，是与年鉴研究中心的组织与推动分不开的。

全国年鉴研究中心在年鉴学研究中所发挥的积极促进作用特别值得充分肯定。它本是一个民间的松散组织，在一无编制、二无经费情况下，完全靠会员单位自愿提供一些会费开展活动，中心秘书处的工作，是由一些热心的同志纯义务支持的，自成立以来做了大量工作，我在《年鉴学概论》中归纳分为如下五个方面，限于篇幅，只列标题，不再展开：

1. 对年鉴编纂实践起指导作用。

2. 对年鉴界的信息交流起传导作用。

3. 对于年鉴事业建设中出现的问题起疏导作用。

4. 对于年鉴学科理论研究起催导作用。

5. 对年鉴事业发展起引导作用。

年鉴研究中心开展的成绩赢得了上级领导的重视和年鉴界广大同仁的欢迎，1989年3月14日，文化部发文正式批准成立全国年鉴研究中心，同意其作为全国性文化组织继续存在。1991年初，中心又建立"年鉴研究中心基金"，制定有关使用办法，1990年7月中心建立了"年鉴学术工作领导小组"和"年鉴学术研究规划组"并下发了《关于加强年鉴学术研究工作的通知》，制定了《1990～1995年年鉴研究规划》，开始有领导、有计划、有组织的年鉴学理论研究。为加强年鉴研究成果发表阵地的建设，中心于1991年又在北京创办了《年鉴工作与研究》这一寓学术性、知识性、实用性为一体的丛刊，使年鉴学研究在后来迈出更大步伐。中心组织专家队伍对年鉴编校质量及年鉴研究成果进行多次评比，对质量优秀的年鉴和学术研究成果进行表彰，多次举办研讨会和经验交流会，举办培训班，注意基层队伍的培训。这些好的措施成为惯例，一直延续至今。

（肖东发　北京大学新闻与传播学院教授　博士生导师　北京大学现代出版研究所所长　院学术委员会副主任　原年鉴工委会学术委员会副主任）

第一届中国版协年鉴研究会组织机构　第一届中国版协年鉴研究会组织机构

第一届中国版协年鉴研究会

版协年鉴工作委员会（年鉴研究会）前期机构　第一届中国版协年鉴研究会成立往事

我和年鉴30年　回忆年鉴研究会成立往事

第二届中国版协年鉴工作委员会（年鉴研究会）组织机构

中国版协年鉴工作委员会（年鉴研究会）前期机构　第一届中国版协年鉴研究会组织机构

中国版协年鉴研究会成立往事

第二届中国版协年鉴工作委员会

年鉴数字化、网络化建设的回顾

中国版协年鉴工作委员会（年鉴研究会）前期机构　我和年鉴30年

中国农业年鉴

中华人民共和国农业部 主管
中国农业年鉴编辑委员会 编

2012
中国林业年鉴
CHINA FORESTRY
YEARBOOK

国家林业局 编著

中国林业出版社

CHINA
AGRICULTURE
YEARBOOK
2012

CHINA AGRICULTURE PRESS

2012
中国畜牧业
年 鉴
2012

中国农业出版社

2012
China Tea Yearbook
中国
茶业年鉴

辽宁科学技术出版社

2012
中国税务年鉴
CHINA TAXATION YEARBOOK

州中药出版社出版社

YEARBOOK OF
CHINA'S FOREST INDUSTRIES
中国林业产业
与林产品年鉴

国家林业局 编

中国农业出版社

CHINA
FORESTRY
STATISTICAL
YEARBOOK
中国
林业统计年鉴
2012

国家林业局 主编

中国铁道年鉴
CHINA RAILWAY YEARBOOK
2011

中国铁道年鉴社之信中心

2012
China
Machinery
Industry
Yearbook
中国
机械
工业
年鉴

SANY

全球工程机械企业50强
三一重工名列全球第六 中国领军

大事记

大事记

1979 年

11 月 26 日	时任中共中央副主席的邓小平同志，在接见美国不列颠百科全书出版公司编委会副主席吉布尔时，对陪同接见的中国大百科全书出版社第一任总编辑姜椿芳说：编辑出版年鉴，很有必要，这是国家的需要，四化建设的需要。

1980 年

8 月	《中国百科年鉴》创刊，由中国大百科全书出版社编辑出版。这是新中国成立以来第一部大型综合性年鉴。至 1980 年底，全国共出版 6 种年鉴。

1982 年

2 月	由中国百科年鉴创办的《年鉴通讯（内刊）》出版第一期。

1983 年

	《辽宁经济统计年鉴》《黑龙江经济年鉴》《上海经济》《广州经济年鉴》等相继创刊，地方年鉴开始异军突起。

1984 年

3 月 28 日至 4 月 1 日	全国第一次年鉴编纂经验交流会在上海举行。尚丁作大会筹备工作的报告，4 位专家发言，10 个年鉴单位交流工作经验。与会者一致建议成立年鉴研究会组织，会议委托上海辞书学会等单位筹组年鉴研究联络组织。
6 月	上海辞书学会筹建"年鉴研究中心"，并由尚丁主持草拟了《年鉴研究中心简章（草案）》，向全国 50 余家年鉴单位征求意见。
夏季	经上海市委宣传部同意，报中宣部出版局、文化部出版局备案，年鉴研究中心筹备处在上海建立。

1985 年

9 月 15 ~ 19 日	第二次全国年鉴编纂经验交流会在安徽合肥举行。会议通过《年鉴研究中心简章（草案）》，宣告年鉴研究中心正式成立。经全体会员会议选举，产生了由 10 个单位组成的研究中心第一届干事会（由法人为干事）：上海辞书学会为总干事，中国百科年鉴等 3 个单位为副总干事，其他 6 个单位为干事。
9 月 19 日	年鉴研究中心第一届干事会第一次会议在安徽合肥召开，刘火子、尚丁等 9 人出席。会议决定，总干事、副总干事主持年鉴研究中心的工作；聘任尚丁为秘书长。

1986 年

9 月 9 ~ 13 日　全国地方性年鉴编纂座谈会在上海举行。与会者听取专家的报告，交流年鉴的编纂经验。

本年起　　原系中国百科年鉴编印的《年鉴通讯》，作为年鉴研究中心的会刊，由年鉴研究中心和中国百科年鉴主办，暂定为季刊。

1987 年

10 月 27 日至 11 月 5 日　第一期年鉴编纂研讨班在上海举办，就年鉴的性质地位、编纂的总体设计、年鉴编辑机构建设等设置课程。

1988 年

10 月 5 日　云南年鉴等 5 个单位向研究中心倡议：在年鉴研究中心的组织和指导下每年召开一次地方年鉴协作会议。

10 月 10 ~ 19 日　第二期年鉴编纂研讨班在上海举办，首设年鉴的选题和组稿、编辑加工、宣传和推广等课程，并给学员颁发了"结业证书"。

12 月　年鉴研究中心根据第二届干事会用通讯记名投票的方式，选举产生了由 16 个单位组成的第二届干事会；推选上海辞书学会为总干事，中国百科年鉴等 5 个单位为副总干事。

1989 年

1 月 18 ~ 19 日　安徽省年鉴研究会在马鞍山举行成立大会，推选会长：陈汝鼎，副会长：李石麟、王万宾、薛健文、沈昆、郭学昆，王守亚任秘书长。

3 月 14 日　经文化部批准，正式成立"全国年鉴研究中心"，作为全国性文化组织。

4 月 25 ~ 29 日　全国地方年鉴协作会在云南昆明成立，并召开第一次会议。尚丁就我国地方年鉴的发展、年鉴研究中心第二届干事会的通讯选举等作报告，陈汝鼎介绍了全国地方年鉴协作会的筹备情况。会议选举陈汝鼎为会长，宁超、匡匡、程金华、王斌、尚广阳、张正路为副会长，任期 5 年；通过了《全国地方年鉴协作会简约》。

4 月 29 日　年鉴研究中心第二届干事会在云南昆明召开。通过尚丁关于第一届总干事单位、副总干事单位连任，增选安徽年鉴、云南年鉴为副总干事单位的建议；同意尚丁继续担任年鉴研究中心秘书长；聘请邓伟志、李今山为特约研究员；批准"全国地方年鉴协作会"成立。

6 月 20 日　年鉴研究中心向国务院办公厅报告，经查在年鉴会员单位中未发现如国务院办公厅 2 月 27 日通知所批评的不正当行为。根据当前年鉴出版情况，报告建议：年鉴可以申领期刊号，建立专业编辑出版机构，也可由出版社出版；迫切要求政府成立年鉴的领导管理和协调机构，以引导年鉴事业健康发展。

8 月起　年鉴研究中心秘书处改称为年鉴研究中心办公室。年鉴研究中心成立学术部，聘任葛永庆为学术部副主任。1990 年 1 月 5 日，葛永庆辞去学术部副主任职务。

1990 年

1 月 9 ~ 13 日　首届全国年鉴学术研讨会暨第二次地方年鉴协作会议在黑龙江哈尔滨召开。方厚枢介绍全国年鉴概况并通报有关年鉴出版规定，许廷钧、程金华分别汇报第一届全国年鉴学术研讨会及第二次全国地方年鉴协作会的情况。研讨会对年鉴在改革开放中的地位和作用、年鉴学的理论体系等进行了初步探讨。

5月20日	根据国务院的《社会团体登记管理条例》规定，年鉴研究中心向新闻出版署、文化部、民政部、中宣部呈报第二届干事会组成人员名单（根据民政部意见，第二届干事会由法人改为自然人），即总干事：尚丁，副总干事：罗洛、方厚枢、李希凡、陈汝鼎、张淑静，干事10人。
7月25日	年鉴研究中心发出通知，组建由尚丁任组长的年鉴学术工作领导小组，成立由李今山任组长的年鉴学术研究规划组，并在北京拟创办《年鉴研究学刊》（暂定名）。
9月13日	年鉴研究中心第二届干事会第三次会议和学术工作领导小组（扩大）会议在新疆乌鲁木齐举行。干事会修改通过《全国年鉴研究中心章程》。学术工作领导小组会议通过《创办年鉴研究刊物方案》，刊物定名为《年鉴工作与研究》，1991年一季度创刊；组建刊物编委会，主任：尚丁，副主任：方厚枢、陈汝鼎；任命刊物主编：方厚枢（兼），副主编：李今山、许廷钧、胡均、朱孟明。
10月13～18日	华东片区年鉴协作会第一次会议在浙江杭州举行。与会者对如何提高年鉴质量、加强年鉴管理经营等问题进行交流研讨。
10月22～27日	西南片区年鉴协作会第一次会议在四川峨眉山市举行。与会者就制订年鉴的框架结构等议题进行研讨，湖南年鉴、武汉年鉴做大会交流。

1991年

11月1日	新闻出版署向民政部发函［(91)新出人字第1315号］，根据国务院《社会团体登记管理条例》的规定，经审查，中国年鉴研究会（原名全国年鉴研究中心）符合复查登记的申请，同意办理重新登记手续。
11月3～5日	第一次全国城市年鉴研讨会在湖北武汉举行，尚丁出席会议。
11月7～12日	第二届全国年鉴学术研讨会暨第三次全国地方年鉴协作会议在陕西西安召开。本届研讨会入选论文34篇、著作2部。
	会间，年鉴研究会分别召开理事会会议和常务理事会（扩大）会议。尚丁宣布，按(91)新出人字第1315号批文，"全国年鉴研究中心"正式改名为"中国年鉴研究会"。会议讨论《中国年鉴研究会章程》。理事会会议选举产生中国年鉴研究会第二届理事会，会长：尚丁，副会长：徐福生、方厚枢、李希凡、陈汝鼎、张淑静、李振水，理事14人；秘书长：尚丁（兼）。常务理事会会议决定：成立中国年鉴研究会学术工作委员会，任命方厚枢为主任委员，程金华、李今山、杨子毅为副主任委员；《年鉴工作与研究》由方厚枢领导，任命李今山、张淑静为主编；聘请李今山等8人为特约研究员。
11月10日	中国年鉴研究会学术工作委员会第一次（扩大）会议在陕西西安举行，宣告"年鉴研究会学术委员会"（以下简称学委会）正式成立，讨论学委会的方针、任务，制定了《1992～1995年年鉴研究规划》。
11月25日	学委会发出通知，决定每年举行一次全国年鉴学术研讨会，与会者须提交论文，经学委会评议入选者方可参加。

1992年

3月13～30日	年鉴研究会委托北大图书馆学情报学系在北京举办第一期全国年鉴编辑研修班，聘请16位老师讲课，其中有实践经验的年鉴主编、专家占较大比重；组织学员参观北大方正激光照排系统和北

大图书馆等。

6月17日	民政部批准中国年鉴研究会注册登记（中华人民共和国社会团体登记证第1076号）。年鉴研究会是由新闻出版署主管的全国性社会团体。
11月3～7日	第三届全国年鉴学术研讨会在湖南株洲举行，35位入选者分别在大会和分组会上交流论文。会间，学委会召开第三次会议商定：1993年，组织第四届全国年鉴学术研讨会的论文征集和评选，组织1980～1992年13年间全国年鉴优秀论文和著作的评奖活动。
11月14～25日	受年鉴研究会的委托，北大信息管理系在北京举办第二期全国年鉴编辑研修班。1993年5月20日～6月1日举办了第三期全国年鉴编辑研修班。
12月10～15日	云南省年鉴研究会成立大会暨第二次云南省年鉴研讨会在景洪举行。成立大会选举了理事会，和志强任顾问，会长：吴光范，副会长：郑幼炯、冯登坤、石振勤、欧阳国斌、张淑静，秘书长：张淑静（兼）。
12月21日	《黑龙江年鉴》创刊10周年纪念会暨黑龙江省年鉴研究会成立大会在哈尔滨举行。成立大会选举了理事会，会长：杜显忠，副会长：周辉春、刁起、李庆文、曹夫兴、尚广阳、战凤翰，秘书长：战凤翰（兼）。
12月	根据民政部全国社团登记的有关规定，"全国地方年鉴协作会"改名为"中国年鉴研究会地方年鉴工作委员会"（以下简称地方工委会）。由陈汝鼎兼任主任，吴光范、许家康等7人任副主任，委员21人。

1993年

1月30日	年鉴研究会常务理事会决定设立"中央级年鉴工作委员会"（以下简称中央工委会），主任：李振水（兼），副主任：许进禄、胡学慧、刘润辉，委员9人，秘书长：胡学慧（兼）。
5月18日至6月18日	年鉴研究会和北京图书馆在北京联合举办全国首届年鉴展览，这是我国第一次举办规模最大的、面向全社会的年鉴宣传活动。年鉴展开幕式在北京图书馆举行，全国人大常委会副委员长雷洁琼、全国政协副主席钱伟长等领导出席。尚丁简介我国年鉴出版在改革开放以来的发展概况。开幕式后，与会者参观了展出的各类年鉴。年鉴展览一个月期间，共接待境内外读者2000多人次。
7月23～26日	全国首届优秀年鉴著作、论文评奖和第四届年鉴学术年会论文评选工作会议在黑龙江牡丹江市举行。由评委会主任尚丁，副主任方厚枢、程金华、杨子毅、李今山，以及8名委员参加。经对77份申报优秀论著的评审，最终评出获奖著作4部、获奖论文41篇；第四届学术年会申报论文65篇，评出入选论文35篇。
9月18～23日	年鉴研究会和香港经济导报社在香港共同举办1993香港年鉴学术研讨会，是首次具有国际性的年鉴界学术盛会。会议从国际年鉴的比较研究入手，重点研讨了年鉴如何为市场经济服务等问题；并就内地年鉴与《香港经济年鉴》的相互代理发行达成初步协议。
10月21～26日	1993年全国年鉴工作会议在四川峨眉山市举行。本次会议是第四届全国年鉴学术研讨会，又是全国首届年鉴优秀著作、论文颁奖会，也是年鉴工作经验交流会。有167人与会，听取许进禄、陈汝鼎、方厚枢分别对1993年中央级年鉴、地方年鉴的工作及学术研究开展情况的报告，尚丁作了研究会组团访问香港开展学术活动的报告。代表们就年鉴如何适应市场经济发展进行研讨交流。大会为获奖者颁奖。 　会间，年鉴研究会常务理事会召开扩大会议，议定：由陈汝鼎负责将原"年鉴学术研究基金"等建为"中国年鉴发展基金会"，并草拟章程；成立中国年鉴奖委员会，下设地方年鉴评奖工作组，首先在地方年鉴开展评奖活动；学术年会每两年召开一次。

| 12月1日 | 辽宁省年鉴学会成立大会在沈阳召开，选举徐德任会长，张本勃、苏长春任副会长，马芝田任秘书长。 |

1994 年

1月22日	河北省年鉴学会成立大会在石家庄举行，选举郭兰玉任会长，副会长：许明辉、汤润千、白冬景，秘书长：许明辉（兼）。
5月13～17日	全国地方年鉴评奖工作会议在湖南大庸召开。尚丁宣布成立全国地方年鉴评奖委员会。会议讨论制订了《全国地方年鉴评奖工作方案（试行）》，并特设"亿利达杯奖"。该奖由大力支持我国年鉴事业的香港亿利达公司董事长刘耋龄先生赞助设置。
5月20日	山东省年鉴学会在济南成立，选举吴爱英任名誉会长，王科三任会长，副会长：刘忠泉、曹道泉、张守富等15人，马福震任秘书长。
6月27日	年鉴研究会正式成立信息咨询服务部，为年鉴研究会职能部门；黄燕君、颜丽英兼任主任和副主任。
7月25～28日	中国年鉴研究会全国铁路年鉴工作委员会（以下简称铁路工委会）成立大会在天津举行。经选举，汤树屏为主任委员，吴守忠、沈富泉为副主任委员，秘书长：刘继祥。会议通过《全国铁路年鉴工作委员会工作条例》，并召开了铁路工委会首次会议。
8月	年鉴研究会常务理事会决定：成立中国年鉴研究会评奖领导小组，组长：尚丁，成员：方厚枢、陈汝鼎、李维民、巢峰。成立全国地方年鉴评奖委员会，由17人组成；主任委员：尚丁，副主任委员：陈汝鼎（常务）、许家康、肖友宝，秘书长：许家康（兼）。
9月15～21日	首届"三北"（华北、东北、西北）地区年鉴协作研讨会在河北石家庄召开。许明辉介绍《河北年鉴》发展情况，方厚枢简介全国年鉴事业的发展概况。会议商定：由许明辉负责"三北"地区年鉴协作联络工作；协作会采取轮流主办的方式，每年举行一次。
11月21～22日	年鉴研究会二届七次常务理事会会议在安徽歙县举行。会议决定：推定方厚枢、陈汝鼎为常务副会长；同意方厚枢、陈汝鼎分别提出的不再兼任学委会主任委员和地方工委会主任委员之职，聘请李维民担任学委会主任委员，张柏鉴担任地方工委会主任委员；聘请李维民任《年鉴工作与研究》主编；恢复"年鉴研究中心"为年鉴研究会的职能部门。

1995 年

1月	经新闻出版署批准，自本年起《年鉴工作与研究》更名为《年鉴信息与研究》，由新闻出版署主管、中国年鉴研究会主办。这是我国唯一正式出版发行的年鉴学术性刊物。
3月28～30日	首届中国地方年鉴奖颁奖大会在湖北武汉举行。尚丁讲话，刘耋龄介绍资助设立"中国地方年鉴亿利达奖"的经过和意义。与会者交流年鉴的编纂和经营工作。
8月7日	学委会、中央工委会和铁路工委会在北京联合召开中央和北京地区年鉴单位交流会，主题是：在市场经济环境下年鉴如何生存与发展。
9月12～21日	铁路工委会在河北北戴河举办铁路系统首届年鉴编辑业务研修班。肖东发、傅宗良分别主讲"年鉴学概论"和"铁路科技的发展与展望"，陈向前、刘润辉、寇兴军等授课。
10月5～8日	第五届全国年鉴学术年会暨年鉴研究会成立10周年纪念会在广西北海举行。尚丁讲话，阳国亮作《年鉴如何与社会主义市场经济接轨》的报告，40多位代表宣讲论文或发表见解。会间，学委会召开会议，商定第二届全国年鉴优秀著作、论文评奖事宜；年鉴研究中心召开座谈会，推定李今山、范作义和杨汉平拟订《中国年鉴研究会年鉴研究三、五、十年规划》。

10月24～28日	首届全国铁路年鉴评奖工作会议在西安铁路分局召开。经评奖领导小组最终评定,综合奖50名,单项奖14名。

1996 年

1月9日	山西省年鉴研究会在太原成立。会议通过《山西省年鉴研究会章程》;选举郑社奎、郭裕怀、梁志祥为顾问,会长:侯文正,副会长:王树林、刘英才、杜善学、李宝卿、杭海路、张敏、靳职炳、杜中垦、要士谨。
4月7～11日	年鉴研究会第一期编纂研修班在安徽歙县举办,由范化义、陈仁礼、许家康、管小春、杨汉平授课。
6月19～21日	学委会和年鉴信息与研究杂志社在北京联合召开座谈会,邀请10家大型国有企业年鉴的主编、编审和编辑,就"如何办好大型企业年鉴"进行研讨。中宣部出版局副局长邬书林出席,并对如何改进年鉴编辑出版工作、办好大型企业年鉴发表了意见。
10月6～10日	中央级年鉴首届评奖活动开展评审工作,受评委会主任尚丁的委托,由方厚枢、李振水主持评奖工作。经评委会审定,最终评出综合奖40名、单项优秀奖12名。
11月6～8日	年鉴研究会常务理事会会议和理事会会议在江苏扬州召开。会议选举产生了第三届理事会,会长:尚丁,常务副会长:陈汝鼎、李振水,副会长:许家康、陈仁礼、李维民,秘书长:许家康(兼)。
12月5日	首届全国年鉴校对质量评比评委会对参评的89家年鉴进行校对质量评审,最终评出优秀7种、良好9种、合格19种。

1997 年

1月5日	尚丁会长信函称,经与各位常务理事函商,同意张柏鉴辞去地方工委会主任之兼职,由许明辉兼任地方工委会主任。
7月2日	尚丁经与常务理事函商,同意陈仁礼兼任年鉴研究会学术研究基金司库一职。
9月11～14日	年鉴研究会学术评奖委员会在河北北戴河召开第二届年鉴学术论著评奖会议。经评委会审定,最终评出获奖著作7部、获奖论文61篇;评出第六届学术年会入选论文60篇。
10月28～30日	第六届年鉴学术年会暨第二届优秀论著颁奖会在山东济南举行。陈汝鼎简要回顾年鉴理论研究的情况及今后的任务,宣读第二届优秀论著获奖名单;孙关龙汇报第二届学术论著评奖情况,并作《当前年鉴理论研究和编纂工作中存在的几个重要问题》的主题报告,许家康作大会总结发言,并宣布了13项年鉴研究课题。大会进行了颁奖。
12月3日	中央工委会举行"贯彻十五大精神、办好年鉴"的业务报告会,请新闻出版署副署长梁衡、国家工商局广告监管司副司长王晋杰作报告。

1998 年

1月19日	年鉴研究会对年鉴研究中心成员作了调整,主任:尚丁(兼),常务副主任:陈仁礼(兼),副主任:肖东发、侯文正、谭惠全、姚金祥、朱受之。
2月27日	全国年鉴校对质量评委会对参加第二届年鉴校对质量评比的104家年鉴进行评审,最终评出优秀7种、良好7种、合格36种。
4月18日	年鉴研究会年鉴展示中心揭牌仪式在上海浦东新区举行。展示中心由陈少能兼任主任、张建明任

副主任，作为中国年鉴向海内外展示的窗口和学术交流的资料库。

6月9～15日	中国铁路史编辑研究中心和铁路工委会在山西忻州举办铁路单位年鉴主编研修班。肖东发、孙关龙、金玉铮、董伊薇分别就年鉴编辑基本理论、铁路改革与发展情况、年鉴编辑出版的相关法规等授课。
8月1日	学委会和年鉴信息与研究杂志社发出通知，拟举办第三届年鉴校对质量评比，并将年鉴校对质量评比活动作为经常性工作，每年举办一次；经年鉴研究会批准，成立年鉴校对质量评委会，李维民为主任，孙关龙为副主任，李振水、方厚枢为顾问。
9月24～25日	中央工委会在北京门头沟召开1998年中央级年鉴工作研讨会，重点研究优秀论文的评选工作。孙关龙作《如何撰写年鉴论文》的报告。
11月15～28日	新闻出版署教育培训中心和中央工委会在北京联合主办首期中央级年鉴主编（编辑部主任）岗位培训班，有28人参加。新闻出版署副署长桂晓风、梁衡、杨牧之，以及孙关龙等专家学者授课。期间，培训班就"中央级年鉴当前发展面临的问题"进行探讨。经考核，学员们全部获得了"岗位培训合格证书"。

1999 年

2月5日	中央工委会、年鉴信息与研究杂志社、铁路工委会在北京联合举行1999年总结表彰暨迎春联谊会。中宣部出版局局长邬书林出席并讲话。会上，公布中央级年鉴优秀论文评比结果：获奖论文26篇；宣布在第三届年鉴校对质量评比中在京14家获奖年鉴的名单，并对获奖单位和优秀论文作者颁发了证书。
2月	全国年鉴校对质量评委会公布第三届年鉴校对质量评比结果：优秀16种、良好25种、合格36种，合格率达62%，比上届提高14个百分点。
3月31日至4月2日	学委会第三次工作会议在广西桂林召开。 尚丁回顾20年来中国年鉴发展的历程，孙关龙介绍第七届年鉴学术年会的筹备工作，许家康、许进禄等介绍了"年鉴知识丛书"的准备工作、年鉴西南培训中心的情况。会议确定：第七届年鉴学术年会定于1999年11月在长沙召开，主题为"回顾与展望、生存与发展"；"年鉴知识丛书"由学委会主办，尚丁任编委会主任，方厚枢任顾问，孙关龙任主编，许家康任副主编。会议还决定：成立年鉴研究会西南培训中心和上海培训中心，分别设在广西北海和上海浦东开发区。
8月24日	年鉴研究会发出简报称，尚丁会长因病住院治疗，他于8月12日上报新闻出版署、民政部请准病假，并要求按程序解除他的会长职务，同时已向年鉴研究会常务理事通报。在尚丁请假期间，由常务副会长陈汝鼎代理会长职务；陈汝鼎8月17日赴上海主持会务，并召集将于8月25日在北京举行的常务理事会会议。
8月25～26日	根据新闻出版署社团整顿的要求，年鉴研究会第三届常务理事会在北京召开紧急会议。会议由陈汝鼎主持，商讨有关年鉴研究会整顿事宜。会议决定：在尚丁住院期间，由陈汝鼎、李振水主持年鉴研究会工作和整顿事宜；年鉴研究会会址从上海迁往北京；建议在年底召开理事会，磋商年鉴研究会的机构、人员的调整，其办公室工作的移交等事宜。会议向特邀莅会的新闻出版署人教司负责社团整顿工作的梁子杰处长汇报了年鉴研究会自成立以来的工作，阐述要求保留年鉴研究会名称和法人地位的意见，并向新闻出版署呈送了专题报告。
9月14～19日	"中国书刊、音像制品展览"在美国纽约举行。展览中特设"中国年鉴展"，展示各类型年鉴200余种，是我国在境外举办的各种书展中展出年鉴品种和数量最多的一次。李维民、陈仁礼等人员赴美参展。

11 月 7 ~ 15 日	第二届地方年鉴评奖委员会在评奖领导小组组长尚丁的领导下,在上海对参评的 100 多种年鉴进行评审。陈汝鼎任评委会主任,许家康、陈仁礼、孙关龙任副主任。评审结果是:省级年鉴特等奖 4 名、一等奖 8 名、二等奖 10 名;城市级年鉴特等奖 7 名、一等奖 19 名、二等奖 28 名;县级年鉴特等奖 3 名、一等奖 14 名、二等奖 22 名。2000 年 1 月 10 日,第二届地方年鉴评奖颁奖大会在广东广州举行。
11 月 17 ~ 19 日	第七届全国年鉴学术年会在湖南长沙召开,主题是:中国年鉴事业在新时期中如何健康、快速发展。孙关龙作《铸造中国年鉴事业的第二次辉煌》的主题报告。入选论文 97 篇,有 10 位代表大会发言。12 月 18 日,学委会决定将第七届年鉴学术年会的入选论文,以《年鉴信息与研究》1999 年增刊的形式结集出版《论文专辑》。

2000 年

1 月 29 日	第四届年鉴校对质量颁奖大会在北京举行。本届有 126 家年鉴参评,经评委会最终评出优秀 21 种、良好 20 种、合格 31 种。
6 月 2 日	新闻出版署发文,经研究,同意中国年鉴研究会作为二级协会并入中国出版工作者协会(以下简称中国版协);要求中国版协做好年鉴研究会的接收工作,并继续发挥其在我国年鉴出版工作中的重要作用。
6 月 21 日	中国版协致函中国年鉴研究会,就并入中国版协的有关交接工作通知如下:自即日起中国年鉴研究会并入中国版协作为二级协会,名称为"中国出版工作者协会年鉴研究会";暂缓进行由你会原定于 7 月 15 日在上海举行理事会会议进行换届选举一事,你会在改选前应按有关规定报送换届文件;建议你会在北京举行常务理事会会议,商讨换届的各项筹备工作;中国年鉴研究会会址从上海迁至北京。
9 月 7 日	年鉴研究会常务理事会会议在北京召开,讨论中国版协年鉴研究会筹备工作。新闻出版署人教司干部处处长梁子杰、中国版协常务副主席陈为江、副主席兼秘书长谢明清等出席。会议由陈汝鼎、李振水主持。经过充分讨论,会议决定:(1)中国年鉴研究会并入中国版协作为二级机构,定名为"中国版协年鉴研究会"(以下简称版协年鉴研究会);(2)成立改制换届领导小组,陈汝鼎、李振水任领导小组组长,许家康任改制换届办公室主任;(3)撤销设在上海的年鉴研究会秘书处,年鉴研究会办公室由上海迁至北京;(4)成立《中国年鉴研究会第三届理事会工作报告》和《中国版协年鉴研究会章程》的起草小组、新一届理事会推选工作协调小组,并确定了各小组成员。
同日	中国版协年鉴研究会改制换届办公室主任、副主任第一次工作会议在北京召开,议定了改制换届工作进程:9 月完成办公室迁京移交工作;10 月中旬前向各会员单位发出"中国版协年鉴研究会理事推荐表";11 月底前 3 个小组完成各自所承担的工作;12 月中旬召开改制换届领导小组第二次全体会议,讨论通过改制换届方案,并决定相关事项。
9 月 14 ~ 16 日	第十次全国城市年鉴研讨会在成都市举行,到会 108 人,陈汝鼎等出席会议。
9 月 25 日	许进禄、周斌赴上海,代表中国版协年鉴研究会改制换届领导小组办公室与年鉴研究会办公室的负责人进行接交,完成了首批文件和有关事宜的接交工作。在沪期间,他们看望了尚丁会长。
11 月 14 日	中国版协年鉴研究会在北京新址(北京市复兴门内大街 45 号)举行揭牌仪式,中宣部出版局局长邬书林、中国版协常务副主席陈为江揭牌。揭牌仪式后举行座谈会,许进禄汇报了改制换届筹备工作。

2001 年

2 月 10 日	第五届年鉴校对质量评审会议在北京举行。经评委会对 110 家参评年鉴的评审,最终评出优秀 18

种、良好 20 种、合格 32 种。

2 月 27 ～ 28 日	中国版协年鉴研究会改制换届领导小组第二次全体会议在北京召开。会议审议年鉴研究会第三届理事会的工作报告、《中国版协年鉴研究会章程（草案）》、新一届理事会理事候选人建议名单、新一届常务理事候选人并推荐领导班子候选人名单，讨论、推荐名誉会长及顾问的名单。会议决定：3 月下旬召开中国版协年鉴研究会第一次会员代表大会。
3 月 28 ～ 29 日	中国版协年鉴研究会第一次会员代表大会在北京举行。28 日举行会员代表大会，审议通过《中国出版工作者协会年鉴研究会章程（草案）》及中国年鉴研究会第三届理事会工作报告，选举产生了由 67 名理事组成的中国版协年鉴研究会理事会。29 日召开第一届理事会第一次会议，选举产生常务理事 21 人，会长：许家康，常务副会长：许进禄，副会长：陈仁礼、房德胜，秘书长：许进禄（兼），聘任尚丁为名誉会长，方厚枢、邬书林、李振水、陈汝鼎为顾问；召开第一次常务理事会会议，确定了会长分工，设立中国版协年鉴研究会办公室、中央级年鉴工作部、学术工作委员会、地方年鉴工作部、铁路年鉴工作部、年鉴信息与研究杂志社、上海年鉴展示中心等内部机构及各机构的主要负责人。
4 月 16 日	中国版协年鉴研究会发出通知，自发文之日起启用"中国版协年鉴研究会"公章，原"中国年鉴研究会"印章同时作废。
4 月 27 日	中央级年鉴工作部在北京召开在京中央级年鉴会议。许进禄传达中国版协年鉴研究会第一次代表大会暨第一届理事会会议精神，宣读中央级年鉴工作部主任、副主任、秘书长等名单。王相钦提出中央级年鉴工作部今后工作的思路与构想。
5 月 17 日	经中国版协年鉴研究会主要领导研究，同意撤销中国版协年鉴研究会铁路年鉴工作部。
6 月 26 日	中国版协年鉴研究会发出通知，经研究并报中国版协批准，决定继续保留上海年鉴展示中心、上海年鉴培训中心。自发文之日起，对外使用"中国版协年鉴研究会上海年鉴展示中心"、"中国版协年鉴研究会上海培训中心"的名称，为中国版协年鉴研究会直属机构；展示中心由陈少能任主任，徐瑶琪兼任副主任；培训中心由陈少能任主任，张建明兼任副主任。
7 月 16 ～ 22 日	学委会、北京培训中心在河北北戴河举办年鉴首期高级研讨班，有 170 多人参加。培训主题是：年鉴的改革与创新。孙关龙作《创新，21 世纪中国年鉴持续发展的根本途径》的报告，肖东发、王锦贵等专家授课，中国轻工业年鉴、浦东年鉴等单位介绍了各自改革、创新的经验。 自第一期高级研讨班举办之后，学委会每年均举办一期，由许家康、孙关龙、肖东发、王守亚、李国新、周麒、李行健、王彦祥、王崔璀等专家授课。
7 月 17 ～ 20 日	首届中国年鉴工作（香港）研讨会在香港举行，组织参观香港书展、中国年鉴推介专题展览、《香港经济年鉴》创办 40 周年成就展等，举办专场香港经济报告会，进行了学术交流。
8 月 9 日	中国版协年鉴研究会向新闻出版署报刊司报告，经常务理事会研究，《年鉴信息与研究》主编由刘菊兰担任，原主编李维民不再担任。
9 月 24 ～ 26 日	第二届中央级年鉴编纂出版质量评奖工作在北京进行。经中国版协年鉴研究会同意，成立评审领导小组，由许家康任组长，许进禄、陈仁礼、房德胜任副组长；成立了由 18 人组成的评奖委员会，由许进禄任主任，王相钦、孙关龙、肖东发任副主任。评委会对参评的 52 种年鉴进行评审，最终评出综合奖 47 名、单项奖 41 项。
10 月 10 ～ 14 日	中国版协年鉴研究会学委会第一次全体会议在陕西西安召开。苏伯华报告第三届全国年鉴学术论著评比情况，审议通过《第三届全国年鉴学术论著评奖办法》。经与会委员评审，最终评出优秀著作奖 2 部、优秀论文奖 39 篇；评出第八届学术年会入选论文 88 篇。
11 月 22 ～ 23 日	中国版协年鉴研究会一届二次常务理事会扩大会议在浙江温州召开，主题是：总结改制换届以来

的工作，研究 2002 年工作计划。会议重申会长、副会长的工作分工，明确常务理事联系工作的分工和要求，研究制定会费管理办法，审定中国年鉴网（互联网站）的建设方案，批准增补 8 名学术委员和 1 名特邀委员的名单。

11 月 22～24 日	第八届全国年鉴学术年会暨第三届全国年鉴优秀学术论著颁奖大会在浙江温州举行。苏伯华作《关于第三届全国年鉴学术论著评比和第八届全国年鉴学术年会论文评选的说明》，许进禄宣读第三届全国年鉴优秀学术论著获奖名单，大会举行了颁奖仪式。孙关龙作《思想理论创新是年鉴创新的关键》的主题报告，陈又新介绍《温州年鉴》改革创新的经验。与会代表大会或分组宣读论文，23 日下午，许进禄向大会传达了一届二次常务理事会会议精神。
11 月	中国版协年鉴研究会成立新的年鉴校对质量专家评审委员会，孙关龙为主任，刘菊兰、苏伯华、肖东发、李国新为副主任，李振水、方厚枢为顾问。评委会决定举办第六届全国年鉴校对质量评比工作。
12 月 5 日	中国版协年鉴研究会办公室发出通知，经常务理事会研究，决定组建中国版协年鉴研究会网络中心，为中国版协年鉴研究会的内设机构；任命刘亚军为网络中心主任。
12 月 18 日	第二届中央级年鉴颁奖大会在北京召开。新闻出版总署党组成员石峰、报刊司副司长李宝中、中国版协常务副主席陈为江等出席会议。王相钦介绍评奖情况，梁书生宣读获奖名单，大会向获奖单位颁奖。

2002 年

2 月 1 日	中国年鉴网正式全面开通，负责发布本会所主办的活动及与年鉴有关的信息，能链接到大部分已建立的单个年鉴网站和相关信息网站。
2 月	第六届年鉴校对质量评比结果揭晓，参评 128 家年鉴，最终评出优秀 42 种、良好 12 种、合格 36 种。
5 月 11～15 日	由中国版协年鉴研究会组织的"2002 年鉴主编座谈会暨现代信息技术与年鉴创新论坛"在北京举行。主编座谈会的主题是：探讨年鉴创新之路，《长江年鉴》等 23 家年鉴单位的代表发言。来自北京、深圳、武汉、济南的 4 家现代信息技术厂商介绍和演示年鉴光盘、网络新技术，探讨了现代信息技术在年鉴行业应用的实例和方向。
5 月	全国年鉴校对质量专家评审委员会开会，决定把年鉴校对质量评比改为年鉴编校质量评比，以与全国接轨。
6 月 7 日	上海市年鉴学会举行成立大会。大会通过《上海市年鉴学会章程》，选举产生：会长：沙似鹏，常务副会长：姚金祥，副会长：王垂芳、朱敏彦、朱章海、张建明、徐美华，田骅任秘书长。
6 月 18 日	中国版协年鉴研究会批准并发布学委会制定的《全国年鉴编校质量评比办法（试行）》，并决定自当年起开展的全国年鉴编校质量评比活动试行这一评比办法。
8 月 27 日	中国版协年鉴研究会发出通知，决定启动中国年鉴数字化、网络化工程，成立以李国新为组长的"中国年鉴数字化、网络化工程研究规划小组"。规划小组第一批成员以省级年鉴和主要城市年鉴为主。
同日	经中国版协年鉴研究会会长碰头会研究，决定任命《四川交通年鉴》主编黄丽为地方年鉴工作部副主任。
10 月 16 日	中国版协年鉴研究会发文，新增副会长：孙关龙、王守亚，新增常务理事王江传等 15 名，新增理事 24 名。
11 月	中国版协年鉴研究会正式组成第一届全国年鉴编校质量评比委员会，主任：孙关龙，副主任：肖东发、李国新、刘菊兰，顾问：李振水、方厚枢。评委会召开第一次全体会议，制定《评比办法实施细则》《评委会工作规则》《评比活动时间安排》等，落实了第一届评比的各项准备工作。

2003 年

2 月 20 日　第一届全国年鉴编校质量评比委员会对参评的 192 家年鉴组织复查审定，最终评出优秀 53 种、良好 35 种、合格 69 种。

3 月 17 ～ 20 日　中国版协年鉴研究会一届三次常务理事会扩大会议在天津召开。会议决定：将一年一度的年鉴编校质量评比同五年一度的年鉴综合质量评比合并，统改为三年一度的全国年鉴编纂出版综合质量评比；撤销地方年鉴工作部，组建省级年鉴工作部、城市年鉴工作部、地州区县年鉴工作部、地方专业年鉴工作部和会员权益维护工作部（版权服务中心）；成立中国版协年鉴研究会北京展示中心。会议原则通过中国年鉴数字化、网络化工程研究规划小组提交的《中国年鉴数字化、网络化工程实施方案》。4 月 10 日，中国版协年鉴研究会发出通知，自 2003 年正式启动中国年鉴数字化、网络化工程。

4 月 10 日　中国版协年鉴研究会决定：聘任王中华为省级年鉴工作部主任、谭惠全为城市年鉴工作部主任、张建明为地州区县年鉴工作部主任、黄丽为地方专业年鉴工作部主任，以及上述各工作部副主任、秘书长的人员。

同日　中国版协年鉴研究会发出通知，任命杨长虹为中国版协年鉴研究会北京展示中心主任；北京展示中心由中国版协年鉴研究会主办，中国民族年鉴和中国年鉴网络中心承办。

7 月 8 日　北京年鉴社、北京地方志学会和中国版协年鉴研究会联合召开北京市年鉴工作座谈会，北京市以年鉴的名义召开全市性会议尚属首次。杨绍澄简介当前全国和北京市年鉴发展情况及召开本次会议的目的，北京检察年鉴、东城年鉴等单位交流工作经验。会议提出，为加强北京市年鉴的研究和管理，拟建立一个年鉴专业委员会。

8 月 11 日　中国版协年鉴研究会发出通知，经研究决定：免去杜焕生、程金华学委会副主任职务，任命苏伯华、曲宗生为学委会副主任；免去苏伯华学委会秘书长职务，任命杨长虹为学委会秘书长。

10 月 21 ～ 24 日　全国第一次地方专业（行业、企业）年鉴研讨会在四川成都举行，主题是：研究地方专业（行业、企业）年鉴如何在新形势下改革创新、激活运作机制、办出自身特色，更好地为经济和社会发展服务。许家康作《提高专业年鉴编纂质量的几点设想》的主题报告，王相钦就中央级专业年鉴的编纂思路、基本理念、具体做法等交流经验，黄丽作专题发言，中国药学年鉴、浙江年鉴等单位介绍经验。

11 月 11 日　中国版协年鉴研究会一届四次常务理事会会议在湖北宜昌召开。会议决定：聘请徐诚、周兴俊为本会顾问，任命许太琴、杨汉城、沈美新为地方专业年鉴工作部副主任，审议并原则通过全国年鉴综合质量评比新评奖方案。

11 月 11 ～ 14 日　第九届全国年鉴学术年会在湖北宜昌举行，主题是：在年鉴创新发展中贯彻"三个代表"重要思想，适应全面建设小康社会的需要。孙关龙作《进一步解放思想，加强改革创新力度，开创年鉴事业新局面》的报告。闭幕会上许家康讲话，对"年鉴创新必须解放思想"提出四点意见。

11 月 30 日　中国版协年鉴研究会与北大方正电子有限公司签约，"中国年鉴资源全文数据库"工程正式启动。

12 月 15 ～ 18 日　"出版改革与中国年鉴"研讨会暨中南、西南地区年鉴协作会在广西柳州召开。以"出版改革与中国年鉴"为主题，采用大会发言与小组交流的方式进行研讨；许家康就"第三届全国地方年鉴评奖"的有关问题讲话。

2004 年

4 月 16 日　第三届中央级年鉴编纂出版质量评奖工作在北京进行。由许进禄任评委会主任，王相钦、梁书生、焦黎鹰任副主任，周兴俊、方厚枢、李振水、李今山、杨绍澄任顾问。最终评出中国年鉴奖中央级年鉴 27 名、中国年鉴奖提名奖中央级年鉴 22 名。

6 月 18 日	新闻出版总署批复，同意中国版协举办第三届全国年鉴编纂出版质量评奖活动，由中国版协年鉴研究会具体承办；同意中国版协年鉴研究会提出的评奖指导思想和评奖办法。
7 月 15 日	"中国年鉴资源全文数据库"项目一期工程基本完成。中国版协年鉴研究会发文，决定表彰 143 家一期入库的年鉴，并授予"中国年鉴资源全文数据库核心年鉴"的称号。143 家年鉴含中央级 42 家、省级综合 24 家、城市 50 家、区县级 12 家、地方专业 15 家。
7 月 16 日	中国版协年鉴研究会发出通知，聘任张建明为中国版协年鉴研究会上海展示中心主任，张建堂为中国版协年鉴研究会上海培训中心主任。
8 月 2 日	中国版协年鉴研究会一届五次常务理事会会议在吉林长春举行。会议决定：按照《中国版协工作委员会换届改选办法》，中国版协年鉴研究会由原定五年一届改为四年一届；第三届全国年鉴编纂出版质量评奖定为"中国年鉴奖"，由中国版协主办并颁奖，中国版协年鉴研究会具体承办。会议还推荐许家康、许进禄为中国版协的理事人选。
9 月 14 ~ 16 日	首次全国企业年鉴研讨会在上海举行，主题是：企业年鉴与企业发展。8 位代表进行大会交流，与会者探讨企业年鉴发展现状与创新经验。会议建议成立"中国版协年鉴研究会企业年鉴工作部"。
11 月 6 ~ 20 日	中国版协年鉴研究会与新闻出版总署教育培训中心合作，在北京举办中央级年鉴主编岗位培训班，20 余人参加。新闻期刊出版的负责人和有关专家学者，就我国期刊文化体制改革情况，期刊管理法律、法规，著作权法等进行讲授。
11 月 23 ~ 30 日	第三届全国年鉴编纂出版质量评奖领导小组及地方年鉴评委会全体会议在广西北海举行。本届评奖，成立以中国版协常务副主席陈为江、新闻出版总署图书司副司长李宝中任组长，许家康任副组长的评奖领导小组；下设中央级年鉴评委会和地方年鉴评委会。期间，评委们对本届全国年鉴编纂出版质量评奖及地方参评年鉴进行了评审。

2005 年

3 月 29 ~ 30 日	经中国版协同意，第三届全国年鉴编纂出版质量奖暨第四届全国年鉴学术论著评比颁奖大会在浙江温州举行，250 多人出席。许家康总结第三届全国年鉴编纂出版质量评奖活动情况，并概述 5 年来中国年鉴界所取得的巨大进步及目前存在的问题。本届评奖结果：中国年鉴奖 109 名、中国年鉴提名奖 106 名，框架设计、条目编写、装帧设计等单项奖共 546 项。许进禄对第四届全国年鉴学术论著评比情况作了说明，评出获奖论文 38 篇。胡新力、张芝慧等代表作大会发言。大会举行了颁奖仪式。
8 月 21 日	中国版协年鉴研究会决定，成立中国版协年鉴研究会企业年鉴工作部，为中国版协年鉴研究会内设机构；主任：刘贤福，副主任：李厚江、陈忠、唐富华、徐宪民、蒋琦，秘书长：蒋琦（兼）。
11 月 8 ~ 11 日	中国版协年鉴研究会 20 周年庆典暨第十届全国年鉴学术年会在江苏苏州召开。会议宣读中国版协的贺信和尚丁的贺词；为年鉴事业作出贡献的老同志代表和会员单位代表大会发言，许家康作《研究会是会员的共同事业》的主旨讲话。本届年会的主题是：年鉴的深度创新发展。孙关龙作《用科学发展观统领我国年鉴的创新事业》的主题报告。许进禄向大会传达了中国版协年鉴研究会一届八次常务理事会会议精神和决议。
11 月 9 日	中国版协年鉴研究会一届六次常务理事会会议在江苏苏州召开，主要讨论中国版协年鉴研究会换届改选问题。会议决定：由会长、副会长和顾问组成换届改选领导小组，许家康任组长，许进禄、周兴俊任副组长；以中国版协年鉴研究会办公室现有人员为主组成换届改选领导小组办公室，由许进禄主持工作；新一届理事名额由目前的 86 名扩大到 161 名，常务理事名额由目前的 35 名增

加到 53 名。

同日　中国版协年鉴研究会发出通知，经一届六次常务理事会会议研究，决定改组个中国版协年鉴研究会网络中心，与北京金报兴图信息工程技术有限公司合作，对中国年鉴网进行全面改版；聘任赵海涛为中国版协年鉴研究会网络中心主任，张自强、赵军科为副主任；张自强为中国年鉴网执行主任。

11 月 21 日　中国版协年鉴研究会批准印发学委会的通知，决定自 2005 年起恢复每年举办全国年鉴编校质量评比活动，由学委会和年鉴信息与研究杂志社共同承办，由第二届全国年鉴编校质量评比评委会负责本届活动的组织、评审工作。学委会拟订了《全国年鉴编校质量检查评比办法》。通知提出，组织第二届全国年鉴编校质量检查评比活动。

2006 年

2 月　中国版协年鉴研究会第二届理事会换届改选工作全面启动。着手组织会员单位公推理事会的计票工作；组织各工作部对常务理事、会长、副会长候选人的推荐工作，并提出候选人的建议名单上报筹备小组；进行中国版协年鉴研究会章程修改和工作报告的起草工作。

3 月 9 日　第二届全国年鉴编校质量评比评委会召开第一次全体会议。由本届评委会主任孙关龙主持。许进禄代表中国版协年鉴研究会宣布批准评委会成立，苏伯华汇报筹备情况。会议制定了《第二届全国年鉴编校质量评比办法实施细则》《评委会工作规则》和《第二届全国年鉴编校质量评比活动时间安排》；确定本届评比工作的方针，部署了评比的各项工作。

5 月 10 日　第二届全国年鉴编校质量评比评委会召开第三次全体会议，确定了所有参评年鉴的编校质量等级、奖次，决定上报中国版协年鉴研究会。经中国版协年鉴研究会公示后，确认并公布了评比结果：特等奖 21 种、一等奖 41 种、二等奖 21 种、三等奖 26 种。

7 月 19 日　中国版协年鉴研究会发出通知，决定成立中国版协年鉴研究会广州展示中心，为中国版协研究会的内设机构；聘任谭惠全为主任。

9 月 18 ~ 20 日　2006 年年鉴创新与现代信息技术论坛暨中国年鉴数字化、网络化工作协调联络网成立大会在四川成都举行。许进禄总结 5 年来中国版协年鉴研究会在促进年鉴与现代信息技术结合方面所做的工作，赵海涛作《年鉴创新与年鉴信息化发展趋势》的主题报告，张自强汇报中国年鉴网的工作；邀请部分年鉴主编作互动交流。大会举行中国年鉴数字化、网络化工作协调联络网成立仪式，启用开通了年鉴子网站域名、邮箱。

2007 年

1 月 31 日　根据中国版协年鉴研究会一届七次常务理事会会议决定，中国版协年鉴研究会从当年 2 月 7 日起迁入北京市鼓楼西大街 41 号新址办公。3 月 9 日，中国版协年鉴研究会在新址举行揭牌仪式。

2 月 8 日　第三届全国年鉴编校质量评比评委会召开第一次全体会议，制定《第三届全国年鉴编校质量评比办法实施细则》《评委会工作规则》；部署了评比工作。

4 月 19 ~ 23 日　由中国版协年鉴研究会主办的年鉴编纂理论与实务培训研讨班在安徽黄山举行。许家康、孙关龙、王守亚、谭惠全分别担纲主讲。中国年鉴网络中心对培训班作了现场报道。

5 月 28 日　中国版协年鉴研究会发出通知，根据民政部决定，"中国出版工作者协会年鉴研究会"更名为"中国出版工作者协会年鉴工作委员会"（以下简称版协年鉴工委会）。中国版协年鉴工作委员会的性质、工作内容与原中国版协年鉴研究会相同。

6 月 19 日　中国版协年鉴工委会公布第三届全国年鉴编校质量评比结果：特等奖 27 种、一等奖 54 种、二等奖 27 种、三等奖 41 种。

10 月 8 日　　中国版协年鉴工委会发出通知，决定将中国年鉴网与数据库合并建设，统一由北京方正阿帕比信息技术有限公司运营与提供技术支持。

2008 年

2 月 29 日～3 月 1 日　　经新闻出版总署和中国版协批准，中国版协年鉴工作委员会（中国版协年鉴研究会）第二次会员代表大会在北京举行，与会代表分组审议通过《中国版协年鉴工作委员会（年鉴研究会）第一届理事会工作报告》《关于中国版协年鉴工作委员会（年鉴研究会）管理办法的修改报告》和《中国版协年鉴工委会（年鉴研究会）财务收支报告》，并选举产生了第二届常务理事会。第二届常务理事会选举主任：许家康，常务副主任：周兴俊、许进禄、王守亚，副主任：孙关龙、王相钦、武星斗、鲍海春、黄丽；聘任龚心瀚、邹书林、陈汝鼎、李振水、方厚枢、陈仁礼、房德胜、徐诚、马威为顾问；通过中国版协年鉴工委会（中国版协年鉴研究会）内设机构主任、副主任的名单。第二届中国版协年鉴工作委员会（中国版协年鉴研究会）理事单位 168 家，常务理事单位 89 家。会间，召开了二届一次常务理事会会议。

3 月 13 日　　第四届全国年鉴编校质量评比专家委员第一次会议在北京召开。本届评委会由孙关龙为主任，卢晓华、曲宗生、苏伯华、肖东发、姚世刚为副主任，许进禄、周麒、李振水为顾问，评委会由 16 位委员组成，任期 2 年。会议审议通过《第四届全国年鉴编校质量评比专家委员会工作规则》，部署评比工作。

3 月 25 日　　中国版协年鉴工委会地方专业（行业）年鉴工作部第一次会议在四川成都召开。黄丽介绍地方专业（行业）年鉴工作部的基本情况，明确工作部班子成员分工职责。

5 月 16 日　　福建省年鉴研究会首届会员大会在福州举行。大会选举会长：王钦如，副会长：于爱国、王丽芳、方宝川、甘文应、郑雨苹、郭华生，秘书长：甘文应（兼）。

7 月 28 日　　中国版协年鉴工委会公布第四届全国年鉴编校质量评比结果：特等奖 35 种、一等奖 65 种、二等奖 31 种、三等奖 45 种。

9 月 21 日　　中国版协年鉴工委会二届二次常务理事会会议在河北石家庄召开。会议商定：1. 报经中国版协同意后，向新闻出版总署申请在中国版协年鉴工委会的基础上成立中国年鉴协会，拟由中国版协主席于友先为名誉会长，全国政协常委、著名词曲作家王立平出任会长。2. 在中国年鉴北京展示中心基础上筹建中国年鉴馆，由中国版协年鉴工委会主办、北大软件与微电子学院承办；决定增补北大软件与微电子学院院长陈钟为常务理事，负责中国年鉴馆的筹建事宜。3. 增补梁书生、王中华、谭惠全、朱敏彦、邵权熙为中国版协年鉴工委会副主任。4. 增补杨启燕、胡新力、哈幸凌、杨正宏为学委会委员。

11 月 12 日　　中国版协年鉴工委会公布第五届全国年鉴学术论著评比结果：获优秀著作奖 1 部，获优秀论文奖 31 篇、优秀论文提名奖 13 篇。

11 月 19～22 日　　2008 中国年鉴论坛暨第十一届全国年鉴学术年会在浙江杭州举行。正值改革开放 30 周年之际，即将本届年会升级为 2008 中国年鉴论坛，以"深入贯彻落实科学发展观，积极探索中国特色年鉴创新发展之路，为构建中国年鉴学学科体系奠定坚实基础"为主题。周兴俊致辞并宣读中国版协年鉴工委会二届二次常务理事会会议决议，孙关龙作《铸造具有中国特色的年鉴及其年鉴学》的主题报告，王相钦代表许家康宣读《努力构建年鉴学科体系》一文，贾大清应邀介绍《杭州年鉴》创刊 22 年来的工作经验。苏伯华作《第五届全国年鉴学术论著评奖工作报告》，鲍海春宣读获奖名单，大会举行了颁奖仪式。

2009 年

1 月 19 日	中国年鉴馆揭牌仪式暨首都年鉴界新春联谊会在北大软件与微电子学院举行。于友先、王立平、周兴俊先后讲话。陈钟介绍中国年鉴馆的相关情况，王相钦介绍了中央级年鉴工作部 2008 年的工作。
4 月 21 日	许家康主任、王守亚、孙关龙、王中华、鲍海春副主任在广西南宁参加全国地区百科全书工作会议期间，针对有人擅自向上级写出《年鉴信息与研究》改为《出版界》的报告，决定阻止杂志改名，请在京的年鉴界老同志出面写信给新闻出版总署。4 月 27 日，李振水、许进禄、孙关龙、刘菊兰、苏伯华开会商议，决定由许进禄、孙关龙起草信函，由刘菊兰向中国版协、总署有关负责同志反映年鉴界意见。5 月上旬，给新闻出版总署柳斌杰署长的《要求保留〈年鉴信息与研究〉杂志的报告》送出，有上述在北京的同志和方厚枢签名。
同日	经中国版协批准，同意周兴俊请求不再代理中国版协年鉴工委会秘书长职务；同意杜有军代理中国版协年鉴工委会秘书长。
7 月 6 日	经中国版协年鉴工委会研究决定：上海年鉴展示中心和上海培训中心的挂靠单位由原浦东年鉴部调整为上海通志馆；上海年鉴展示中心更名为上海年鉴展示与研究中心，主任：朱敏彦（兼），副主任：朱达轩、周树安、张建明；上海培训中心主任由朱敏彦兼任，副主任：朱达轩、周树安、柴志光。许家康出席交接仪式，并宣布这一决定。
9 月 21 日	中国年鉴事业的创始人尚丁先生因病医治无效，不幸在上海逝世，享年 88 岁。尚老病危期间，许家康专程赴沪代表中国版协年鉴工委会看望。
10 月 23 日	中国版协年鉴工委会二届三次常务理事会会议在江苏扬州召开。会议决定：不再继续申办"中国年鉴协会"一级协会，把精力放到为全国会员服务上；成立第四届全国年鉴编纂出版质量评奖领导小组，下设中央级年鉴评委会和地方年鉴评委会；《年鉴信息与研究》停办后，改出丛书（以书代刊），由孙关龙牵头、苏伯华协助。
10 月 29 日	中国版协年鉴工委会发出通知，启动第四届全国年鉴编纂出版质量评奖工作。本届评奖工作由中国版协主办，中国版协年鉴工委会承办。经中国版协同意，成立第四届全国年鉴编纂出版质量评奖领导小组，许家康任组长，周兴俊、许进禄、王守亚任副组长；领导小组下设中央级年鉴及中央企业年鉴评委会，许进禄为主任；地方年鉴评委会，王守亚为主任。
11 月 14 ~ 16 日	全国年鉴编纂实务研讨班在安徽黄山市举办。许家康、王守亚、谭惠全作专题讲座。
11 月 26 ~ 28 日	第四届全国年鉴编纂出版质量评奖中央级年鉴（含中央企业年鉴）评审工作在北京举行。评委会由许进禄任主任，王相钦、梁书生、邵权熙、刘贤福、郭志为副主任；专家复审组由孙关龙任主任，肖东发、李国新任副主任。经评委会对参评的 50 种年鉴评审，最终评出综合奖 48 名、专项奖 43 项。
12 月 11 ~ 19 日	第四届全国年鉴编纂出版质量评奖地方年鉴评审工作在江苏苏州举行。各类地方年鉴共有 230 种年鉴参评，数量为历次之最。
12 月	中国版协传达新闻出版总署把《年鉴信息与研究》刊物列入停刊收走的决定。

2010 年

1 月 26 日	中国版协年鉴工委会发出通知，公布第四届全国年鉴编纂出版质量评奖结果：综合奖 267 名、单项奖 620 项，合计获奖年鉴 274 种。
5 月 10 日	中国版协年鉴工委会在山东济南召开主任办公会议。会议决定：同意周兴俊不再主持中国版协年鉴工委会日常工作，推荐许进禄主持中国版协年鉴工委会日常工作，孙关龙、王相钦协助；年鉴

工委会办公室迁至北京北礼士路 8 号；进一步健全中国版协年鉴工委会办公室制度，做好会员单位的服务工作。

5 月 11～12 日	第四届全国年鉴编纂出版质量评比颁奖暨第十二届全国年鉴学术年会在山东济南召开，300 多位年鉴人参加。刘秋增介绍山东志鉴编纂出版情况和经验，孙关龙作《年鉴创新的又一次检阅》的主题报告，8 位获奖年鉴和入选论文作者的代表作大会发言。大会向获奖单位颁发奖杯和证书。本届学术年会收到论文 80 多篇。
5 月 12 日晚	学委会、《年鉴论坛》编委会召开联席会议。许家康出席并讲话，苏伯华报告过去一年学委会的工作和《年鉴论坛》第一辑编辑出版的情况，提出 2010 年学委会的工作和《年鉴论坛》第二辑的设想。会议确定：出版《年鉴论坛》第二辑，举办第十一期全国年鉴高级研讨班，筹办第六届年鉴学术论著评奖和第十三届全国年鉴学术年会。
5 月 22 日	中央级年鉴工作部在北京召开中央级年鉴转企改制问题座谈会。中国版协常务副主席兼秘书长刘波传达了中国版协暨新闻出版总署对有关报刊社转企改制的指导性意见。与会者就中央级年鉴的现状、年鉴发行市场等对实行转企改制发表了意见，并希望主管部门将中央级年鉴纳入政府职能部门或公益性事业单位管理。
5 月	因《年鉴信息与研究》自 2010 年起停刊，新创办的年鉴学术研究丛书——《年鉴论坛》（第一辑）由中国林业出版社出版发行，主编：孙关龙，副主编马惠平、苏伯华。
7 月 21 日	中国版协年鉴工委会召开在京主任扩大会议。王相钦通报了中国版协年鉴工委会近期主抓的工作：采取两项措施催缴会费，加强与会员单位的联系；推动中国版协年鉴工委会与北京方正阿帕比技术有限公司"合作协议书"重新启动；以及其他事项。
8 月 18 日	中国版协年鉴工委会与北京方正阿帕比技术有限公司签订"补充协议书"，双方对原"合作协议书"中的某些条款作了适当修订，就此实现双方新一轮的合作。
9 月 25 日	中国版协年鉴工委会主任会议在江苏苏州召开，主要研究调整中国版协年鉴工委会日常议事、办事机构和下属工作部，以及有关内设机构的负责人。会议决定：仍由许进禄兼任中国版协年鉴工委会秘书长，主持中国版协年鉴工委会日常工作；王相钦兼任常务副秘书长，协助许进禄主持中国版协年鉴工委会日常工作；梁书生、郭志、苏伯华、蒋琦、赵海涛任副秘书长，原代理秘书长杜有军改任副秘书长；孙关龙任学委会主任，梁书生任中央级年鉴工作部主任，王中华任省级年鉴工作部主任，贾大清任城市年鉴工作部主任，丁惠义任地州区县年鉴工作部主任，李仁贵任地方专业年鉴工作部主任，郭志任企业年鉴工作部主任，李君任信息网络中心主任，王璠任办公室主任。会议责成秘书处会后写出《会议纪要》，报送中国版协及年鉴界各会员单位。10 月 15 日，中国版协年鉴工委会向中国版协上报了《关于调整中国版协年鉴工委会秘书长、副秘书长任职的报告》。
9 月	考虑到年鉴界的实际情况，经商量《年鉴信息与研究》拟出版一期合刊（1～3），作为第四届全国年鉴编纂出版质量评奖专辑。本月底专辑出版。
11 月 3 日	因未经中国版协同意，《年鉴信息与研究》出版了一期合刊，中国版协领导请许家康专程来京商谈此事。许家康在中国版协年鉴工委会办公室召开临时会议，传达中国版协领导的意见并研究此事。

2011 年

3 月 7 日	改版后的"中国年鉴网"（http://www.yearbook.cn/）全新上线。
5 月 26 日	第五届全国年鉴编校质量评比委员会第一次会议在北京召开。许家康任评比领导小组组长，梁书生任评委会主任，孙关龙任顾问专家复审组组长，苏伯华任办公室主任。会议审定《评比工作规则》，部署评比工作。

9 月 7 日	公布第五届全国年鉴编校质量检查评比结果：特等奖 60 种、一等奖 82 种、二等奖 49 种、三等奖 51 种。
9 月 19 ～ 22 日	中国版协年鉴工委会召开主任办公会议，许家康通报《年鉴信息与研究》停刊有关情况；梁书生汇报中国版协年鉴工委会近期工作；研究中国版协年鉴工委会各工作部门人员调整问题。会议决定：王　任中国版协年鉴工委会副秘书长，杜有军不再担任中国版协年鉴工委会副秘书长。

2012 年

2 月 1 日	经中国版协同意，从本年起中国版协年鉴工委会将每年收取会员单位的会费改为服务费。
4 月 16 日	第六届全国年鉴编校质量评比委员会第一次会议在北京召开。许家康任评比领导小组组长，梁书生任评委会主任，孙关龙任顾问专家复审组组长，王　任办公室主任。会议审定《评比工作规则》，部署评比工作。
8 月 3 日	公布第六届全国年鉴编校质量检查评比结果：特等奖 55 种、一等奖 76 种、二等奖 73 种、三等奖 47 种。
8 月 26 ～ 29 日	第十三期全国年鉴高级研讨班在安徽铜陵举办，许家康、孙关龙、李国新、王守亚授课。
	研讨班期间，召开中国版协年鉴工委会主任办公会和第三届学委会会议。主任办公会研究中国版协年鉴工委会换届的相关事宜。学委会会议对第六届全国年鉴学术论著进行了评审，本届有参评论著 47 篇（部），最终评出获奖论著 29 篇（部）。
11 月 26 ～ 28 日	第二十二次全国城市年鉴研讨会暨第十三届全国年鉴学术年会在广东深圳召开。王璠介绍了第六届全国年鉴学术论著评奖情况，宣读获奖名单；孙关龙作《中国年鉴 35 年奇迹发展史的动力——创新》的主题报告，李国新讲授"年鉴编纂出版的国际经验借鉴"。大会举行了颁奖。
	会间，举办全国年鉴联展和全国年鉴工作图片展，共展出全国年鉴单位的工作图片 65 版（并出版画册）、全国各地出版的最新年鉴 300 多种，集中展现了年鉴人的工作风采，宣传全国城市年鉴的工作成果。
	会间，召开中国版协年鉴工委会主任办公会议，总结了 2012 年的工作，提出 2013 年工作思路；研究部署换届工作的有关事宜。

2013 年

2 月 18 日	年鉴工委会下发《关于开展第七届全国年鉴编校质量检查评比活动的通知》。
1 月 25 日	北京方正阿帕比技术有限公司名下的"yearbook.cn"域名（"中国年鉴网"），以年鉴工委会的名义重新注册，获北京万网志成科技有限公司颁发的"CNNIC 中国国家顶级域名注册证书"。
3 月 13 日	"中国年鉴网" ICP 备案申请通过工业和信息化部网站备案系统审核。
5 月 16 日	第七届全国年鉴编校质量检查评比委员会第一次会议在北京召开。本届评比设评比领导小组、评比委员会、顾问专家复审组和办公室。许家康任评比领导小组组长，梁书生任评委会主任，孙关龙任顾问专家复审组组长，王　任办公室主任。会议审定"工作规则"，制定本届检查评审工作方针，抽签确定参评年鉴检查页码，对评委进行培训，部署参评单位自查和评委初查工作。
6 月 17 日	第七届全国年鉴编校质量检查评比委员会第二次会议在北京召开。会议分组审议自查和初查结果，形成评委会初步意见，并将该意见反馈给参评单位征询意见。
8 月 14 日	第七届全国年鉴编校质量检查评比顾问专家复审组和办公室会议在北京召开。会议逐条研究参评

单位反馈意见，研究决定评审中的重要问题。

8月16日	第七届全国年鉴编校质量检查评比委员会第三次会议在北京召开。会议讨论通过参评单位的获奖档次及相关事宜，确定公示第七届全国年鉴编校质量检查评比结果，公示期自2013年8月10～25日。
8月26日	公布第七届全国年鉴编校质量检查评比获奖名单。获奖年鉴共305种，其中特等奖54种，一等奖86种，二等奖89种，三等奖76种。
8月31日	年鉴工委会办公地址由北京市西城区北礼士路8号1001室迁至北京市东城区东大地街1号院10号楼207室。
10月21～23日	第二十三次全国城市年鉴研讨会在安徽省合肥市召开，会议主题"年鉴的继承与创新"。许家康致开幕词。安徽省地方志办公室主任朱义根，合肥市人民政府副市长吴春梅到会并致辞。孙关龙作"重论年鉴体"主题报告，鲍海春作"城市年鉴编纂应注重彰显文化特色"报告，李国新作"年鉴发展的挑战与前瞻"报告。
11月19日	中国版协年鉴工作委员会（年鉴研究会）第三次会员代表大会在广西南宁召开。经会员单位通信选举产生的年鉴工委会第三届理事会理事单位的代表180多人出席大会。年鉴工委会换届工作领导小组主持会议。中国版协副秘书长兼会员部主任崔建伟到会指导并发表讲话，广西地方志办公室主任李秋洪代表会议承办单位致欢迎词。大会听取并审议通过许家康同志代表年鉴工委会第二届理事会所作的工作报告，听取并审议通过邵权熙同志关于修改本会管理办法的报告；选举产生本会第三届常务理事会及其领导班子。许家康当选工委会主任（会长），李国新、王守亚当选常务副主任（常务副会长），鲍海春、黄丽、王中华、邵权熙、宋毅、李捷、张恒彬、张兆安、贾大清、莫秀吉、姚敏杰当选副主任（副会长），李国新兼任秘书长。大会还决定聘任许进实禄、王相钦、孙关龙、刘菊兰、武星斗、梁书生、谭惠全、朱敏彦、刘淑坤、郭志为本会顾问。 当晚，新当选的年鉴工委会第三届常务理事会召开第一次全体会议。会议决定工委会内设机构组成人员人选，通过本会2014年工作要点。
11月20日	第十四次全国省级年鉴研讨会在广西南宁召开。年鉴工作委员会主任许家康围绕"扫一扫年鉴的奢华之风"发表讲话，常务副主任兼秘书长李国新发表讲话，常务副主任王守亚作"删繁减雍去奢华"主题报告。
12月9～11日	第十四次全国地州区县年鉴研讨会在广东省佛山市南海区召开。年鉴工作委员会副主任鲍海春，南海区委常委、宣传部部长俞进，广东省地方志办公室主任陈强分别致辞。许家康作"县级年鉴的体例缺陷及弥补方法"主题报告。承办第十五次地州区县年鉴研讨会的江苏省常州市武进区地方志办公室主任恽永忠作了发言。

（刘菊兰　中国版协年鉴工作委员会顾问　原中国年鉴研究会副秘书长　学术工作委员会副主任　《中国出版年鉴》主编）

（王璠　中国版协年鉴工委会副秘书长办公室主任）

年鉴集锦

《中国财政年鉴》《中国会计年鉴》

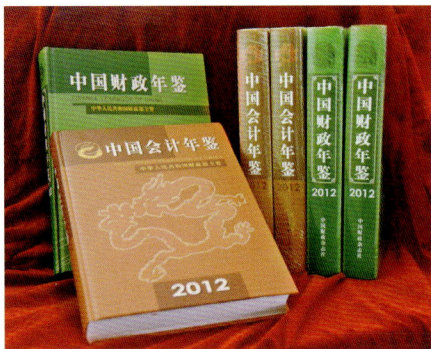

《中国财政年鉴》是由财政部主管、中国财政杂志社编辑出版的大型资料性年刊。自1992年创刊至2012年已连续出版21卷。21年来，该年鉴以丰富翔实的资料，全面系统地记录和反映了我国财政工作的实践活动与成就。年鉴结构严谨、体例规范、内容充实、数据权威，集史料性、知识性和工具性于一体，既是沟通情况、交流经验、推动财政事业发展的重要工具，也是国内外公众了解中国财政的重要窗口，是广大财政工作者、科研人员以及大专院校师生学习和研究的重要历史资料，深得社会各界尤其是财政管理部门和科研领域的好评，并多次在全国年鉴编纂出版质量评比中获奖。

《中国会计年鉴》是由财政部主管、中国财政杂志社编辑出版的大型资料性年刊。该年鉴是全面记载中国财务会计工作，了解中国财务会计情况和发展前景的百科全书。自1992年创刊至2012年已连续出版17卷。17年来，该年鉴逐年全面、系统、客观记录中国财会事业发展历程，融权威性、工具性、资料性、全面性、系统性、连续性为一体。其主要特色：一鉴在手财会全有，逐年编纂连续出版；资料总汇翔实权威，内容丰富体例规范；国际开本装帧精美，附有光盘查阅方便；鉴往知来服务现实，保存资料惠及后人。该年鉴在中国财务会计领域乃至全国财经领域享有较高声誉，创刊以来曾荣获由中国出版工作者协会颁发的第四届全国年鉴编纂出版质量特等奖、中国年鉴奖。2011年荣获第五届全国年鉴编校质量特等奖。主要读者对象：全国财会主管部门工作人员、经济部门相关人员、各级工商和企事业单位财会工作者；全国高等财经院校师生和财务会计理论研究人员；注册会计师行业人士、资产评估行业人士及会计师事务所、资产评估事务所等中介机构人员；全国各级图书馆收藏。

《中国测绘地理信息年鉴》

　　《中国测绘地理信息年鉴》是国家测绘地理信息局主办的权威性行业年鉴。自 2006 年创刊以来，至今已连续出版 8 卷，供稿单位包括总参测绘导航局，各省、自治区、直辖市、计划单列市测绘地理信息行政主管部门，新疆生产建设兵团测绘地理信息主管部门，省级主要测绘地理信息单位，部分甲级测绘资质单位，有关测绘地理信息社团，武汉大学，郑州测绘学校等。

　　《中国测绘地理信息年鉴》以"存史资政"为宗旨，记载了测绘地理信息行业对经济社会发展具有重大影响的事件、成果等，收录了重要统计资料，保留了大量具有历史意义的珍贵图片，已成为测绘地理信息行业最具权威的资料性工具书，历年来发行总量约 1.5 万册，在行业内达到了较高的普及率，为宣传测绘地理信息事业发挥了重要作用。

　　《中国测绘地理信息年鉴》高度重视编纂质量，不断提高成书水平，2012 年、2013 年连续两次获全国年鉴编校质量检查评比一等奖。回望过去，我们起步虽晚，但步伐坚定，收获颇丰；放眼未来，我们信心百倍，愿再接再厉，更创佳绩！

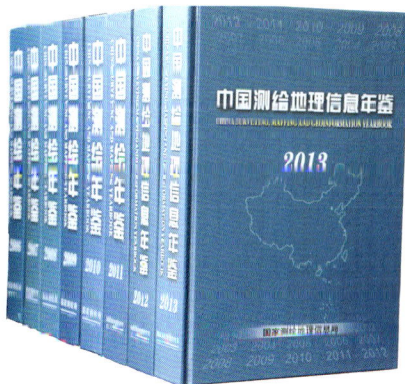

《中国税务年鉴》

　　《中国税务年鉴》创刊于 1993 年，由国家税务总局主管主办、中国税务出版社编辑出版发行，每年 11 月出版，每册定价 320 元，国内外公开发行，已连续出版 20 卷，累计发行近 45 万册。

　　《中国税务年鉴》全面系统地记载了年度中国税收工作基本情况，收录税收工作的方针、政策、法律、规定、信息资料和统计数据等内容，资料权威、内容丰富、功能齐全，是社会各界了解中国税收工作的重要信息平台。20 年来，中国税务出版社始终坚持"把年鉴办成精品"的高标准，编纂质量逐年提高，装帧、设计、印制水平不断提升，荣获"中国年鉴奖"和"全国年鉴编校质量检查评比特等奖"等奖项。

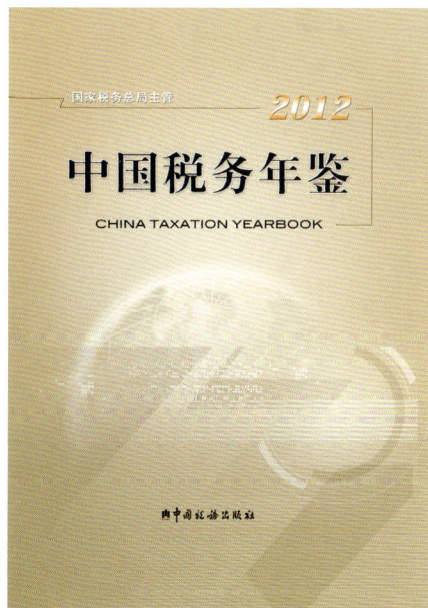

《中国机械工业年鉴》

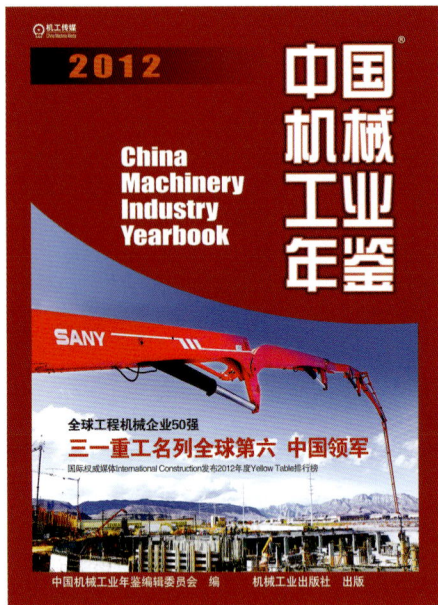

中国机械工业年鉴系列是由中国机械工业联合会主管，机械工业信息研究院主办，机械工业出版社出版的大型资料性、工具性年刊，创刊于1984年，是中国机械工业发展的史册。

自1998年开始，中国机械工业年鉴编辑委员会与机械工业相关行业协会共同编纂、出版了《中国电器工业年鉴》等16种分行业年鉴，逐步形成了中国机械工业年鉴系列。

宗旨：中国机械工业年鉴系列作为"工业发展报告"，集成行业信息，记录企业成长的每一阶段。

读者对象：政府决策机构，机械工业相关企业决策者和从事市场分析、企业规划的中高层管理人员以及国内外投资机构、贸易公司、银行、证券、咨询服务部门和科研单位的机电项目管理人员等。

中国农业年鉴（中、英文版）

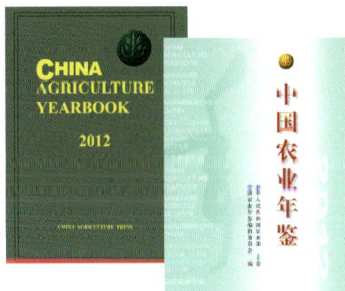

《中国农业年鉴》是反映中国农业、林业、畜牧业、渔业、乡镇企业、农垦、农机、水利、气象等基本情况的资料工具书。自1980年起，每年出版一卷，2012年卷是第33卷，各卷相互衔接。

该年鉴撰稿人主要是各有关涉农主管部门和研究机构的工作人员；统计资料由国家统计局、农业部、国家林业局、水利部、中国气象局、海关总署等有关部门提供。

该年鉴的英文版依据中文版翻译编辑而成，于每年中文版出版之后发布。

《中国渔业年鉴》

《中国渔业年鉴》由农业部主管，农业部渔业局主持编撰，中国农业出版社负责编辑、出版。

该年鉴是一部反映中国渔业年度基本情况的权威性资料工具书，每年出版一卷。

年鉴文稿主要由各级渔业行政机构、企事业和科研单位、水产院校等部门的管理人员和专业技术人员撰写。全部文稿由中国渔业年鉴编辑部负责编辑、修改或删节，由农业部渔业局审定后出版。

《中国畜牧业年鉴》

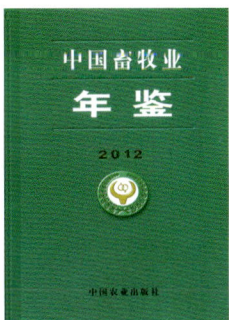

《中国畜牧业年鉴》是全面反映中国畜牧、兽医、饲料、草业等行业基本情况的资料性工具书，每年出版一卷。

该年鉴撰稿人员主要是各有关部门或单位的工作人员，统计资料主要由国家统计局及相关部门提供。

《中国乡镇企业及农产品加工业年鉴》

《中国乡镇企业及农产品加工业年鉴》由农业部主管，农业部乡镇企业局（农产品加工局）主持编撰，中国农业出版社负责编辑、出版。

该年鉴是记录中国乡镇企业、农产品加工业发展成就的大型综合性年刊，是代表政府每年对国内外公布乡镇企业、农产品加工业政策、成就和统计的公报，设有发展综述、各地概况、文献法规、统计资料、县域经济、村镇建设等栏目。

《中国茶业年鉴》

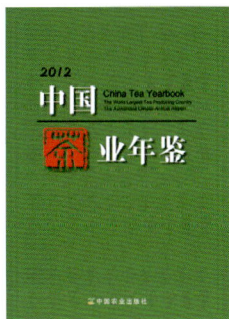

《中国茶业年鉴》是一部全面、系统反映中国茶业建设成就、经验及其发展动态的大型资料工具书。每年一卷，限收集上年度信息资料。

年鉴文稿编撰由农业部种植业管理司、中国茶叶学会、中国国际茶文化研究会，以及各地茶叶行政管理部门、茶叶（业）协（学）会、茶文化学会承担。

该年鉴的基本任务是面向市场、面向基层、面向未来，为茶业行政管理部门、茶业生产经营单位、国内外茶业投资者、茶业研究人员和茶文化爱好者提供茶叶产销信息、国家和地方有关政策法规、茶叶进出口贸易资料等。

《中国林业年鉴》

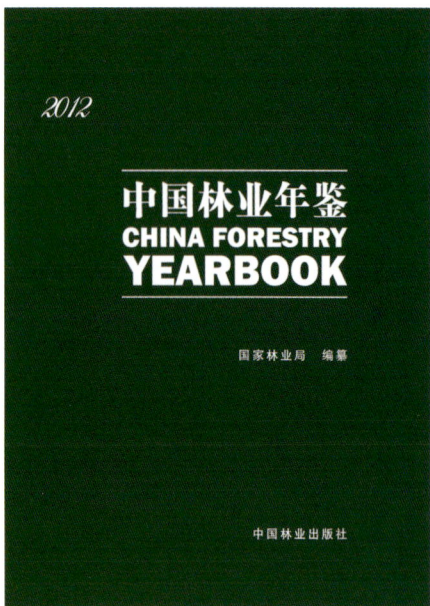

《中国林业年鉴》自 1986 年创办以来，走出了一条具有鲜明行业特色，符合年鉴出版工作规律，不断改革进取 的发展之路。目前已由中国林业出版社连续出版 26 卷中文版和 3 卷英文版，印刷 10 余万册，总字数达 3000 万字。《中国林业年鉴》科学、客观、翔实地记载了新中国成立以来林业建设事业发展的轨迹，已经成为林业部门各级党政领导、专家学者和林业科技、教育以及管理工作者指导林业工作实践不可或缺的重要工具书，成为社会各界了解林业、理解林业和参与林业建设的重要途径，成为展示林业企事业风采的重要窗口，为林业建设和发展积累了珍贵史料，给后人留下可资借鉴的重要林业信息。年鉴凝聚着每一位参与者的心血与汗水，凝聚着全行业的智慧和创造。年鉴编委、特约编辑和责任编辑以高度的事业心与责任感辛勤耕耘，刻意求新，精雕细琢，确保了林业年鉴的高水平、高质量，得到广大读者的首肯与好评，在中央部委年鉴评比中蝉联一等奖，2013 年又获全国年鉴编校质量检查评比特等奖。另外，由中国林业出版社出版的《中国林业产业与林产品年鉴》《中国林业统计年鉴》《北京林业大学年鉴》也以高质量跻身全国优秀年鉴行列。

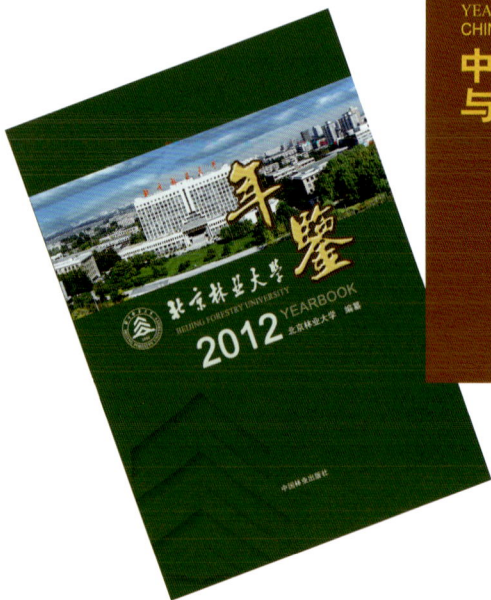

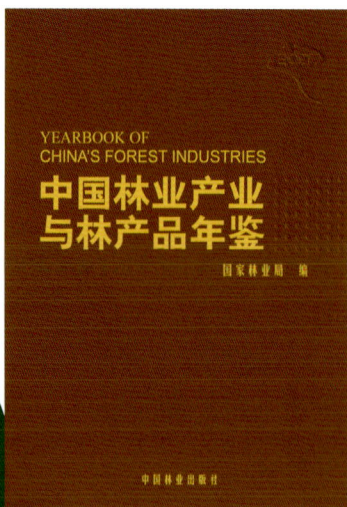

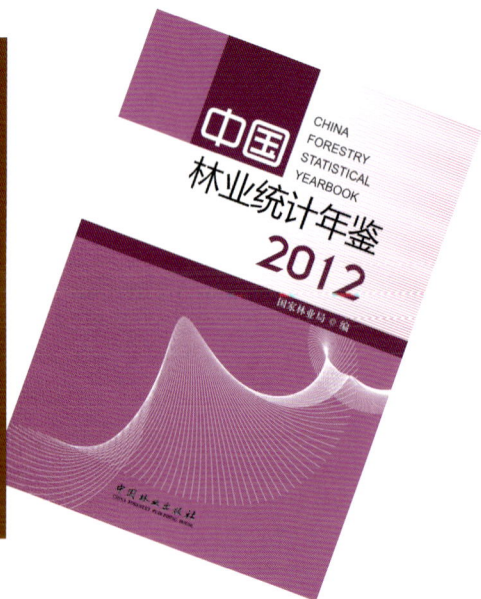

《中国铁道年鉴》

《中国铁道年鉴》由原铁道部主管，原铁道部档案史志中心主办。创刊于1999年，由中国铁道出版社出版。2000年转为正式期刊，由新闻出版总署统一管理，铁道部档案史志中心出版，国际标准刊号ISSN 1009—6957，国内统一刊号CN 11－4070/Z，从2000年刊至2011年刊已出版正式期刊12期，年鉴为正16开本，每期字数为1600千字左右。

《中国铁道年鉴》是全面反映中国铁路系统年度重要文献资料、动态信息的资料性工具年刊，为社会各界系统地了解中国铁路情况提供了一个窗口，同时担负着保存铁路史料的重任。年鉴出版10余年，资料系统全面，编辑认真规范，在中央级年鉴评比中多次获得特等奖、一等奖，在国内外、路内外已具备一定知名度。每年国内外（包括港台地区）的一些知名企业和单位来人来函购买年鉴；有的铁路单位为方便对方了解铁路、加强业务联系，以年鉴作为重要资料赠送给合作企业；铁路各系统员工也以年鉴为重要资料工具书，在日常工作中常备常用。

《中国铁道年鉴》由档案史志中心史志室负责编辑。目前编辑部成员6人，其中副编审3人、编辑2人、编务1人。

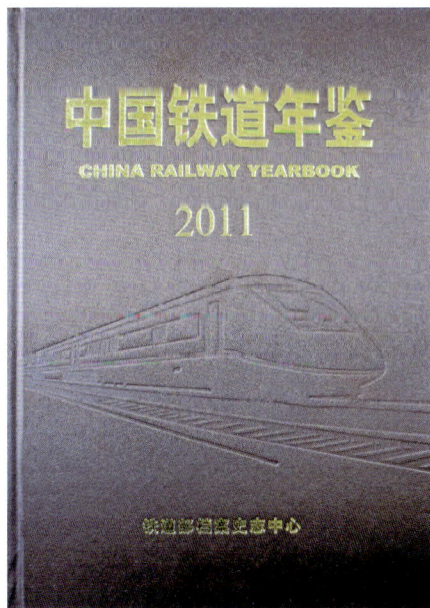

《中国铁建年鉴》

中国铁建股份有限公司（中文简称中国铁建，英文缩写CRCC），是中国国务院国有资产监督管理委员会管理的特大型建筑企业。前身是组建于1948年的中国人民解放军铁道兵，1984年1月集体转业，1989年成立中国铁道建筑总公司。2007年11月，由中国铁道建筑总公司独家发起成立中国铁建股份有限公司，于2008年3月分别在上海证交所和香港联交所上市。

《中国铁建年鉴》（原名《中国铁道建筑总公司年鉴》）创办于1993年，至今已连续编辑出版20卷。

《中国铁建年鉴》遵循"诚信、创新永恒，精品、人品同在"的企业价值观，坚持"据求实之本，走精品之路，为企业服务"的指导思想，力求真实反映中国铁建系统年度发展进程，为企业提供历史记录和信息支持，是一部融史实性、资料性为一体的专业年鉴，也是一部全面适用、图文并茂的大型综合性年刊。

《中国铁建年鉴》以翔实的文字、丰富的图片、权威的数据赢得读者好评，先后获得全国铁路年鉴评比综合一等奖、全国年鉴校对质量优秀奖、铁道部年鉴质量综合评比一等奖、首届中国地方志年鉴质量评比二等奖、全国年鉴质量评比条目编写一等奖，并多次获得全国年鉴编校质量评比特等奖，是中国年鉴资源全文数据库核心年鉴。

《北京年鉴》

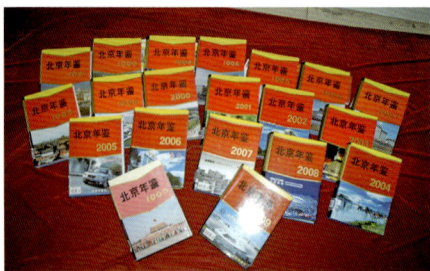

《北京年鉴》是一部大型综合性资料工具书和史料文献。在北京市人民政府的领导下，由北京市地方志编纂委员会主管，北京市地方志编纂委员会办公室主办，北京年鉴社编纂，也是北京市唯一系统、全方位记录市情的综合性精装年刊，承载着系统科学记录年度北京市自然、政治、经济、文化和社会等方面情况的重要任务，承担着对外展示北京建设成就的重要职责。

《北京年鉴》创刊于1990年，20多年来多次在全国地方志系统、中国版协年鉴工委组织的全国年鉴评比中获奖，在全国年鉴界取得了一定的知名度和影响力。2010年12月2日，北京市年鉴工作会议暨《北京年鉴》创刊20周年纪念大会召开。这次大会是《北京年鉴》发展史上级别最高、规模最大、意义深远的一次会议。市领导对《北京年鉴》的未来发展提出了殷切的希望，希望《北京年鉴》更加突出首都特色和时代特征，更好地服务于新时期北京市经济社会发展，并成为首都文化建设的知名品牌。

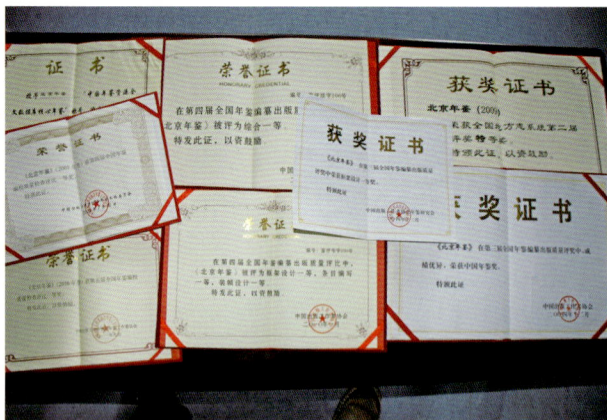

《福建年鉴》

《福建年鉴》是由福建省人民政府主办、福建年鉴编委会编纂，是一部具有政府公报性质的大型省情资料工具书，全书内容在"福建省人民政府网"和"福建年鉴网"对外公开发布。1984年创刊，原名《福建经济年鉴》，1995年改为现名，迄今已出版28卷。

《福建年鉴》编纂委员会主任由省长亲自兼任。习近平、贾庆林、贺国强等中央领导同志在闽工作期间，都对《福建年鉴》编纂工作给予了亲切关怀和悉心指导。习近平同志对《福建年鉴》寄以厚望，要求《福建年鉴》努力提高文化内涵和文化品位，在发挥年鉴资政作用的同时，更好地发挥年鉴的教化作用；打破年鉴纯粹"官书"的观念，树立年鉴既为"官"服务，也为"民"服务的意识，这些重要指示为办好《福建年鉴》提供了宝贵的思想指南。

《福建年鉴》以年为期、逐年记载汇集年度政治、经济、文化及社会发展情况，忠实记录了福建改革开放的历史进程，反映了八闽大地推进全面小康社会建设的辉煌成就。福建年鉴编辑部将坚持宣传福建、服务社会、存史资政的宗旨，紧跟时代步伐，创新办刊理念，切实增强权威性、史料性和实用性，全力打造《福建年鉴》品牌，为福建科学发展跨越发展作出新的更大贡献。

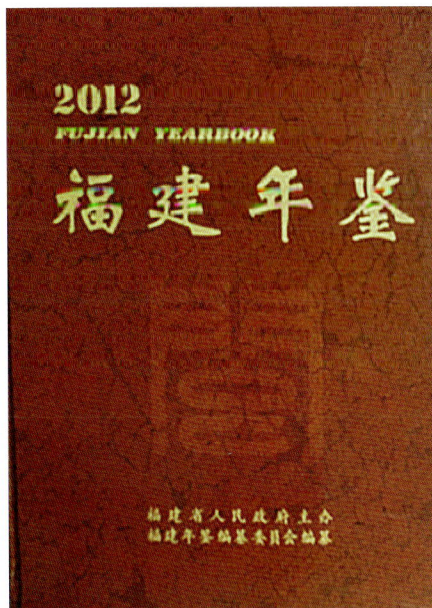

《广东年鉴》

《广东年鉴》是由广东省人民政府主管的地方综合年鉴，是权威、全面、公开出版发行的年度资料性文献。在广东年鉴编纂委员会领导下，由广东省人民政府地方志办公室组织编纂，广东年鉴社负责组稿、编辑、出版、发行。

《广东年鉴》于1987年创刊。旨在全面、系统、准确地反映广东省政治经济和社会各项事业的基本情况和发展成就，为社会各界和海外人士了解和研究广东提供基本资料。全书编纂坚持政府主导，突出特色，打造精品，努力办成"记录广东发展历程，解读广东发展奥秘"的工具书，"亲民、便民、利民"的信息库，"服务当代，垂鉴后世"的信史。连续4届获全国年鉴编纂出版质量评比特等奖，2004年获中国年鉴奖，2010年获全国地方志系统第二届年鉴评奖特等奖、广东省第一届年鉴编纂质量奖特等奖，并被评为广东省优秀期刊。

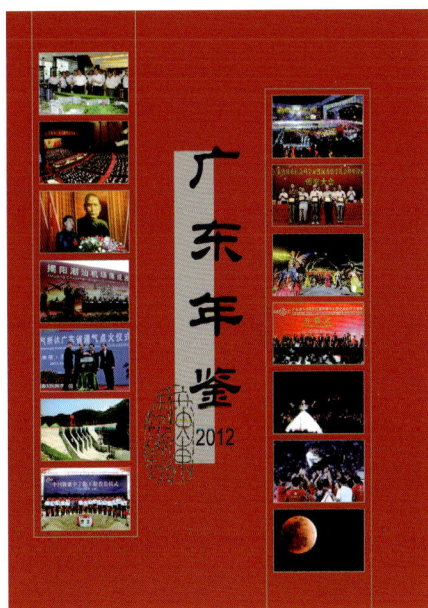

《宁夏年鉴》

《宁夏年鉴》是经宁夏回族自治区人民政府批准出版的国内外公开发行的正式出版物,是具有政府公报性质的大型资料性工具书。《宁夏年鉴》由宁夏回族自治区人民政府主办,宁夏地方志编审委员会、宁夏社会科学院、宁夏年鉴协会承办,宁夏年鉴编辑委员会、宁夏地方志办公室承编,主编由分管地方志工作的自治区副主席担任,副主编由宁夏社会科学院院长张进海、副院长刘天明担任,编辑部主任由宁夏地方志办公室主任邱新荣担任。《宁夏年鉴》2000年创刊,已连续编辑出版13部。《宁夏年鉴》设有31个类目,约100万字,充分反映了宁夏年度内各项事业发展状况、重大事件和最新成就。10余年来,《宁夏年鉴》发展成为最具有影响力的省级综合年鉴,多次在全国年鉴质量评比中获奖,并受到社会各界的好评。今后,《宁夏年鉴》还将一如既往地遵循常编常新的要求,在保持年度资料完整性和加大信息含量的同时,突出地情特色、民族特色,创新篇目设置、加快出版周期、加强宣传和读鉴用鉴工作,为续修志书及读者查阅提供方面,更好地发挥年鉴为现实社会咨询服务的重要作用。

《山东年鉴》

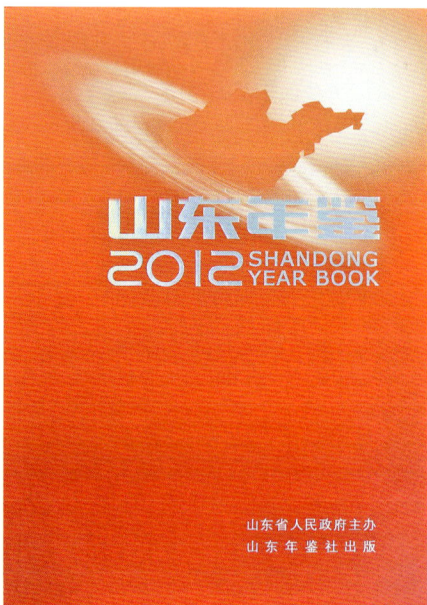

《山东年鉴》是山东省人民政府主办的综合性年刊,创办于1987年,至2006年已连续出版20卷。国内统一连续出版物号为CN37—1237/Z。《山东年鉴》其内容为山东各级党委和政府的主要工作,各地区、各部门、各行业在经济建设、政治建设、文化建设、社会建设方面取得的重大成就以及社会各方面新进展、新情况、新经验。

《山东年鉴》创办20年来,共刊载文字近3000万字,插页、图片5000码(幅),发行近13万册,取得了社会效益和经济效益的双丰收。在20年的发展过程中,坚持正确的办刊宗旨和编纂原则,严把编纂质量关。 1994年10月,在山东省年鉴学会举办的首届全省优秀年鉴评比中,《山东年鉴》获综合特等奖,并获得框架设计、条目编写、美术装帧三个特等奖和出版发行一等奖。《山东年鉴》连续3年获得全国年鉴校对质量评比优秀奖。2004年10月,在中国地方志指导小组和中国地方志协会主办的首届中国地方志年鉴评比中,《山东年鉴》2003卷获综合一等奖,同年,《山东年鉴》2004卷获全国年鉴评比综合一等奖,并荣获 中国年鉴奖。1999年和2003年《山东年鉴》被山东省新闻出版局评估为社科类优秀期刊。

《新疆年鉴》

《新疆年鉴》是由新疆维吾尔自治区人民政府主办，新疆维吾尔自治区地方志编委会编辑的地方综合性年鉴，创刊于1985年，逐年出版。《新疆年鉴》全面、系统、真实地反映了新疆的基本面貌以及政治、经济、文化、社会民生、生态文明等各方面情况。《新疆年鉴》使用了大量国民经济和社会发展统计资料，资料均按自治区及各地统计局的统计公报口径。采用的稿件由自治区各部门、各单位、各地州市共推荐的撰稿人组织专业人员提供，所有数据资料均经有关部门审核，具有权威性，为各级党委、政府和行业主管部门布局生产建设、调整产业结构等提供可靠的决策依据。很多行业对内外介绍新疆情况时，都采用志书或年鉴资料，在招商引资方面，年鉴更是起到了桥梁作用。

截至2012年年底，《新疆年鉴》已连续出版28部。《新疆年鉴》曾获首届中国地方志年鉴奖一等奖；在第三届全国年鉴编纂出版质量评奖中获框架设计一等奖、条目编写一等奖、装帧设计一等奖、综合一等奖，并获中国年鉴奖；在第四届全国年鉴编纂出版质量评比中，被评为框架设计一等奖、条目编写一等奖、装帧设计一等奖、综合一等奖；被中国知识资源总库中国年鉴全文数据库全文收录；获新疆维吾尔自治区第五届、第七届哲学社会科学三等奖，第九届哲学社会科学二等奖。

《云南年鉴》

《云南年鉴》创刊于1986年12月，至2012年，已出版了27卷，总字数4000多万字。是云南省有史以来、也是新中国成立以来的第一部综合性年刊，始终坚持"全面反映云南省情、忠实记载云南历史"的办刊宗旨。向全国公开发行。

《云南年鉴》自2003年以后可检索多媒体光盘与纸质年鉴同步出版发行。在"中国年鉴网"上设立专题性网页，供广大网络爱好者点击。2002～2011年，6次被中国版协、云南省新闻出版局评为综合一等奖；3次被云南省新闻出版局评为综合特等奖；3次被云南省地方志办、省年鉴编纂委员会评为一等综合奖和优秀栏目奖。

《云南年鉴》着重记载当年内云南发生的人事、要事，设特载、专文、大事记、云南省概况、政治、军事、法制、民族·宗教等26个部类。

该年鉴1985年由省地方志编纂委员会主管。1990年起经云南省人民政府批准划归省政府办公厅主管。即由新成立的云南年鉴编辑委员会主办，云南年鉴编辑部编辑出版，向国内外公开发行。2000年7月起由省政府办公厅划归省政府研究室（经济技术研究中心）管理。

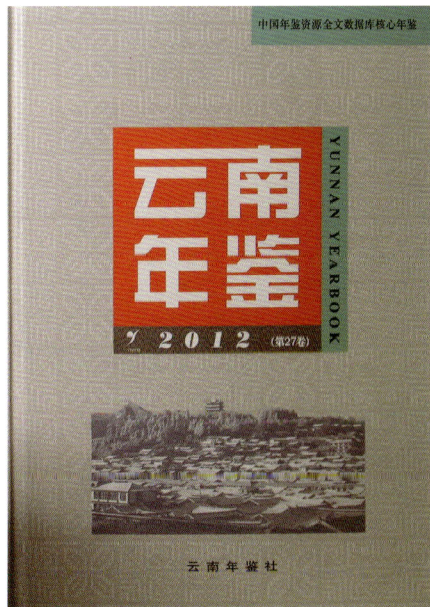

《中共山西年鉴》

《中共山西年鉴》是由中共山西省委主办、中共山西省委党史办公室承办的大型党史年刊，创刊于 2006 年，迄今已出版 6 卷。该刊逐年记录在中共山西省委的领导下，山西省各市县、省直各部门、各企事业单位党组织在社会主义现代化建设中发挥的重要作用和取得的重大成就，它既是展示山西党的建设的最权威资料，又是一部组织"编年史"，也是了解山西当年成就的极好载体，有着重要的文献价值、史料价值和宣传价值。

《中共山西年鉴》创刊以来，以其翔实准确的信息资料和独特的视角，为各级领导和广大干部群众及时了解掌握山西经济、政治、文化、社会建设情况提供了一个重要平台，深受各界好评。

《中共山西年鉴》图文并茂，大 16 开精装，国内公开发行。2012 版共收录照片 300 余幅，总字数 230 余万字。

北京区县年鉴

1987 年，北京市房山区编纂出版第一部北京市区县年鉴——《北京房山年鉴》，这也是北京地区第一部地方综合年鉴。

2006 年颁布的《地方志工作条例》和 2007 年出台的《北京市实施〈地方志工作条例〉办法》，为年鉴事业的发展提供了法律保障。北京市的各级政府、各部门都很重视年鉴的编纂工作，在出版经费、人员配备、提供资料方面给予了大力支持，这也为区县年鉴的发展铺平了道路。2012 年，北京市地方志办公室认真贯彻《条例》精神，专门成立了年鉴指导处，对全市各区县、各部门、各行业的年鉴编纂工作进行协调、指导和服务，从而推动北京地区年鉴事业的发展。2012 年，《北京怀柔年鉴》《北京平谷年鉴》创刊出版，实现了北京市区县年鉴的全覆盖。

20 多年来，在广大年鉴工作者的共同努力下，各区县年鉴已经成为记录本区域内自然、政治、经济、文化和社会情况最具权威的、连续出版的、基础性年度地情资料工具书，并取得了骄人的成绩。多种区县年鉴在全国地方志系统、中国版协年鉴工委组织的全国年鉴评比中获奖，为北京市年鉴工作争得了荣誉、扩大了影响。

《北京朝阳年鉴》

《北京朝阳年鉴》是从 2005 年起创办的一部逐年编纂的综合性资料工具书，现已出版发行 8 卷。在中共北京市朝阳区委和朝阳区人民政府领导下，由朝阳区地方志编纂委员和北京朝阳年鉴编辑部组织编纂。版权属朝阳区地方志编纂委员会和北京朝阳年鉴编辑部。

《北京朝阳年鉴》以马克思列宁主义、毛泽东思想、邓小平理论、"三个代表"重要思想、科学发展观为指导，遵循实事求是的原则，科学、客观地记述朝阳区历年政治、经济、文化、社会等诸多方面的发展情况，侧重记述朝阳区属各系统、各单位情况，适当记述辖域内中央、市属单位情况，突出主体又兼顾全貌。

《北京朝阳年鉴》文字内容设特载、专文、大事记、政党团体、政权政协、政法军事、产业商贸旅游、农业水务气象、功能区建设、综合经济管理、财政税务金融、城市建设、城市管理、科技教育、文化体育卫生、社会生活、地域、人物、统计资料、附录、勘误等 21个一级栏目。

《北京朝阳年鉴》每年印制 3000 余册，向有关领导和区属单位赠阅，基本实现全区各单位领导干部、相关部门、图书室、资料室、阅览室、档案室、学校以及区人大代表、政协委员发放全覆盖。

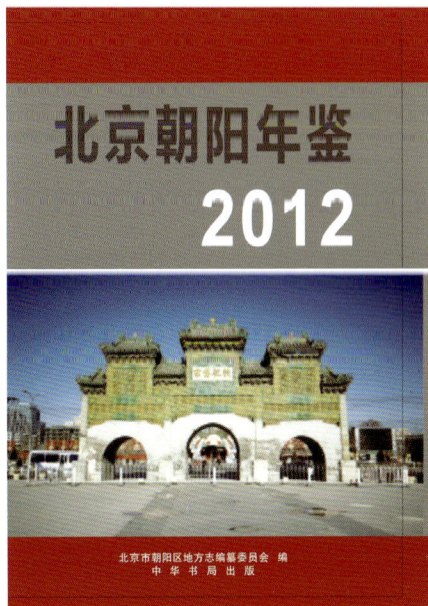

《北京石景山年鉴》

《北京石景山年鉴》创刊于 2006 年，至今已连续出版 8 卷，累计 900 多万字。它由石景山区政府主办、区地方志办公室承编，是一部逐年记载全区政治、经济、文化、社会等领域基本情况的大型综合性、实用性、权威性、资料性工具书。

《北京石景山年鉴》以"打造北京市精品年鉴，争创全国知名年鉴"为工作目标，坚持实效性、实用性、创新性三者相结合的编纂理念，在不断探索实践中形成了具有区域特色的文化品牌。围绕中心任务，努力贴近民生，以石景山区战略转型为主线，全面记述各行各业取得的新成就、新经验和新发展。突出区域特点，不断拓展深度，增设社区党建栏目，增加驻区高校、金融机构、殡葬管理机构等行业与部门的内容。活跃版面形式，提升设计品位，在北京市率先增设总目及英文对照。2012 年，改为国际流行的大 16 开本，尝试图片入文，图文并茂，增加信息量，增强年鉴可读性。

《北京石景山年鉴》为各级领导决策提供了重要参考依据，也为国内外人士了解石景山、研究石景山、投资石景山起到积极的作用，并 4 次荣获全国性年鉴评比奖项。

《长春年鉴》

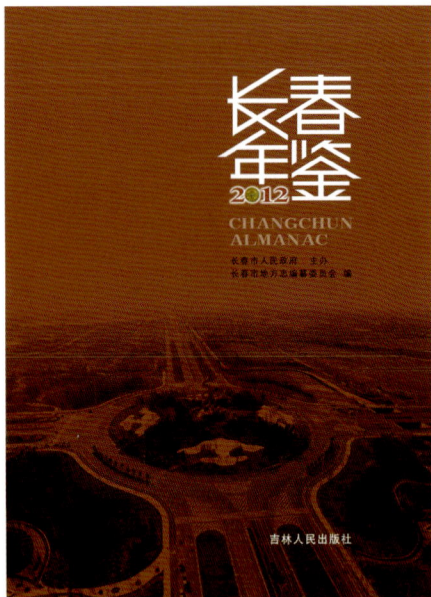

《长春年鉴》是由长春市人民政府主持、长春市地方志编纂委员会编纂、吉林省人民出版社出版的大型综合性资料年刊，每年编辑出版一册。创刊于1988年，至今已连续出版25卷。本书旨在连续记述长春市改革开放、经济建设和社会发展的历史进程，为各级领导了解市情、实施科学决策，为各行各业查询资料信息、推动事业发展，为国内外广大读者全面、系统、翔实地了解、研究、认识长春市提供服务。

《长春年鉴》采用分类编辑法，主体内容分类目、分目和条目3个层次。《长春年鉴》（2012卷）在内容和体例上基本与往年鉴保持了相对的连续性和稳定性，全书设特载、专辑、大事记、长春概貌、党政机关、人民团体、军事、政法、城建环保、开发区、对外经济贸易、农业、工业、民营经济、交通、信息产业、综合经济管理、商业旅游业、会展经济、金融、教育、科学、文化、卫生体育、社会、县（市）区概览、人物、领导名单、附录等29个类目。书前设全书英文目录，书后附主题索引。

《长沙年鉴》

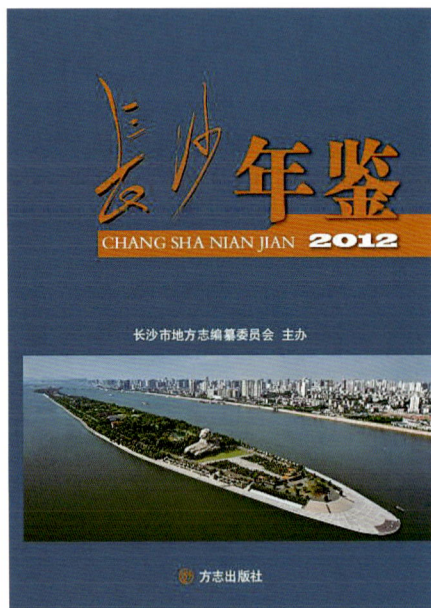

《长沙年鉴》是在长沙市人民政府领导下，由长沙市地方志编纂委员会主办，长沙市地方志办公室编辑出版的系统记述长沙自然、政治、经济、文化、社会等方面情况的年度资料性文献。

《长沙年鉴》自1987年创刊至今，已连续出版26卷。全书资料翔实、结构清晰，内容丰富，是国内外人士了解长沙的权威性工具书。为全市各级党政部门的决策提供了参考依据，为各行各业提供了咨询信息，为修志工作积累了资料，为长沙市改革开放和"两型"社会建设作出了较大的贡献，受到各级领导和社会各界的好评。26年来，《长沙年鉴》多次获全国年鉴编校质量评比一等奖和湖南省市州级综合年鉴特等奖、一等奖。

跨入新世纪以来，《长沙年鉴》不断探索创新，扩大年鉴社会影响力，加强编纂人员的责任意识和质量意识，力求将《长沙年鉴》打造成为集实用性、独特性、权威性于一体的精品名鉴。2012年，在市委、市政府的大力支持和各撰稿单位的积极配合下，编辑部对《长沙年鉴》进行了大规模的改版，首次采用全铜版纸印制；根据长沙经济社会的发展特点，对框架结构进行了适当调整；在全国率先开创了由城市年鉴举办的"年度人物、年度事件评选活动"，在社会上引起了强烈的反响。

《大连年鉴》

《大连年鉴》创刊于1990年,首卷本为1987、1988、1989年合订本,由中共大连市委员会主管,中共大连市委党史研究室(大连市地方志办公室)主办,至2012年累计连续出版26卷,2674.4万字。《大连年鉴》自创刊以来,始终抓住为大局服务、为中心工作服务这一重中之重,充分发挥年鉴的资政、鉴戒功能,全面、系统、翔实地记录了大连市经济和社会发展的历史进程,以其特有的权威性、资料性、信息性,为各级领导科学决策提供可靠依据,为部门之间合作交流提供丰富信息,为社会各界研究市情提供参考资料。20多年来,《大连年鉴》坚持求真务实,锐意进取,彰显特色,精益求精,编纂出版质量不断提高。在中国版协年鉴工委组织的4届全国年鉴编纂出版质量评比中,获得第二届、第三届、第四届综合特等奖,成为全国连续3届以上获综合特等奖的5种城市年鉴之一;在中国版协年鉴工委组织的6届全国年鉴编校质量检查评比中,获得第四届、第五届、第六届特等奖。另外,在中国地方志指导小组办公室、中国地方志协会组织的两届全国地方志系统年鉴评奖中,均获得特等奖;在辽宁省地方志办公室组织的辽宁省地方志系统第一届年鉴评奖中,获得综合特等奖。

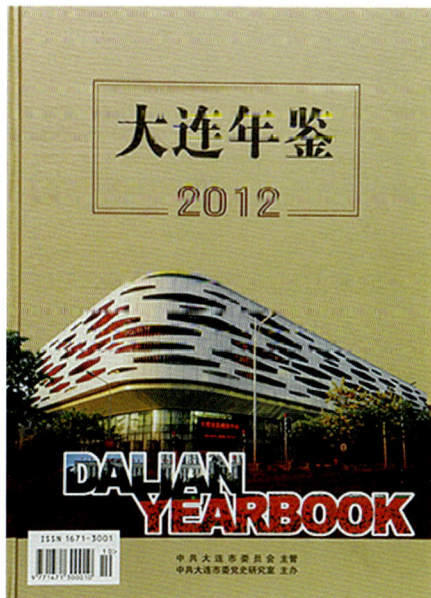

《佛山年鉴》

《佛山年鉴》创刊于1993年,是由中共佛山市委、佛山市人民政府决定出版的一本地方性综合年鉴,是全面、系统地记述佛山市行政区域内(佛山市管辖禅城、南海、顺德、高明、三水五区)自然、政治、经济、文化、社会等方面情况的年度资料性文献。《佛山年鉴》的出版由市委、市政府主持,佛山年鉴编纂委员会指导,市委办、市政府办组织编纂和审核,佛山年鉴社具体执行编辑出版(发行)工作。2011年1月5日,根据佛机编[2011]8号文通知,佛山年鉴社成建制划归佛山市档案局、市人民政府地方志办公室管理。《佛山年鉴》全书80万字,大16开,由广东人民出版社正式出版。至2012年,《佛山年鉴》连续出版了20卷,见证了佛山在改革发展道路上的光辉历程。

《佛山年鉴》肩负着"让世界了解佛山,让佛山走向世界"的历史使命,成为各级党委和政府的"好帮手"。1999年起,《佛山年鉴》获得全国地市级年鉴框架设计一等奖、版式设计一等奖等多个奖项。2012年,《佛山年鉴》(2011卷)又获得了全国年鉴编校质量评比一等奖。

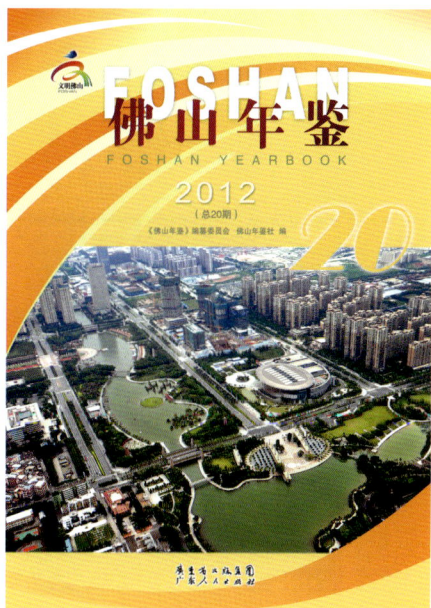

《东莞年鉴》

《东莞年鉴》创刊于 2001 年，由中共东莞市委员会和东莞市人民政府主管，《东莞年鉴》编纂委员会主办，至 2013 年累计连续出版 13 卷，超过 3000 万字。《东莞年鉴》创刊以来，始终紧密围绕市委、市政府中心工作，聚焦热点，服务大局，精挑细选东莞市发生的大事、要事，全面、系统、翔实地记述东莞市经济建设、社会建设等发展历程，为各级领导科学决策提供可靠依据，为社会各界了解东莞、研究东莞提供参考资料。13 年来，《东莞年鉴》勇于开拓，不断创新，精益求精，编纂出版质量不断提高，连续获得第三届和第四届全国年鉴编纂出版质量评比综合一等奖、第一届和第二届中国地方志年鉴奖一等奖、首届广东省年鉴编纂质量特等奖。

《广州年鉴》

《广州年鉴》是由广州市人民政府主管、广州市地方志办公室主办的大型年度资料性文献。全书系统记述广州自然、政治、经济、文化、社会各方面情况，是了解和研究广州的必备工具书。

《广州年鉴》创办于1982年，是全国创办最早的地方综合性年鉴之一，一向以框架设计科学、条目编写规范、印刷装帧精美闻名，形成了自己的风格。《广州年鉴》连续3次获得全国年鉴综合质量评比特等奖，并在全国年鉴界创造了多个第一：第一部中国地方综合年鉴（1983年首卷出版），第一部进入国际互联网的年鉴（1996年），第一部实现文本版与光盘版同步出版的年鉴（1999年），第一部停止刊登广告的年鉴（2004年），第一部免费向国内外公共图书馆和科研机构赠阅的年鉴（2005年）。

《广州年鉴》每年出版一卷，至2012年已经出版30卷。《广州年鉴》每卷设有30多个篇目，并视广州经济社会发展情况适当调整充实内容。每卷还设立彩色图片专辑，大量刊载反映广州各领域最新发展成就和地方历史文化风貌的图片，力求做到图文并茂，形象、生动地展示广州城市魅力。

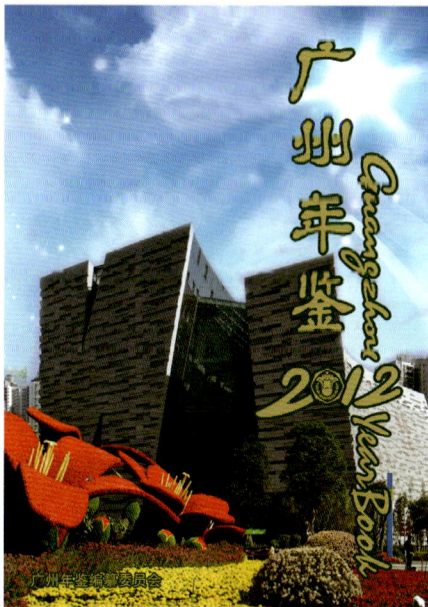

《桂林年鉴》

《桂林年鉴》是由中共桂林市委、桂林市人民政府主办，桂林市地方志编纂委员会办公室承办的地方综合年鉴。《桂林年鉴》于1992年创办，1993年2月出版第一卷《桂林市鉴（1986～1990）》，1997年12月出版第二卷《桂林市鉴（1991～1995）》，1997年后每年出版1卷《桂林市年鉴》，2005卷至今更名为《桂林年鉴》，已连续出版18卷。汇集了桂林市26年来经济和社会发展的珍贵史料，是系统反映桂林市情的大型综合性资料书，旨在为各级领导决策提供可靠的参考依据，为社会各界了解和研究桂林提供最新的基本情况，为建设美丽桂林的伟大实践服务，提升城市文化软实力。《桂林年鉴》2009卷开始随书配备电子光盘，2011卷开始内文采用双色印刷。多年来，《桂林年鉴》追求年鉴的科学性、客观性和实用性，在保持基本资料连续记述的同时，不断创新年鉴内容和载体，突出地方特色和年度特点。《桂林年鉴》连续3届获得中国年鉴研究会授予的全国地方年鉴一等奖，中国地方志指导小组首届中国地方志年鉴特等奖、第二届中国地方志年鉴一等奖，广西壮族自治区人民政府授予的第十次、第十一次社会科学优秀成果三等奖，广西壮族自治区地方志编纂委员会授予的"十佳年鉴"等奖项，产生了良好的社会效益。

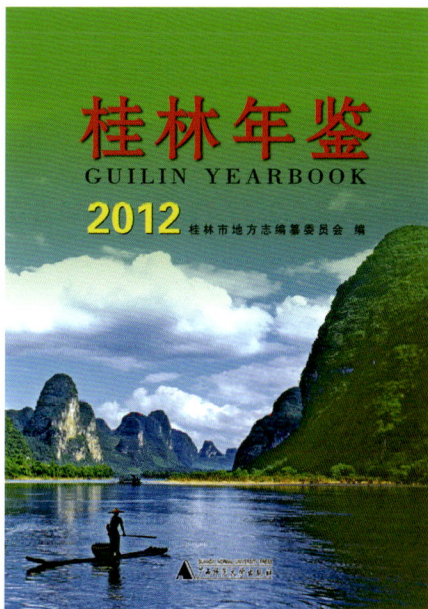

《哈尔滨年鉴》

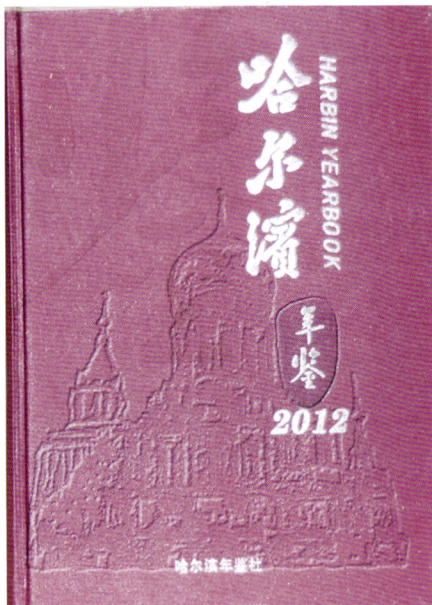

《哈尔滨年鉴》是哈尔滨市人民政府主办、哈尔滨市社会科学院承办的大型年度资料性工具书。它全面记载哈尔滨经济社会发展进程。全书约 110 万字，具有可读性、科学性、权威性和收藏价值。《哈尔滨年鉴》1987 年创刊，至今已出版 25 卷。1999 年出版了光盘，同年进入互联网，2008 年设立哈尔滨年鉴网站。

20 多年来，在市委、市政府的正确领导下，《哈尔滨年鉴》的整体编纂质量不断提高，共获得国家、省、市和行业的荣誉 20 余项。2010 年，在第四届全国年鉴出版质量评比中，《哈尔滨年鉴》(2009 卷) 获综合特等奖。同时，《哈尔滨年鉴》的框架设计、条目编写、装帧设计等也历史性地获得单项特等奖。2011 年，《哈尔滨年鉴》(2010 卷) 获第五届全国年鉴编校质量检查评比特等奖。2012 年，《哈尔滨年鉴》(2011 卷) 获第六届全国年鉴编校质量检查评比特等奖。

《海口市年鉴》

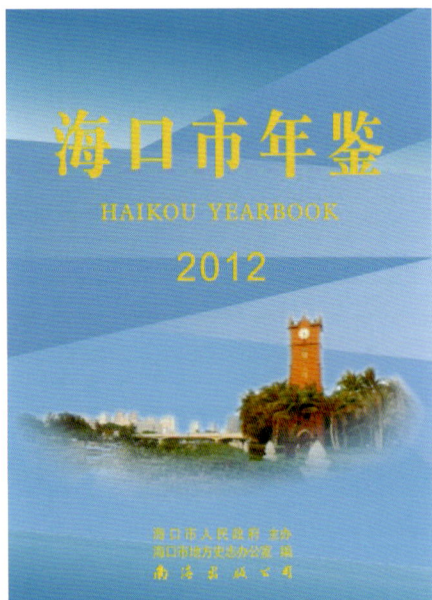

1995 年，《海口年鉴》创刊，由海口市人民政府办公室海口年鉴编辑部负责组织年鉴编纂工作。1997 年 4 月，在市政府研究研究中心设海口年鉴社。2008 年 11 月，市委办、市府办确定组织编纂地方综合年鉴职能移交市地方史志办公室。2009 年 10 月，《海口年鉴》更名为《海口市年鉴》。2010 年 3 月，海口市人民政府研究室年鉴编辑科连人带编整体划转到海口市地方史志办公室。《海口市年鉴》是由海口市人民政府主办的地方综合性年鉴，每年出版一卷，全 2012 年共出版了 18 卷。自 2009 起，连续 3 年在全国年鉴编校质量检查评比中荣获二等奖

《海口市年鉴》(2012 卷) 按分类法编排，主体内容分类目、分目、条目 3 个层次，共设 30 个类目，700 多个条目，有图片 100 多张，宣传版面 50 页，共 110 万字。栏目设置和内容安排力求体现地方特色，突出反映海口市经济建设的概貌。

《杭州年鉴》

《杭州年鉴》创刊于 1987 年，由中共杭州市委、杭州市人民政府主办，杭州市人民政府地方志办公室编纂。至 2012 年年末已连续出版 26 卷，计 3000 余万字，总发行量 12 万册。《杭州年鉴》以创新和规范为抓手，以"打造精品年鉴、争创一流成绩"为目标，始终坚持为"打造东方品质之城、建设幸福和谐杭州"服务。自 2002 年起，《杭州年鉴》电子光盘与纸质书刊同步出版；2003 年起，年鉴全文载入中国·杭州政府门户网站；2004 年起，改版为大 16 开本全彩印刷。连续 4 届荣获全国年鉴编纂出版质量综合评比特等奖、6 届全国年鉴编校质量检查评比特等奖和 2 届中国地方志年鉴评比特等奖。

26 卷《杭州年鉴》以其丰富、翔实、权威的资料，成为各级领导决策的得力助手、宣传杭州科学发展的主流平台、进行爱国主义和地情教育的实践基地，也成为国内外人士了解研究杭州的重要窗口和全景式宣传杭州的"金名片"。

回首过去，欣喜自豪；憧憬未来，信心百倍。站在新的起点上，必将求真务实、开拓创新，朝着"打造精品年鉴、争创一流成绩"继续努力，为促进年鉴事业大发展大繁荣贡献力量！

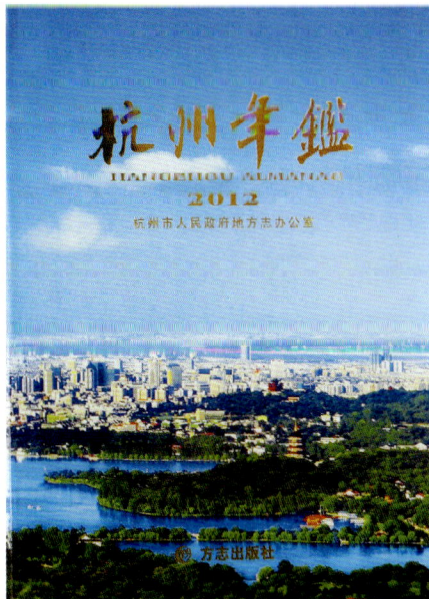

《惠州年鉴》

《惠州年鉴》是按国务院颁布的《地方志工作条例》和省政府颁布的《广东省地方志工作规定》，由中共惠州市委、惠州市人民政府主办，惠州市政府地方志办公室组织编纂的地方综合年鉴，属年度资料性文献。它以马列主义、毛泽东思想、邓小平理论、"三个代表"重要思想和科学发展观为指导，全面系统地记载惠州市上一年度自然、政治、经济、文化、社会等方面的情况，为各级领导和各界人士提供可靠的综合信息和资料，为编修惠州地方史志积累史料，为惠州市文化建设、文明建设和建设科学发展的"惠民之州"服务。

《惠州年鉴》自 1999 年创刊，每年一鉴，篇幅在 100 万～120 万字。至 2012 年年底，共编纂出版 14 卷。其中《惠州年鉴》（2005 卷）、《惠州年鉴》（2010 卷）、《惠州年鉴》（2011 卷）在近几年全国年鉴编校质量评比中均获一等奖。

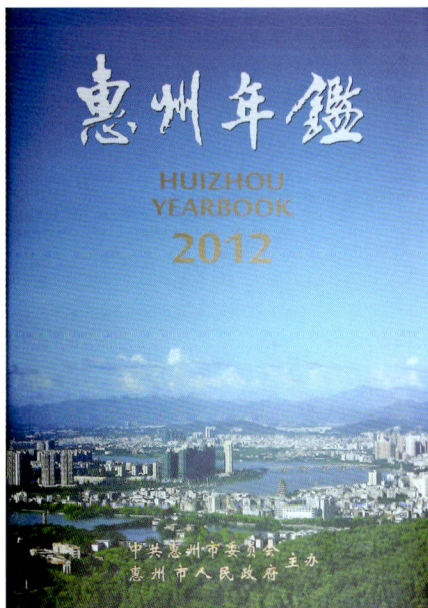

《江阴年鉴》

《江阴年鉴》是由中共江阴市委领导、江阴市人民政府主办、江阴市史志办公室负责逐年编纂的江阴地方年度资料性文献。1993年创刊，2002年起，同时出版电子版《江阴年鉴》，2011年版本改为大16开全彩印刷，至今已连续出版20卷。20年来，《江阴年鉴》既是江阴对外宣传的一张名片，又是外界了解江阴的窗口，它承载了江阴经济社会发展脉络和沧桑巨变，朴实地记录着江阴先后荣获的全国100多项荣誉，见证江阴从农业县变成工业市后，又实现从工业市到现代工业港口城市、经济强市、小康达标市的历史性跨越。真实地反映出江阴由传统守旧到勇立潮头，再到大气开放的大解放和大变革。年鉴内容与时俱进，体现时代特征和地方特点，突出江阴市沿江开发、对外开放、科技创新、规模经济、资本经营、品牌战略、幸福和谐社会建设、滨江花园城市建设等最新进展。注重信息内涵和编辑质量，尤其在类目设置、装帧设计等方面突出个性特色，在江苏和全国赢得较好声誉，成为全国县市年鉴中的艳丽奇葩。多年来，《江阴年鉴》的发行量每年都稳定在2800册以上。先后荣获全国年鉴质量评比特等奖4次、一等奖3次，江苏省年鉴评比特等奖3次、三等奖以上2次。

《昆明年鉴》

《昆明年鉴》创刊于1990年，由昆明市人民政府主办，昆明市地方志编纂委员会办公室承编，总编历来由分管地方志工作的市政府领导担任，现任总编是市政府秘书长赵学锋，常务副总编为昆明市地方志办公室主任严宏纲，至2012年已连续出版23册。提供中文目录、英文要目、索引等检索方法，并配有光盘。

在昆明市委、市政府的领导下，在全市各撰稿单位和撰稿人的大力支持配合下，《昆明年鉴》取得了不俗的成绩：在1999年11月中国年鉴研究会举办的第二届全国地方年鉴评奖中荣获综合一等奖，在中国地方志领导小组组织的第一、二届地方志系统年鉴评奖活动中均荣获综合一等奖；在云南省新闻出版局和云南省年鉴研究会组织的历届评奖活动中，均荣获综合特等奖、综合一等奖。

《昆明年鉴》非常重视年鉴的社会效益和出版时效，多年来不断在收资、编辑、校对、出版、印刷等环节提升质量、挖掘潜力、提高时效，曾创出6月出书的记录，近年来一直保持在八九月出版发行的状况，在全国省会城市中仍属出版时间最早的年鉴之一。

《临安年鉴》

《临安年鉴》创办于1990年，由中共临安市委、临安市人民政府主办，中共临安市委党史研究室（临安市地方志办公室）承编，至2012年连续编纂出版23卷。《临安年鉴》忠实地记录了临安市政治、经济、文化和社会事业的大变革、大发展和巨大成就，为各级各部门提供了有益的资政和真真切切的服务，也为第一轮和第二轮修志工作提供了丰富翔实的信息资料，得到当地各级领导的充分肯定和社会各界的广泛好评。《临安年鉴》积极参与全国年鉴评奖活动，多次获全国年鉴编纂质量评比一等奖，2012年获全国年鉴编校质量评比特等奖。

《临安年鉴》编纂人员注重年鉴编纂理论研究，关注全国年鉴事业的深入发展，累计发表年鉴理论文章20余篇，出版《年鉴编撰手册》和《年鉴撰写与编辑》两本业务书籍，深受全国年鉴同行的欢迎。同时，加强年鉴理论对于年鉴编纂实践的指导，严格按年鉴条目体要求进行编纂，加强对年鉴撰稿人的指导工作，重视挖掘年鉴信息，尤其是挖掘单一性条目信息，重视年鉴规范化工作，重视年鉴校对工作，与时俱进，常编常新，不断提高《临安年鉴》的编纂出版质量。

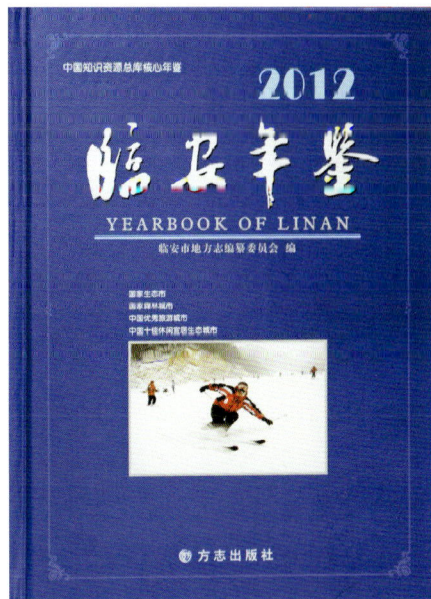

《绵阳年鉴》

《绵阳年鉴》由绵阳市人民政府主管，绵阳市地方志办公室主办。1996年创刊，逐年出版，国内公开发行。17年来，《绵阳年鉴》牢固树立精品意识，始终着力于质量、规范、创新、特色和人才队伍建设，使年鉴的编纂质量和编纂水平逐年提高。2004年，在第三届全国年鉴编纂出版质量评比中，《绵阳年鉴》荣获城市年鉴综合特等奖，框架设计、条目编写、装帧一等奖，被授予中国年鉴奖。2009年，在全国地方志系统第二届年鉴评奖中获一等奖；在第四届全国年鉴编纂出版质量评奖中获综合年鉴一等奖，框架设计、条目编写一等奖；连续多年荣获全省地方志成果一等奖。

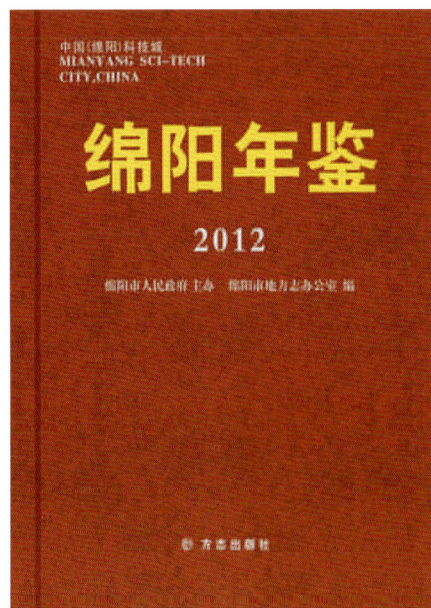

《南京年鉴》

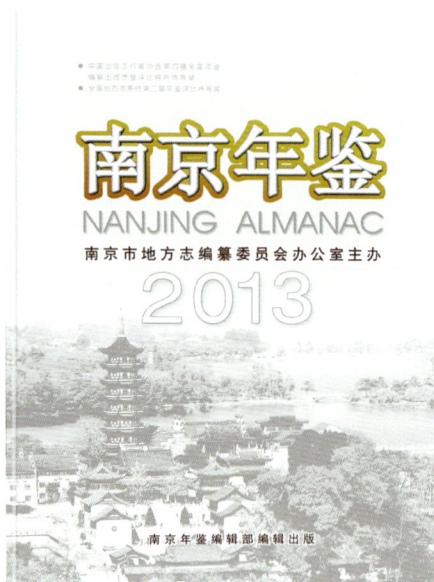

《南京年鉴》是在南京市政府领导下，由南京市地方志编纂委员会办公室南京年鉴编辑部编纂出版的综合性大型信息资料文献。创刊于1987年，后经国家新闻出版总署批准，为列入国家新闻出版系列的年刊，向国内外公开发行。现任主编张立新。

2013版《南京年鉴》按照市委、市政府主办的年度史册的定位，围绕政府中心工作，突出反映南京"三争一创"，建设现代化国际性人文绿都和五项建设中的基本情况和大、要、新、特事，展现"办好青奥盛事、创成率先大业、建设人文绿都"成果。把握省会、历史文化名城、滨江城市、交通枢纽、旅游、信息产业集中、教育文化中心城市、生态城市的定位，依据社会发展的实际和年度特点，在框架结构和内容等方面作了多方面的调整和充实。按照南京市的年度特点，专设了"动迁拆违 治乱整破""城市建设重点项目""筹办2014年夏季青年奥林匹克运动会"等分目，设置了"环境保护与生态建设"等栏目。内容上注重记述民生改善，记述切实解决物价、大气污染、交通拥堵、中心城区的危旧房改造、推进保障性住房建设等人民群众普遍关注的问题。全书客观反映社会实际，去除空话套话，具有较高的资治资政和存史价值。

《宁波年鉴》

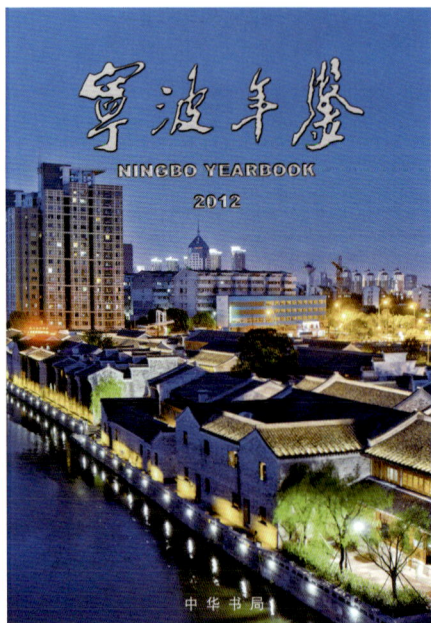

《宁波年鉴》由中共宁波市委办公厅、宁波市人民政府办公厅主办，宁波年鉴编纂委员会为主管编纂机构，宁波市人民政府地方志办公室具体负责编纂出版，是具有政府公报性质，集资料、信息、知识于一体的大型综合性工具书。编纂工作起步于1997年，当年5月市政府批复同意自1996年度起定期编辑出版《宁波年鉴》。1999年6月，首部《宁波年鉴》（1997卷）正式出版，2010卷改为全彩印刷，至2012年年底累计出版16卷，刊载文字2070余万字，收录条目3.5万条，配彩页图片约1700幅、随文图片约1400幅，附表格约1500个，《宁波年鉴》已经成为了解、研究、建设宁波的地情资料库和图文并茂、装帧精美、品位高雅的文化精品。

宁波市委、市政府高度重视《宁波年鉴》编纂工作，多次发文要求加强领导推动，大力促进年鉴事业的发展。《宁波年鉴》质量不断提升，在全国年鉴评比中多次获得一、二等奖，得到中国地方志指导小组办公室、中国版协年鉴工委等上级部门给予的充分肯定。《宁波年鉴》获得社会各界的好评，每位市领导履新之始均要求提供历卷年鉴了解情况，3次制作的多卷版光盘作为市"两会"代表、委员参考材料，也成为多项重大工程设计单位的基础资料。

《衢州年鉴》

《衢州年鉴》由中共衢州市委、市人民政府主办，衢州市地方志编纂委员会办公室组织编纂，旨在全面、系统地记载浙江省衢州市自然、政治、经济、文化等方面情况和社会发展的历史进程，为人们了解、研究、建设衢州提供丰富翔实的地情资料，是一部具有系统性、科学性、权威性的地方综合性工具书。1995 年《衢州年鉴》创刊，1994 年卷内部印行，次年编纂 1995 年卷。1997 年，1996 年卷由方志出版社出版，此为首部公开出版的《衢州年鉴》。1998 年，市委办、市政府办决定《衢州年鉴》每逢市政府换届之年编纂和出版一部。此后，连续编纂出版 1995 ~ 1999 年卷、2000 ~ 2004 年卷。2011 年，市委办、市政府办发文决定自 2010 年卷后每年编纂出版一部。2012 年，2005 ~ 2009 年卷、2010 年卷出版发行。

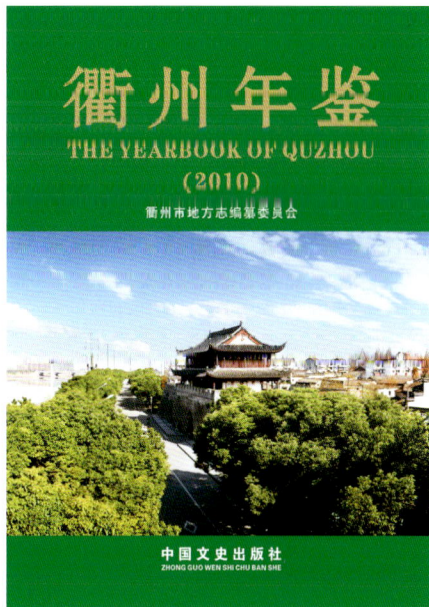

《苏州年鉴》

《苏州年鉴》创刊于 1983 年，是 20 世纪 80 年代全国最早创刊的年鉴之一，其具体编纂工作由苏州市委、市政府委托苏州市档案局（馆）承担。

根据全市政治、经济、文化、社会的发展情况及市委、市政府的年度中心工作，《苏州年鉴》按照年鉴编纂体例的规范要求，不断汲取国内外优秀年鉴的经验，强化规范和创新意识，至今已经逐年连续编辑、出版 29 卷，总字数达到 3600 万字以上，先后获得中国年鉴奖以及全国年鉴评奖的多个单项特等奖、综合一等奖和省市社科类评比奖项。特别是在《苏州年鉴》创刊 25 周年以后，《苏州年鉴》全体编撰人员根据市委领导的重要指示并以第四届全国年鉴编纂出版质量评比工作会议在苏州召开为契机，虚心学习，取长补短，《苏州年鉴 (2009)》以精美的装帧、翔实的内容获得全国城市年鉴系列综合特等奖，同时获得框架设置、条目编写、装帧设计 3 个单项特等奖；《苏州年鉴》还获得江苏省档案文化精品奖，实现了苏州年鉴编纂工作新的飞跃。

近几年来，为达到常编常新的编纂要求，《苏州年鉴》又采取一系列措施在年鉴框架、内容选材、条目设置、新闻图片编排等方面进行规范与创新，努力使《苏州年鉴》这张"苏州名片"越来越能真正体现苏州发展的特色。

《唐山年鉴》

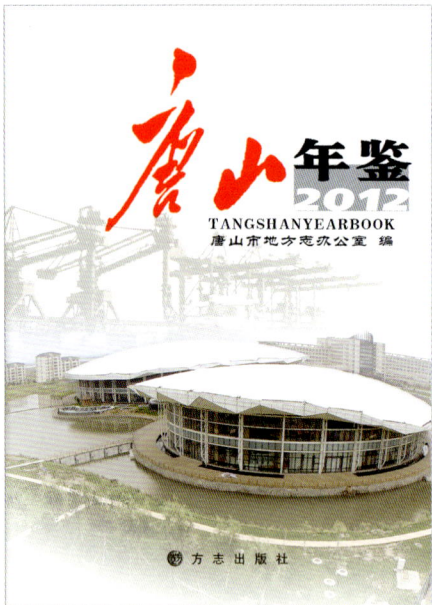

《唐山年鉴》是由唐山市政府主办的综合性、资料性年刊，由政府地方志办公室所辖唐山年鉴编辑部编辑。

《唐山年鉴》创刊于2008年，2012卷实行改版。改版主要体现在四个方面：一、由黑白印刷改为彩色印刷，这不仅是《唐山年鉴》创刊以来的首部彩色年鉴，同时也是全河北省出的第一部全彩色年鉴。二、增加正文插图，使全书图文并茂，相得益彰，装帧精美。三、对篇目设置作较大变动，增加"专文""民营经济""口岸管理""陶瓷文化""报道唐山新闻要目"等篇目，并以独立篇目记载"唐山入选全国文明城市"内容，扩大年鉴内容的覆盖面，增强年鉴的存史价值。四、全书首次采用"补白"形式增加信息量，杜绝了过去年鉴中篇尾半页空白的现象，全书所有篇尾的空白处均不超过本页的六分之一，编排紧凑，内容翔实。

该部《唐山年鉴》首次参加全国年鉴评比，在第七届全国年鉴编校质量检查评比中与全国数百部各地年鉴同台竞争，第一次参评就以较高分数获得二等奖。

《威海年鉴》

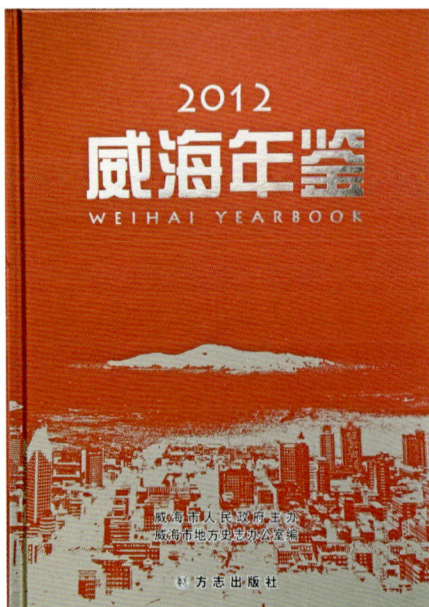

《威海年鉴》创刊于1998年，是威海市人民政府主办、市地方史志办公室编纂的全市唯一一部客观、全面、系统、准确地记载全市自然、政治、经济、文化、社会等各项事业发展变化连续出版的大型综合性市情年刊和资料性工具书。自创刊以来，先后获得全国综合性特等奖、一等奖4次，全省综合特等奖5次，全国单项特等奖、一等奖17次，全省单项特等奖16次。其中，《威海年鉴（2004）》获全国地方志系统最高奖——首届中国地方志年鉴奖特等奖；《威海年鉴（2007）》在省政府办公厅举办的全省史志系统"八个一优秀"评选活动中被评为唯一的优秀综合年鉴。自《威海年鉴（2007）》开始，同时出版发行了电子光盘，随书赠送。《威海年鉴》发行面很广，除了在市域内大量发行外，还通过交换、赠送、征订、图书展等形式，发行到全国所有省、自治区、直辖市的主要大中型城市，并被中国图书进出口公司、中国版协年鉴工委、香港经济导报社等选送参加美国、加拿大、德国、法国、澳大利亚等国家和中国香港、台湾地区的大型国际图书展，进入了"中国年鉴资源数据库"，成为"核心年鉴"。

《文登年鉴》

　　《文登年鉴》是由中共义登市委、市人民政府主办,文登市地方史志办公室编纂的具有公报性质的综合性大型地方年刊,是一部集资料、知识、信息于一体的权威性著作。1996 年创刊,先后由方志出版社、天津古籍出版社出版。

　　《文登年鉴》全书分设特载、专记、大事记、文登概况、区镇概况、政党·政务、司法、经济管理、工业、农业、国内贸易·旅游、对外经济贸易、民营经济、财政·税务、金融·保险、交通·邮电、城乡建设·坏境保护、教育、科技、文化·体育、卫生、社会生活、人物、附载等栏目。卷首刊载威海市以上领导人来文登的活动和全巾重大建设或活动等图片。卷末设有主题索引。每卷收录文字资料 60 余万字,图片约 20 余幅,彩页插页 50 余码。

　　至 2013 年,《文登年鉴》已连续出版 14 卷,累计刊载文字资料 1000 余万字,图片资料 500 余幅,发行 2 万余册。系统记载了近 20 年来文登经济和社会发展进程,成为全方位、多角度反映各行各业现状的翔实而权威的市情资料。

　　10 余年来,《文登年鉴》先后获全国地方年鉴评比二等奖和全省年鉴评比特等奖、一等奖及多个单项奖,是了解文登、研究文登的权威文献资料。

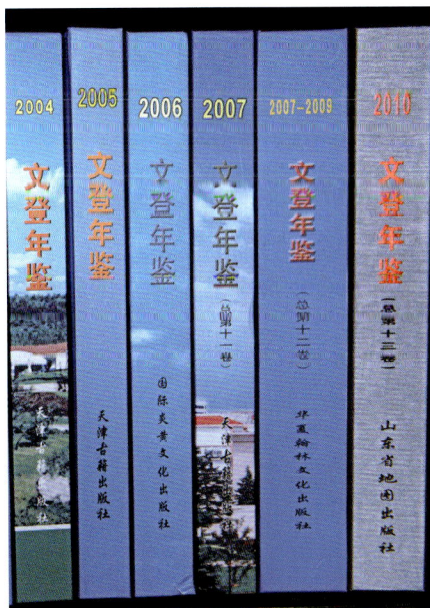

《无锡年鉴》

　　《无锡年鉴》是由无锡市人民政府主办的综合性地方年鉴。在中共无锡市委、无锡市人民政府领导下,由无锡市史志办公室具体负责征编出版工作。《无锡年鉴》于 1991 年创办,至今已连续公开出版 22 卷。20 多年来,《无锡年鉴》坚持以"科学总结经验,客观认识现实,服务经济社会"为办刊宗旨,全面系统记录了无锡经济社会发展的新进展、新成就、新经验,是一部地方特点突出、时代特色鲜明、年度特征凸显,具有指导性、实用性、可读性的大型工具书,也是各级党政组织和市内外人士了解无锡、研究无锡的必备书目。《无锡年鉴》是中国年鉴资源全文数据库核心年鉴和中国版协年鉴工委理事单位,先后获得中国地方志年鉴特等奖、第六届全国年鉴编纂出版质量特等奖、江苏省地方志奖年鉴一等奖等荣誉。

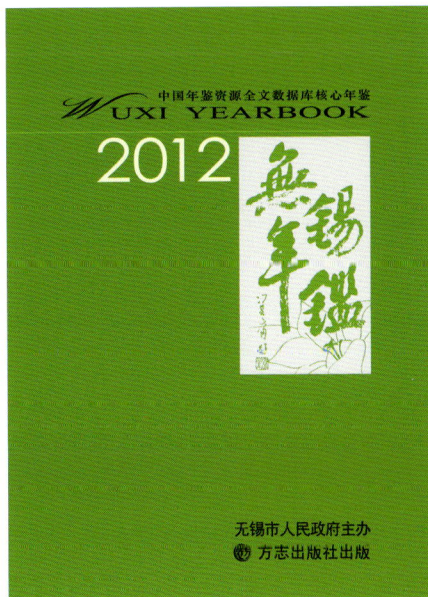

《西安年鉴》

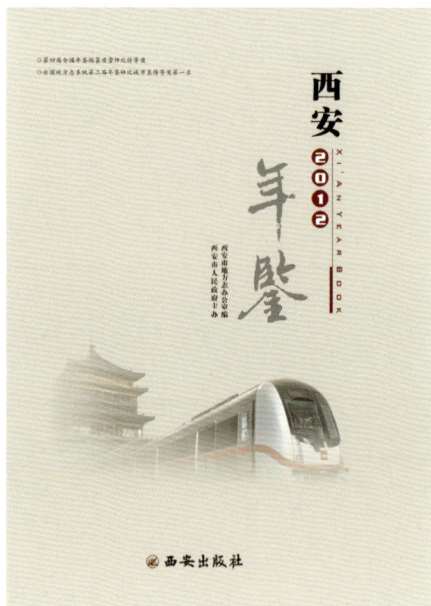

《西安年鉴》创刊于 1993 年，国内外公开发行，是西安市唯一全面记述全市各项事业发展情况的大型综合性资料年刊。截至 2012 年年底，《西安年鉴》已连续编纂出版 20 卷，其在资料的全面性、系统性、权威性方面是其他刊物所无法比拟的，已经成为西安重要的信息资料库。《西安年鉴》曾连续 4 次获得中国版协组织评选的全国年鉴编纂出版质量特等奖，成为西安文化的"亮丽名片"，在宣传展示开放、包容、人文、现代、活力的西安新形象，为西安创建具有历史文化特色的国际化大都市作出了贡献。该年鉴已连续数年向全市各级机关团体、大专院校、图书馆、档案馆以及社会各界人士免费赠阅。

《西安年鉴》（2012 卷）由西安出版社出版，共 120 万字，有彩页 56 面，内文图片 350 余幅，表 66 个，条目 1926 个。全鉴以翔实的记述、精美的图片和装帧设计，全面、客观地记录了西安市 2011 年经济、政治、文化和社会各方面所取得的新进展、新成就。

《咸阳年鉴》

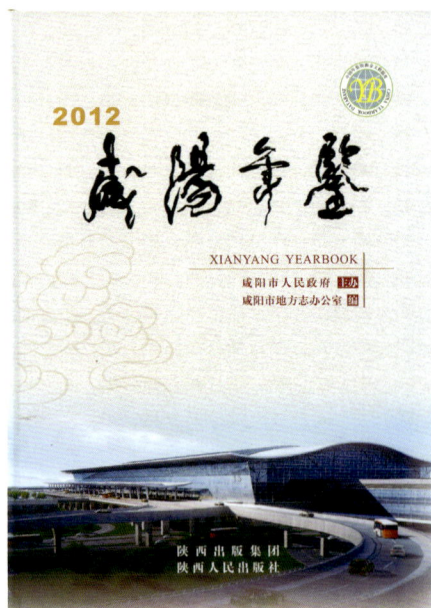

《咸阳年鉴》是由咸阳市人民政府主办，咸阳市地方志编纂委员会办公室编纂的逐年连续出版的地方综合年鉴。创刊于 2000 年，当年编辑，当年出版，当年获奖，并连续获得全国奖励。2002 卷获第一届全国年鉴编校质量最高奖项——优秀奖，2003 年，《咸阳年鉴》编纂工作的经验和做法在第十三届全国城市年鉴研讨会上进行了大会发言交流；特别是 2010 卷、2011 卷获得第五届、第六届全国年鉴编校质量评比特等奖，成为陕西省乃至西北地区为数不多的年鉴之一。经过多年的努力，《咸阳年鉴》已经成为咸阳市最具权威的地情信息平台和亮丽的城市名片，跻身全国优秀年鉴行列。《咸阳年鉴》突出年度特色和地方特点，以图文并茂的形式全方位、多角度反映咸阳市的发展轨迹和建设成就，为社会各界认识研究咸阳、决策建设咸阳提供翔实的、权威性的地情信息服务。

《宜昌年鉴》

由中共湖北省宜昌市委、宜昌市人民政府主办，宜昌市地方志编纂委员会办公室负责编纂的《宜昌年鉴》，是一部全面、系统记述全市政治、经济、文化和社会发展情况，并向社会各界发布的政府公报性年度政刊，也是一部资料性工具书。该书自1989年创刊以来，已连续出版23卷，逐步成为具有宜昌特色的文化品牌，成为国内外人士了解宜昌、研究宜昌的重要窗口，也成为全景式对外宣传宜昌的一张名片。近年来，《宜昌年鉴》始终紧扣时代发展主题，如实记述宜昌经济建设和社会发展的新成就、新问题、新探索，着力反映时代特征、地方特色、年度特点，在全国和全省年鉴质量评比中频频获奖。

《宜昌年鉴》内容丰富，文图并茂，每卷设有30多个部类共100多万字，有100多页真实生动的彩色图片，具有较强的存史、资政、育人价值。

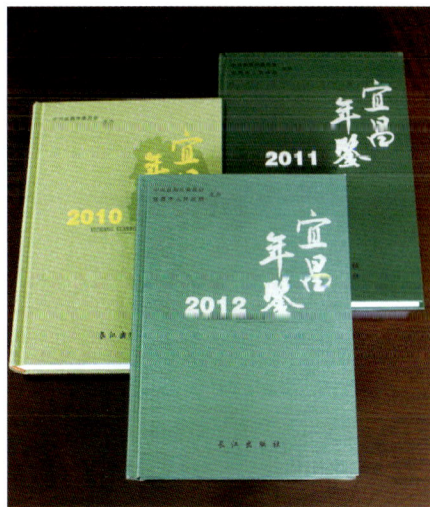

《张家港年鉴》

《张家港年鉴》创办于1996年，是由中共张家港市委领导、张家港市人民政府主办、中共张家港市委党史地方志办公室负责逐年编纂的张家港市地方综合性年鉴。

自创刊以来，张家港市委史志办始终将《张家港年鉴》作为一项地方文化品牌打造，把好质量关。在程序上，导入ISO 9000质量管理体系于编纂工作全过程，严把撰稿、改稿、评稿、审稿、校对、出版关，严格执行"三审三校一通读"制度。在体例上，从纲目制定的源头入手，设置开放性经济、民营经济等篇目，着力突出反映时代特征、地方特色、年度特点，每年力争上一个新台阶。在创新上，创造性地设置公共彩页和专记栏目，用丰富的图片及集中的文字重点反映全市一年中的人事、要事、特事。首创"印前抓差错"流程，提高年鉴整体质量。除纸质版年鉴外，为适应现代化办公需要，于2004年起制作电子光盘，光盘除充分考虑文字、彩页内容阅读和使用方便外，还增设有历年的重要活动视频。

《张家港年鉴》先后荣获全国年鉴编纂出版质量特等奖、中国地方志年鉴评比特等奖、中国年鉴奖等23项荣誉，并连续6届获全国年鉴编校质量特等奖，已成为宣传、推介、展示张家港市的重要地标性文化品牌。

《镇江年鉴》

《镇江年鉴》是由镇江市人民政府主办、镇江市史志办公室编撰的大型地方综合年鉴，创刊于1992年，每年一卷，旨在逐年记载镇江市经济和社会发展的基本情况，为社会各界认识镇江、研究镇江、发展镇江提供基本资料。2000年起，《镇江年鉴》进入互联网；2006年起附电子版光盘；2008年起改为大16开本；2012年起全彩印刷。

镇江年鉴

2012 总第21卷
镇江市人民政府主办 镇江市史志办公室编

《奉贤年鉴》

上海市奉贤区地方志办公室从2000年开始编纂《奉贤年鉴》，至今已连续出版12卷。《奉贤年鉴》坚持注重"体现地方特色，树立精品意识"，忠实地记录了上海市奉贤区社会主义现代化建设和改革开放的历史轨迹，为积累地情资料，全面宣传奉贤发挥了重要作用。《奉贤年鉴》的质量也逐年提高，影响日益扩大。《奉贤年鉴（2004）》获首届中国地方志年鉴特等奖，在第三届全国年鉴编纂出版质量评比中获综合奖一等奖，同时获3项专项一等奖。在第四届全国年鉴编纂出版质量评比中，《奉贤年鉴》（2009）获综合奖一等奖，同时获3项专项奖，分别为框架设计特等奖、装帧设计一等奖、条目编写二等奖。《奉贤年鉴》（2010卷）、《奉贤年鉴》（2011卷）、《奉贤年鉴》（2012卷）分别获第五届、第六届、第七届全国年鉴编校质量检查评比一等奖。

►FengXian
Almanac 2012
奉贤年鉴
上海市奉贤区人民政府 主办
上海市奉贤区史志编纂委员会 编

《建邺年鉴》

《建邺年鉴》是由南京市建邺区人民政府主办、建邺区地方志编纂委员会办公室编纂、具有政府公报性质的大型资料型年度文献，自1986年创刊后，每年出版1卷，截至2012年年底已出版27卷。收录范围以建邺区现行行政区域为界，凡建邺区所属部门、街道及驻区单位，均在收录之列。《建邺年鉴》（2004卷）获首届中国地方志年鉴评比综合奖一等奖，第二届全国年鉴编纂出版质量评比装帧一等奖、条目编写二等奖、框架设计二等奖，南京地区第三届年鉴评比一等奖、条目编写优秀奖。《建邺年鉴》（2006卷）获第三届全国年鉴编校质量检查评比二等奖。《建邺年鉴》（2009卷）获第四届全国年鉴编纂出版质量评比综合奖一等奖、装帧设计一等奖、框架设计一等奖、条目编写二等奖。《建邺年鉴》（2010卷）获第五届全国年鉴编校质量检查评比三等奖。《建邺年鉴》（2011卷）获第六届全国年鉴编校质量检查评比二等奖，江苏省综合年鉴创新栏目二等奖、优秀条目二等奖。《建邺年鉴》已成为向全区、全市、全省乃至全国展示河西新城建设发展的日新月异和各条战线杰出人物风采的平台。

《金牛年鉴》

《金牛年鉴》是由成都市金牛区人民政府主办、成都市金牛区地方志办公室编纂的综合性地方年鉴。2003年编纂出版第一部，此后一年一鉴，迄今已连续出版10卷。《金牛年鉴》（2003卷）荣获四川省第十一次地方志优秀成果一等奖。《金牛年鉴》（2004卷）荣获首届中国地方志年鉴奖特等奖；在由中国出版协会主办，中国版协年鉴研究会承办的第三届全国年鉴质量评比中，荣获中国年鉴奖综合奖二等奖，框架设计一等奖，装帧设计一等奖；《金牛年鉴》（2003卷）、《金牛年鉴》（2005卷）荣获四川省第十一次、十二次地方志优秀成果一等奖。《金牛年鉴》（2007卷）荣获中国版协年鉴工委主办的第四届全国年鉴编校质量评比三等奖。《金牛年鉴》（2009卷）获中国版协年鉴工委承办的第四届全国年鉴质量评比综合类一等奖，同时分别获得框架设计、条目编写、装帧设计3个一等奖。

《金牛年鉴》整体反映金牛区政治、经济、社会发展情况，记录全区各街道、部门、各行业基本情况和年度大事，突出金牛地域特色和年度特色，为各级党政机关、研究部门、社会团体、中外投资者了解认识金牛提供翔实资料。年鉴图文并茂，集资料性、信息性、宣传性于一体，具有较强的实用性和存史价值。

《萝岗年鉴》

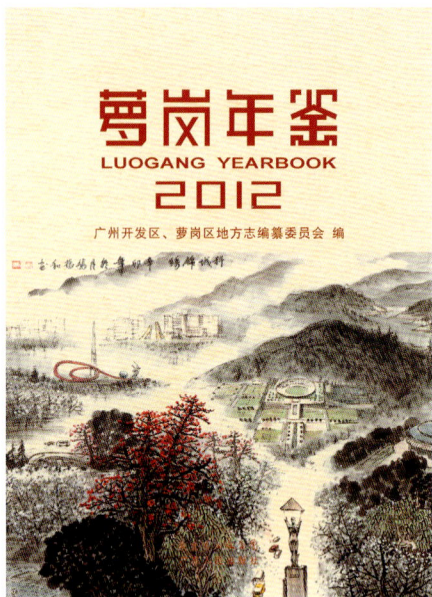

《萝岗年鉴》创办于 2007 年，至今已出版 6 卷，由广州开发区管委和萝岗区人民政府主办，萝岗区地方志办公室承办。6 年来，《萝岗年鉴》在上级业务部门的正确指导下，以科学发展观为指导，从自身实际出发，不断规范创新，努力提高质量，扩大年鉴的影响，取得了一些成绩。2009 年卷获全国地方志系统第二届年鉴编纂质量评比一等奖和第一届广东省年鉴编纂质量评比一等奖，2010 年卷在第五届全国年鉴编校质量检查评比中获一等奖，2011 年卷在第六届全国年鉴编校质量检查评比中获二等奖。2011 年，年鉴工作被广州开发区管委会和萝岗区政府通报表扬。

《萝岗年鉴》全面、系统、准确地反映广州开发区、萝岗区域自然、政治、经济、文化和社会各项事业的基本情况，是一部地方综合年鉴。它虽然以行政区名字冠名，但它记述的内容包含广州经济技术开发区、广州高新技术产业开发区、广州保税区、广州出口加工区、中新广州知识城和广州市萝岗区，这 6 区的关系有的是交集，有的是并集，错综复杂。但编辑人员巧妙的处理了其中关系，在编纂中较好地处理了年鉴中资料的重复问题。

《南海年鉴》

《南海年鉴》创办于 1994 年，是中共佛山市南海区委员会、南海区人民政府批准创办，历经南海日报社、南海市府办、南海区档案局主管，是南海年鉴社编辑出版的地方综合性资料工具书，至今已连续出版 19 部。

自创刊以来，南海年鉴社以创新思维致力塑造《南海年鉴》品牌，立足于南海地方特色和年度特色，从内容到形式不断推陈出新，获得了年鉴界及读者的广泛认可，多次获奖。在年鉴的网络化传播方面亦走在全国的前列，1999 年随书同步发行光盘版年鉴，2003 年开发出网络版年鉴。

除担负《南海年鉴》的编纂出版任务外，南海年鉴社还担负着区委、区政府重要会议、重大活动等图片拍摄任务，拥有占地近千平方米的摄影培训基地和一支专业的摄影队伍，每年拍摄各类图片超2000 张，并通过各种途径广泛征集散落于社会的珍贵历史图片。为加强图片的保存管理、开发利用，开辟服务地方社会经济建设的新路径，南海年鉴社于 2002 年开发了集图片保存、管理、检索、利用于一体的南海图片信息管理系统。图片系统迄今已向社会各界提供图片查询、利用服务近 3 万张次。

《南开年鉴》

《南开年鉴》是由天津市南开区人民政府主办、南开年鉴编委会主持编纂、南开区地方志编修委员会办公室组织编辑出版的大型资料性工具书。创办于1989年，迄今出版20卷。2003年卷《南开年鉴》荣获首届中国地方志年鉴奖版式装帧印刷特等奖，2008年卷《南开年鉴》荣获第四届全国年鉴编纂出版质量评比综合奖三等奖、框架设计二等奖，2011卷《南开年鉴》荣获天津市第四届年鉴编纂出版质量评比特等奖，多卷年鉴在天津市区县年鉴评比中名列前茅。

渤海之滨，津门故里。作为天津的发祥之地，拥有600余年历史的南开，现已成为天津的文化教育区、高新技术产业区、民俗文化旅游区和重要的商贸区。南开区地志办秉承"记载历史、服务社会、创新发展、编纂精品"的宗旨，坚持实事求是的原则，成败得失如实反映，力求做到思想性、科学性、资料性的统一，使编纂的年鉴具有时代特征、地域特色和年度亮点，充分发挥年鉴"资政、存史、教化"的作用。

"路漫漫其修远兮，吾将上下而求索"，南开区地志办作为中国版协年鉴工委理事单位，愿与广大年鉴界同仁加强交流，在实现年鉴发展创新、铸就精品的道路上携手前进、共谋发展。

《栖霞年鉴》

《栖霞年鉴》创刊于2003年，由南京市栖霞区人民政府主办，南京市栖霞区地方志编纂委员会办公室承编，旨在辑录栖霞区（含南京经济技术开发区、南京仙林大学城及驻区企事业单位）自然、政治、经济、文化和社会等方面的发展轨迹。

《栖霞年鉴》自创刊以来，本着"资政、存史、育人"的责任感和使命感，着力打造"精品良鉴"。在框架结构设置和条目内容撰写上，力求做到分类科学、编排有序、资料翔实、记述准确，能够彰显地域特色、凸显年度特色、昭显时代特色；在装帧设计上，崇尚庄重大方、精致典雅，摒弃花哨。护封精选年度大事图片，反映栖霞的现代气息和时代旋律；封面采用黑底烫金，蕴含栖霞地域历史文化积淀的厚重。全书无广告和商业化色彩。其间，《栖霞年鉴》历次参加南京市、江苏省及全国各类综合年鉴质量评比，先后获得南京地区年鉴评奖综合特等奖1次、江苏省年鉴评奖综合特等奖2次、中国地方志年鉴评奖综合特等奖2次、全国年鉴编纂质量评比中国年鉴奖和综合特等奖各1次、全国年鉴编校质量评比特等奖1次等，并在中国版协举办的第四届全国年鉴编纂出版质量评比颁奖暨第十二届全国年鉴学术年会上作专题发言，引起较大反响。

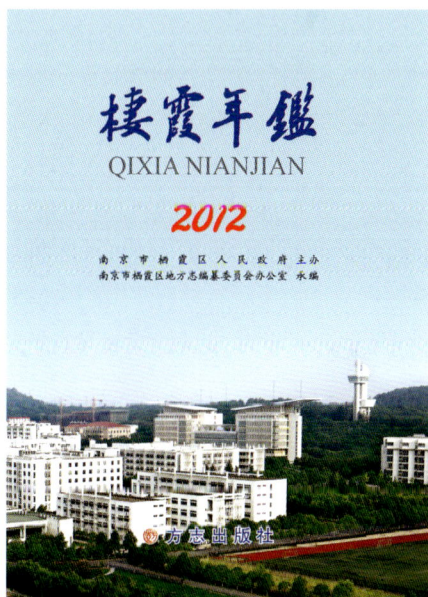

《泰州年鉴》

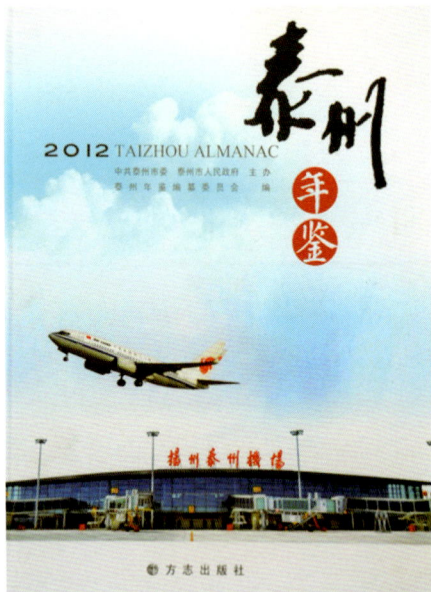

《泰州年鉴》是由中共泰州市委、泰州市人民政府主办，泰州年鉴编纂委员会主持，泰州市党史方志档案办公室承编的地方综合性年鉴。创刊于1998年，至2012年已连续编纂出版15卷，累计1800多万字，图片近万幅。《泰州年鉴》编纂出版强调精品意识和创新意识，坚持存真求实、质量第一的编纂方针，旨在全面、系统、翔实地记述全市自然、政治、经济、文化、社会等各方面的基本面貌和发展情况。充分发挥地方综合年鉴为领导决策所用，为一线工作所用，为百姓知情所用，为学术研究所用，为宣传交流所用的作用。

《泰州年鉴》的编纂出版着力在重创新、显特色、按规范、出精品上狠下工夫：一是突出地方特色、创新纲目设置，提高年鉴品质；二是拓展编纂思路，创新各项形式，彰显年鉴风格；三是强化目标责任，规范编纂过程，提高记述水平。凸显泰州地方特色和年度特点、转型升级，再上新台阶。《泰州年鉴》先后荣获省级、国家级奖项30多个，其中国家级一等奖8个、特等奖1个，被列为中国年鉴资源全文数据库核心年鉴。

《武侯年鉴》

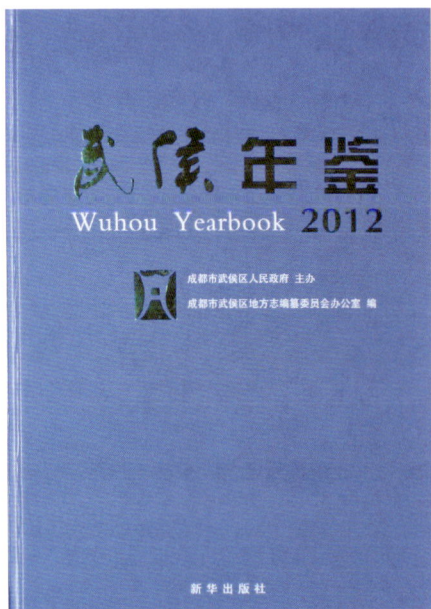

《武侯年鉴》创刊于2007年，是一部由成都市武侯区人民政府主办、武侯区地方志编纂委员会办公室编纂的地方综合年鉴。首部《武侯年鉴》在第四届全国年鉴编校质量检查评比活动中获二等奖，《武侯年鉴》（2009卷）获得第四届全国年鉴编纂出版质量评比一等奖、全国地方志系统第二届年鉴评选一等奖、四川省第十四次地方志优秀成果一等奖，《武侯年鉴》（2010卷）获四川省第十五次地方志优秀成果一等奖。

自创刊以来，武侯区每年编纂出版一部《武侯年鉴》。经过几年探索，《武侯年鉴》编纂工作正走上规范化轨道，目前已建立起一套系统完善的工作机制和科学合理的编纂规范。在继承传统的基础上，对《武侯年鉴》（2012卷）进一步创新，对篇目结构进行适度调整，突出武侯区"高科技文化区、'商务高地·宜居武侯'"的特色，对概述、图表、人物、附录等进一步充实完善，使之更能体现科学性、系统性、地域性和资料性。该年鉴采用全彩印刷，类目和分目采用中英文对照，全书有32个类目，163个分目，676个条目，29个表格，214幅图片。

《余杭年鉴》

1990 年 8 月，新编《余杭县志》出版。从 1991 年起，逐年编写《余杭年鉴》。在机构不动、人员不散、经费不减的情况下，《余杭年鉴》一开始就踏上了健康正常的发展道路。1992 年 6 月，余杭历史上第一本综合性年鉴——《余杭年鉴》（1991 卷）由同济大学出版社出版发行。

《余杭年鉴》由杭州市余杭区委、区政府主办，余杭区地方志编纂委员会编纂。20 年多来，始终坚持正确的舆论导向，努力使年鉴成为社会主义核心价值观的忠实弘扬者；始终把与时俱进作为年鉴的精神内核，捕捉余杭经济社会发展变化的新趋势、新特点，及时调整框架设计，及时收录这些鲜活的、有生命力的资料信息；始终把简朴、庄重，有重点、有亮点作为年鉴版式装帧设计的追求目标，《余杭年鉴》（2001 卷）由大 32 开本改为 16 开本。《余杭年鉴》（2007 卷）由 16 开本改为大 16 开本，首次采用全彩印刷。

20 多年来，《余杭年鉴》赢得多项国家级荣誉。3 次获得中国版协年鉴工委编纂出版质量评比综合一等奖。2004 年、2010 年，两获中国地方志指导小组办公室、中国地方志协会举办的中国地方志年鉴评奖特等奖。

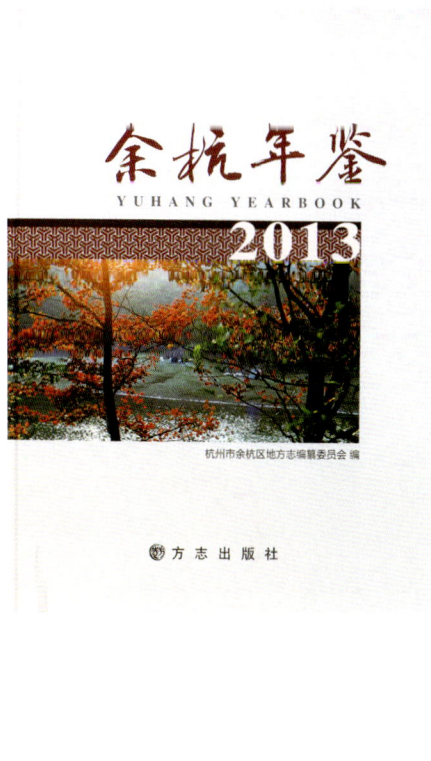

《中关村国家自主创新示范区年鉴》

2008 年，由中关村科技园区管理委员会主办的《中关村国家自主创新示范区年鉴》（简称《中关村示范区年鉴》）创刊。

《中关村示范区年鉴》设有特载、大事记、示范区建设、产业发展、基地建设、信用与科技金融、人才特区建设、创业服务、知识产权与标准、合作与交流、社会经济组织、政策法规、重大科技成果、统计资料、附录等 15 个一级栏目。为方便读者查阅，年鉴的卷首设有"目录"，卷末设有"索引"。《中关村示范区年鉴》科学、准确、系统地反映了中关村国家自主创新示范区的新发展、新成就、新特点、新进展。服务于政府的科学决策，服务于中关村管委会的政务公开，服务于关心、研究中关村的读者，也为续修《中关村志》积累资料。

《中关村示范区年鉴》自创刊以来，在中关村管委会和各园管委会的支持下，在各参编单位的积极配合下，建立起了一支 80 余名通讯员组成的队伍，且内容不断充实、编纂质量不断提高，其中，《中关村示范区年鉴（2011）》在全国年鉴编校质量评比中荣获特等奖，在北京市地方志编纂委员会组织的首届北京市年鉴编校质量评比中荣获一等奖。自 2010 年以来，《中关村示范区年鉴》在中关村管委会的网站的页面点击量达到 50 余万人次。

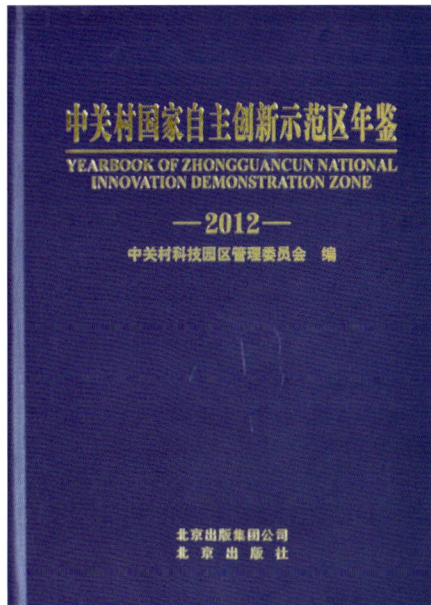

《珠江三角洲城市群年鉴》

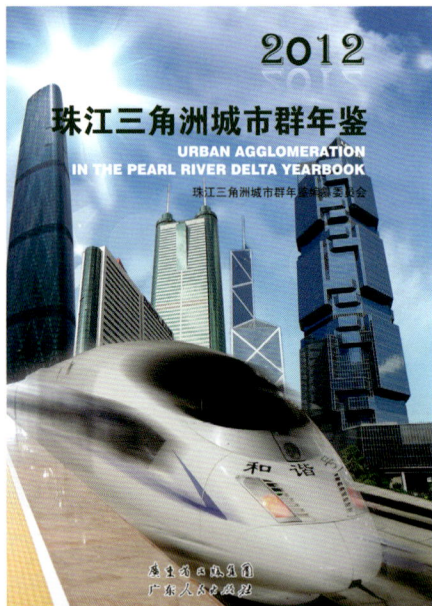

《珠江三角洲城市群年鉴》由中共广州市委主管、广州市地方志办公室主办，创办于2010年，是广东省首部区域性年鉴，由广州、深圳、珠海、佛山、江门、东莞、中山、惠州、肇庆9城市地方志办公室或年鉴编纂机构合作编纂，重点反映珠江三角洲城市群贯彻落实《珠江三角洲地区改革发展规划纲要（2008～2020年)》的基本情况和一体化发展进程。

《珠江三角洲城市群年鉴》每年出版一卷，以出版年号为卷次名称，至2012年已经出版3卷。《珠江三角洲城市群年鉴》框架结构分成三大部分。第一部分是地区综述，设"基本情况""大事记""区域协调""合作交流"4个篇目；第二部分是各市发展，设"广州市""深圳市""珠海市""佛山市""江门市""东莞市""中山市""惠州市""肇庆市"9个篇目；第三部分是附录，设"统计资料""珠三角发展研究论文摘要""文献法规"和"泛珠江三角洲基本情况"4个篇目。

《珠江三角洲城市群年鉴》开创了区域年鉴编纂的新模式，首次建立珠江三角洲9市共同参与、合作编纂、成果共享的新机制，受到社会各界广泛好评和领导的充分肯定。首卷《珠江三角洲城市群年鉴》由时任中共中央政治局委员、广东省委书记汪洋作序，于2010年12月由广东人民出版社出版。

《甘肃金融年鉴》

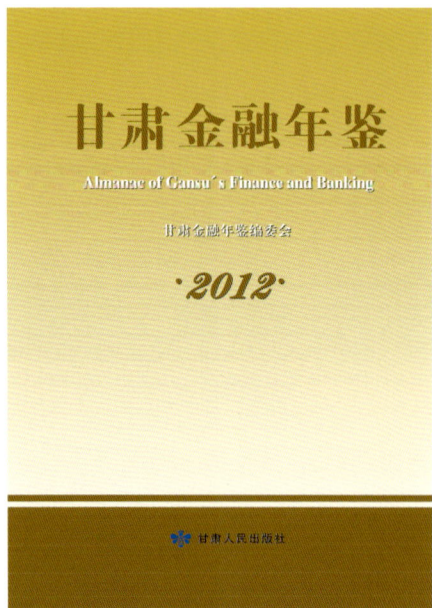

《甘肃金融年鉴》是由甘肃省金融学会牵头，中国人民银行兰州中心支行主管，在省内各金融机构共同组成的编辑委员会领导下编辑出版的一部大型资料性、历史性、综合性年刊。自1993年创刊以来，始终紧跟经济金融改革步伐，从宏观理论探索到具体工作研究，从改革全局到基层实践，全面反映甘肃省银行、证券、保险、信托等领域金融改革和发展的进程，系统展示了金融业不断深化改革、服务经济发展的全貌。

《甘肃金融年鉴》已连续出版20卷，记载了2900多万字的资料，图文并茂，形成了一套较为系统的史料文献，是广大经济界、金融界人士学习研究工作的良师益友，受到了广大读者的欢迎和好评。

在第一届至第六届全国年鉴编校质量检查评比中，共荣获特等奖3次、一等奖3次。2010年，在第四届全国年鉴编纂出版质量评比中，荣获综合评比一等奖，框架设计、装帧设计一等奖，条目编写二等奖。

《河北金融年鉴》

　　《河北金融年鉴》是由中国人民银行石家庄中心支行主办、河北金融年鉴编辑部编纂出版的金融年刊，创刊于1990年，已连续出版21卷。《河北金融年鉴》全面系统地记录了河北省金融改革与发展历程，反映河北省金融与经济运行基本情况，内容涵盖银行业、证券业、保险业及其他非银行金融机构。《河北金融年鉴》采用条目式编排，分为"金融形势综述""金融机构概览""学术调研""金融规章选编""人事记""经济金融统计资料""金融机构名录"七大部分。由河北科学技术出版社正式出版，资料全面翔实，客观实用，具有权威性和准确性，是金融、经济、科研、院校、图书馆等单位及有关专业人士必备的工具书。

　　《河北金融年鉴》2009卷曾获全国地方志系统第二届年鉴评比三等奖，同时荣获河北省年鉴评比二等奖。《河北金融年鉴》2010卷曾获第六届全国年鉴编校质量检查评比特等奖。

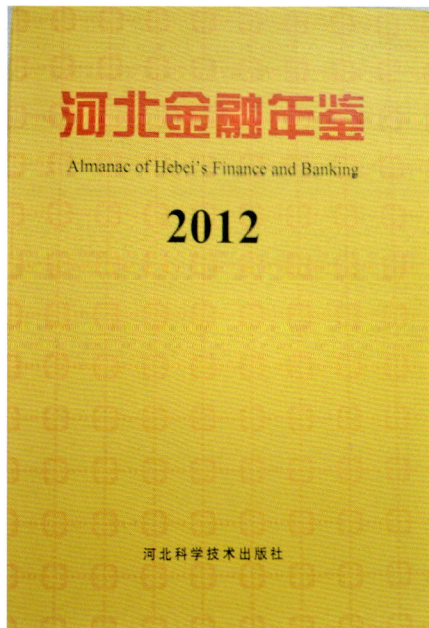

《江苏油田年鉴》

　　《江苏油田年鉴》创刊于1996年，于当年11月出版首卷，2000年8月补齐1992～1995卷合卷，至2012年，共连续出版18卷。

　　《江苏油田年鉴》由中国石化集团江苏石油勘探局、中国石油化工股份有限公司江苏油田分公司主管和主办，由江苏油田年鉴编辑委员会编纂出版。

　　《江苏油田年鉴》内容丰富，特色鲜明，全面、系统、翔实记述和反映各年度油田两个文明建设的要事、大事、新事、特事，突出年度特色、时代特色和专业特色，向读者传递正能量。年鉴设彩插、总述、大事记、油气田勘探开发、科学技术、对外合作、经营管理、单位概览、附录等类目，下设栏目和条目。在实践中继承发展，常编常新。

　　《江苏油田年鉴》办刊宗旨由早期的"以科学地历史地总结经验，客观地全面地认识现实"（2000卷），到后来"求实求全求新、精编精校精印、存文存史存业、立言立德立功"的原则（2008卷），拓展丰富了内容以更好地为广大读者服务。

　　《江苏油田年鉴》体现了"众手成鉴"的特点，每卷年鉴撰稿人数近200人，审稿人数70多人。

　　作为企业重要文化建设工程之一，《江苏油田年鉴》已成为广大职工不可或缺的重要年度资料性文献和工具书。

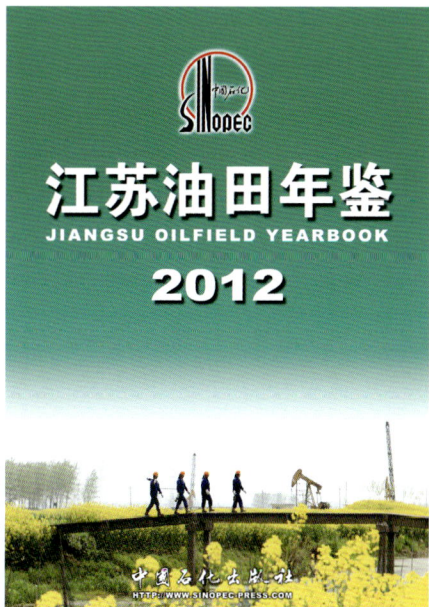

《江西交通年鉴》

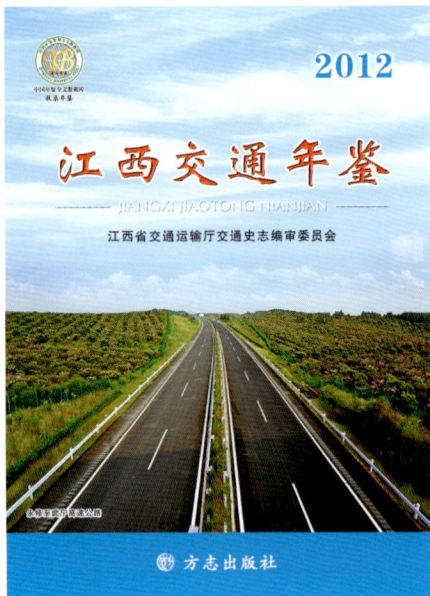

《江西交通年鉴》是江西省交通运输厅交通史志编审委员会主持编修的省级交通年鉴。年鉴条目资料由省交通运输厅机关各处室、厅直属各单位、各设区市交通运输局提供，并经领导审核。

江西省交通运输厅交通史志编审委员会成立于1981年。出有史志、史志资料汇编及画册等著作，其中史书14部272万字，交通志69部1581.59万字，资料汇编199部10996.6万字。

1997年开始，全省交通系统兼编《江西交通年鉴》，截至2012年，已出版《江西交通年鉴》16卷1430万字。

20世纪90年代以来，江西公路基础设施建设规模逐渐扩大。到2011年底，江西公路建设总里程达14.66万千米，其中高速公路3603千米，公路密度为87.85千米/百平方千米。

《江西交通年鉴》详细记述了江西交通改革的艰难征程、交通基础设施建设的宏大工程、交通运输快速发展的变化过程、交通法治、交通管理的进步历程。以密集的信息量、丰富的内涵，为江西交通以及社会加快现代化提供了有益的借鉴。

《上海金融年鉴》

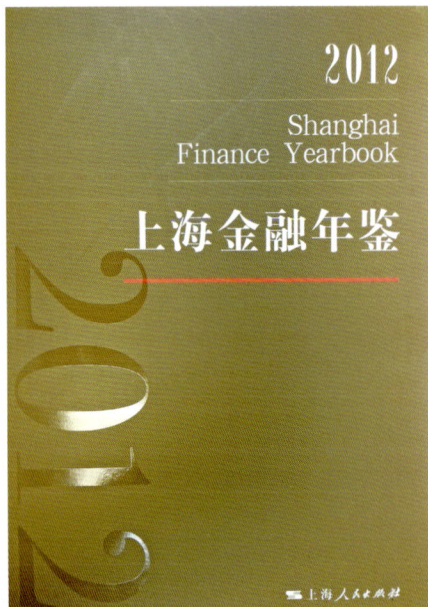

《上海金融年鉴》是由中国人民银行上海总部主办和各金融机构合办的按年编纂的大型综合性工具书，展现以上海为中心的长三角地区金融业发展的新成就、新经验和新风貌，内容真实，信息量大，具有权威性、系统性和连续性，对于经济、金融理论研究及业务运作均有很高的资源价值，并不断发挥"存史、资政、育人"的社会功能。

自2001年创刊以来，《上海金融年鉴》荣获多项殊荣。《2003上海金融年鉴》获首届中国地方志年鉴奖条目编写优秀奖。《上海金融年鉴》（2005、2006、2007年卷）分别获第二届、第三届、第四届全国年鉴编校质量检查评比一等奖。《2007上海金融年鉴》获上海市第二届地方志优秀成果年鉴类二等奖。《2008上海金融年鉴》在第四届全国年鉴编纂出版质量评比（每五年一次）中被评为综合二等奖以及框架设计二等奖、装帧设计一等奖。《2010上海金融年鉴》获第五届全国年鉴编校质量检查评比二等奖。《2011上海金融年鉴》获第六届全国年鉴编校质量检查评比一等奖。

《上海金融年鉴》由上海人民出版社出版，精装16开本，140万字。共设十一篇，分别为综合、银行业、证券业、保险业、市场、统计、法规、文化、人物、长三角金融、机构名录，并附有大事记。

《上海科技年鉴》

《上海科技年鉴》是由上海市科学技术委员会主办、上海市科技信息中心承办，记录上海科学技术发展轨迹的专业年鉴。《上海科技年鉴》创刊于 1991 年，是逐年出版、公开发行的资料工具书，是中国年鉴资源全文数据库核心年鉴，是上海市大型、权威的科技编年史册。

《上海科技年鉴》以存史、资政、教化和服务社会为宗旨，客观、全面、系统地记述上海每一年度的重大科技活动，各学科领域的新进展、新成果和优秀人才，以及上海科技管理工作的新举措、新成就。《上海科技年鉴》严谨规范的编撰体例和大气谦和的设计风格一直受到各级权威部门的欣赏和认可。自创刊以来，曾荣获中国年鉴奖，各类省部级以上特等奖 3 次、一等奖 7 次、二等奖 5 次、三等奖 1 次、先进单位和个人表彰各 1 次。

《上海科技年鉴》紧紧围绕创新驱动、转型发展的需求，以"自主创新，重点跨越、支撑发展，引领未来"的科技工作方针为指导，紧跟时代步伐，开拓创新，稳抓编纂质量，精益求精，已成为上海乃至全国专业类年鉴中的品牌产品，是社会各界了解上海科技发展及进步情况，进行科学决策、科学研究、科技成果转化和科技合作交流必不可少的权威资料书。

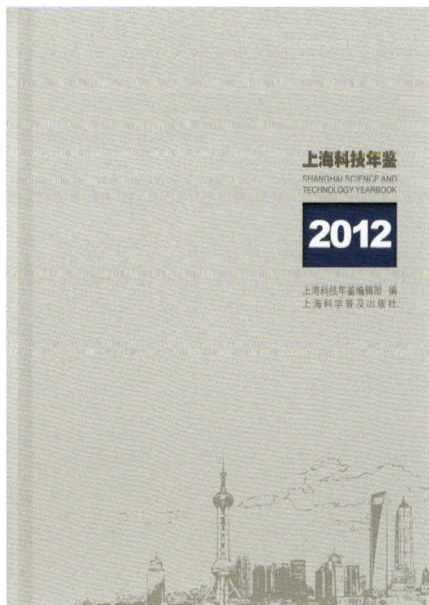

《四川交通年鉴》

《四川交通年鉴》创刊于 1987 年，是反映四川交通各方面发展情况的大型专业年鉴，逐年编纂连续出版，迄今已出版 26 部。它由四川省交通运输厅主管，四川省交通运输厅交通史志总编室主办，四川科学技术出版社出版，国内外公开发行。

《四川交通年鉴》自创刊以来，先后荣获国省级奖励近 30 项，其中：2004 年卷分别荣获首届中国地方志年鉴奖综合奖特等奖，中国年鉴奖暨第三届全国年鉴编纂出版质量评比综合奖特等奖；2005 年卷荣获第二届全国年鉴编校质量检查评比一等奖、四川省第十二次地方志优秀成果年鉴类一等奖；2006 年卷荣获第三届全国年鉴编校质量检查评比一等奖；2007 年卷荣获第四届全国年鉴编校质量检查评比特等奖、四川省第十三次地方志优秀成果年鉴类一等奖；2008 年卷分别荣获第四届全国年鉴编纂出版质量评比综合奖特等奖和框架设计、条目编写、装帧设计 3 个单项特等奖，第二届中国地方志年鉴奖特等奖；2009 年卷荣获四川省第十四次地方志优秀成果奖年鉴类一等奖；2010 年卷荣获第五届全国年鉴编校质量检查评比特等奖；2011 年卷荣获第六届全国年鉴编校质量检查评比特等奖。

《四川油气田年鉴》

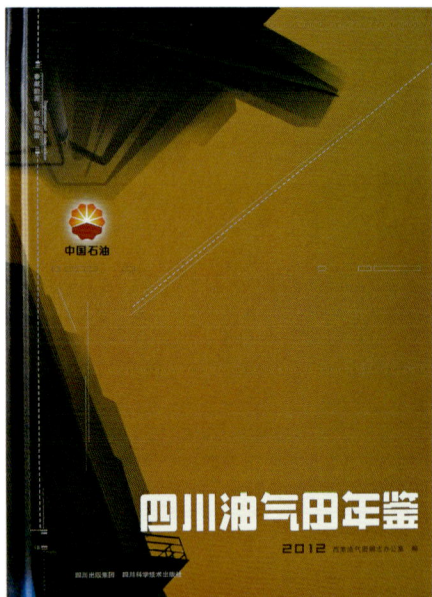

中国石油西南油气田编志办公室成立于1983年，为四川油气田专业年鉴史志编纂机构，现有员工7人。先后连续编纂出版《四川石油管理局年鉴》《西南油气田分公司年鉴》，2004年开始联合编纂《四川油气田年鉴》。2009年年鉴主办单位变更为西南油气田公司和川庆钻探工程公司，至2012年年底已出版年鉴21卷、省级和基层单位志书26部，完成企业专业史料多部。

编志办成立29年来，先后有28本志书、年鉴获得国家、省部级奖，获得省部级以上先进集体8个、先进个人1名。其中《四川油气田年鉴》2008卷获第四届全国年鉴编纂出版质量评比综合质量二等奖；《四川油气田年鉴》2009卷获全国地方志第二届年鉴评比一等奖，1人获全国地方志系统先进工作者称号。编纂出版的《四川省志·石油天然气工业志》获四川省二等奖，《四川油气田年鉴》《四川石油管理局年鉴》《西南油气田分公司年鉴》获四川省一等奖4个、二等奖5个、三等奖3个。

《浙江公安年鉴》

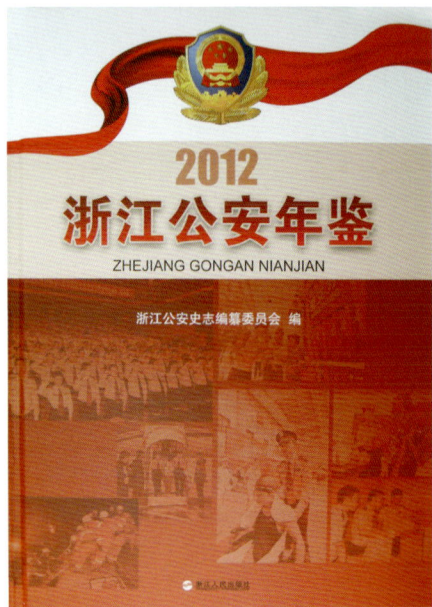

《浙江公安年鉴》是在浙江省公安厅党委领导下，由浙江公安史志编纂委员会（浙江公安年鉴编纂委员会）组织编纂，按年发布浙江省公安工作和队伍建设成就与面貌的资料性工具书。浙江省委常委、公安厅厅长刘力伟担任该年鉴编纂委员会主任、主编。

《浙江公安年鉴》自2004年起逐年编纂出版，至今已出版9卷。该年鉴叙事区划及专业范畴为浙江省行政范围和全省公安工作，采用分类编辑法编辑，由卷首、百科、卷尾三个基本单元和类目、分目、条目三个层次构成。卷首部分设专文、彩图、特载、大事记4个类目；百科部分设"组织机构""特色中心工作""防范打击犯罪""公安行政管理""行业公安""警务保障""队伍建设""市、县（市、区）公安""人物""典型案例"10个大类；卷尾部分设发文目录和索引两个类目。

《浙江公安年鉴》自出版以来，多次在中国地方志学会、中国版协年鉴工委会和浙江省政府地方志办公室组织的评奖活动中荣获奖励，先后4次被评为全国年鉴编纂出版质量一等奖，4次被评为全国年鉴编纂出版质量二等奖。年鉴编辑部于2009年和2011年先后荣获集体嘉奖和集体三等功。

《东风汽车公司年鉴》

《东风汽车公司年鉴》是全面系统地记载和介绍企业年度生产经营、改革及发展概况的大型资料工具书，内设 28 个部类，90 万字左右；采用类目、分目、条目三级结构编排，信息丰富、客观翔实、图文并茂，为东风公司及其所属单位各级管理者、汽车行业、政府和社会各界了解东风提供准确、全面的信息支撑，是打造东风良好形象的媒介窗口。

《东风汽车公司年鉴》由公司主办，公司（党委）办公室主管编纂出版。公司于 1998 年起步筹备年鉴编纂工作，2000 年正式出版首卷，开始两年编纂出版一卷。2009 年，在公司主管领导的重视支持下，公司年鉴从"内部资料"实现"公开出版"；在无专门机构、专职人员的情况下，从"两年一卷"实现"一年一卷"。

期间，公司年鉴编纂工作人员紧跟公司改革步伐，严格按照专业标准和要求，不断改革创新框架结构，在文字上不断精益求精，在组织管理上科学高效，在业界树立了良好的品牌口碑。

2012 年，在第六届全国年鉴编校质量检查评比中，《东风汽车公司年鉴》2011 卷喜获一等奖。2010 年，公司年鉴（2009 卷）获湖北省专业年鉴综合特等奖，及框架设计奖、条目编写奖和装帧设计奖。

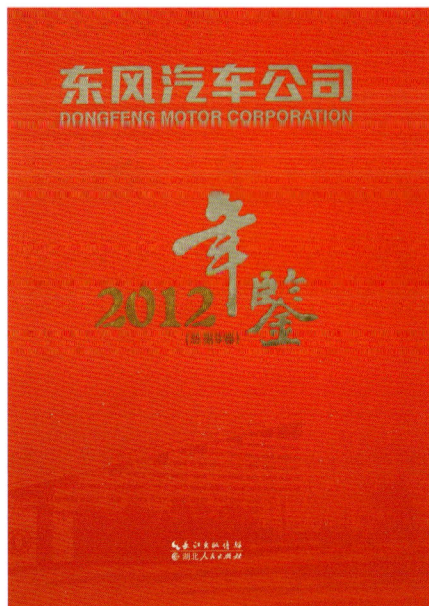

《中国水利水电建设集团公司年鉴》

《中国水利水电建设集团公司年鉴》是由中国水利水电建设集团公司主办，由集团公司总部各部门、各子公司共同参与编辑的大型资料性工具书。2005 年创刊，出版了 (2003 ~ 2005) 卷，以后逐年编纂，截至 2013 年 3 月，已出版 8 卷。

《中国水利水电建设集团公司年鉴》所载资料翔实，内容准确，具有权威性、综合性、史料性，供集团公司员工及社会各界人士了解中国水利水电建设集团公司所用。

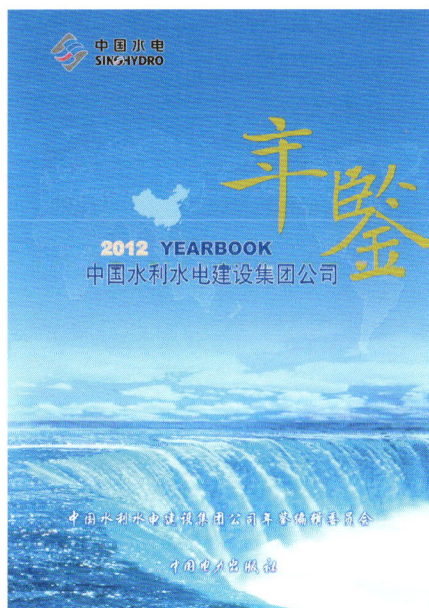

年鉴获奖情况

名称	奖项	主办单位
2003-2005 卷	一等奖	中国版协年鉴工委会
2006 卷	特等奖	中国版协年鉴工委会
2007 卷	特等奖	中国版协年鉴工委会
2008 卷	综合特等奖	中国版协
2009 卷	一等奖	全国地方志协会
2010 卷	特等奖	中国版协年鉴工委会
2011 卷	特等奖	中国版协年鉴工委会

附　录

国家图书馆馆藏年鉴名录

国家图书馆馆藏年鉴名录

全国性统计年鉴

1	保险统计年鉴
2	长江和珠江三角洲及港澳台统计年鉴（长江和珠江三角洲及港澳特别行政区统计年鉴）
3	城市供水统计年鉴
4	城市建设统计年鉴
5	大中型批发零售和住宿餐饮企业统计年鉴
6	工业企业科技活动统计年鉴
7	固定资产投资统计年鉴
8	气象统计年鉴
9	全国铁路统计年鉴
10	全国研究生招生统计年鉴
11	水利统计年鉴
12	体育事业统计年鉴
13	县镇供水统计年鉴
14	烟草行业 10 年劳动工资统计年鉴（1983-1992）
15	中国残疾人事业统计年鉴
16	中国城市建设统计年鉴
17	中国城市统计年鉴
18	中国城乡建设统计年鉴
19	中国船舶工业统计年鉴
20	中国第三产业统计年鉴
21	中国电信统计年鉴
22	中国电子信息产业统计年鉴（中国电子信息产业年鉴）
23	中国对外经济贸易与合作企业统计年鉴
24	中国对外经济统计年鉴（2006 年起与中国市场统计年鉴合并，改出中国贸易外经统计年鉴）
25	中国阀门行业统计年鉴（中国阀门行业协会统计年鉴）
26	中国房地产统计年鉴（国家统计局；中国指数研究院编）
27	中国房地产统计年鉴（中国房地产业协会；国家统计局固定资产投资统计司编）
28	中国高技术产业统计年鉴
29	中国工会统计年鉴

30	中国工商银行统计年鉴
31	中国工商银行资产负债统计年鉴
32	中国工业经济统计年鉴
33	中国固定资产投资统计年鉴
34	中国广播电视大学教育统计年鉴（全国广播电视大学教育基本情况统计年鉴、全国广播电视大学教育统计年鉴）
35	中国国际航空公司统计年鉴
36	中国国土资源统计年鉴
37	中国海洋统计年鉴
38	中国海洋行政执法统计年鉴
39	中国航空油料有限责任公司综合统计年鉴（中国航空油料公司统计年鉴、中国航空油料总公司统计年鉴）
40	中国化学工业统计年鉴
41	中国环境统计年鉴
42	中国火炬统计年鉴
43	中国火灾统计年鉴
44	中国基本单位统计年鉴
45	中国城市（镇）生活与价格年鉴（中国价格及城镇居民家庭收支调查统计年鉴）
46	中国建设银行劳动工资统计年鉴
47	中国建制镇统计年鉴
48	中国建筑业统计年鉴
49	中国交通运输统计年鉴
50	中国教育经费统计年鉴
51	中国教育统计年鉴（中国教育事业统计年鉴）
52	中国教育综合统计年鉴
53	中国科技统计年鉴（中国科学技术统计资料）
54	中国科学技术协会、学会、研究会统计年鉴
55	中国科学技术协会统计年鉴（中国科协系统综合统计资料、中国科协统计年鉴）
56	中国科学院统计年鉴
57	中国劳动统计年鉴（中国劳动工资统计年鉴）

58	中国连锁餐饮住宿业统计年鉴（中国连锁餐饮企业统计年鉴）【2007 年与中国连锁零售业统计年鉴合，更名为中国零售和餐饮连锁企业统计年鉴】
59	中国连锁零售业统计年鉴（中国连锁零售商业企业统计年鉴）【2007 年与中国连锁餐饮住宿业统计年鉴合并，更名为中国零售和餐饮连锁企业统计年鉴】
60	中国零售和餐饮连锁企业统计年鉴
61	中国林业统计年鉴
62	中国旅游统计年鉴
63	中国旅游统计年鉴（副本）
64	中国贸易外经统计年鉴（2006 年中国市场统计年鉴与中国对外经济统计年鉴合并）
65	中国民航华北地区管理局统计年鉴
66	中国民航统计年鉴
67	中国民用航空工业统计年鉴
68	中国民政统计年鉴
69	中国民族统计年鉴（中国民族工作年鉴）
70	中国能源统计年鉴
71	中国农村金融统计年鉴
72	中国农村统计年鉴
73	中国农垦统计年鉴
74	中国农业发展银行统计年鉴
75	中国农业银行劳动人事统计年鉴
76	中国农业银行统计年鉴
77	中国区域经济统计年鉴
78	中国人口和就业统计年鉴（中国人口统计年鉴）
79	中国商检统计年鉴
80	中国商品交易市场统计年鉴
81	中国社会统计年鉴
82	中国生产资料市场统计年鉴
83	中国市场统计年鉴（中国国内市场统计年鉴）
84	中国水产品进出口贸易统计年鉴 / 中国渔船渔具进出口贸易统计年鉴内部
85	中国水利统计年鉴
86	中国统计年鉴

87	中国网通统计年鉴	91	中国西部农村统计资料	96	中国证券期货统计年鉴
88	中国卫生统计年鉴	92	中国西部统计年鉴	97	中国主要化工产品统计年鉴
89	中国文化文物统计年鉴（中国文化事业统计年鉴、中国文化文物事业绕计年鉴）	93	中国县（市）社会经济统计年鉴	98	中华人民共和国海关统计年鉴
90	中国物价统计年鉴	94	中国医药统计年鉴		
		95	中国渔业统计年鉴		

全国性专业、专科年鉴

1	2003 年 CIHAF 年鉴	51	国医年鉴	101	全国电梯行业商务年鉴
2	2012 中国国际景观规划设计获奖作品精选：2011 2012 年度艾景奖原创作品年鉴	52	海河年鉴	102	全国技术商品年鉴
3	21 世纪初中国生态年鉴，绿色中国	53	寒潮年鉴	103	全国农作物审定品种年鉴
4	3·15 质量咨询年鉴，消费通·工商通	54	韩墨现代彩墨工作室艺术年鉴	104	全国普通高等学校毕业生就业工作年鉴
5	'98 电脑游戏攻略年鉴．上	55	合理用药国际网络通讯·中国年鉴	105	全国人大年鉴
6	CBI 中国 IT 渠道年鉴	56	何香凝美术馆年鉴	106	全国人民代表大会年鉴
7	CEC 中国市场营销环境年鉴	57	核能技术年鉴	107	全国石油产品和润滑剂标准化技术委员会年鉴
8	IAI 中国广告作品年鉴	58	华人 3D 作品年鉴	108	全国数学竞赛年鉴
9	IMI 消费行为与生活形态年鉴	59	华人经济年鉴	109	全国双拥工作年鉴
10	IT 媒体年鉴	60	华人设计年鉴	110	全国体育硕士专业学位年鉴
11	包兆龙包玉刚留学生奖学金年鉴	61	华文房地产广告年鉴	111	全国烟草系统企业国有资产年鉴
12	暴雨年鉴	62	华文设计年鉴	112	全国主要社会经济指标排序年鉴
13	北方的诗学：同路而行 2005 年鉴	63	环境与景观年鉴	113	热带气旋年鉴（台风年鉴）
14	殡葬年鉴	64	黄河年鉴	114	人民法院年鉴
15	长江航道局年鉴	65	既有建筑改造年鉴	115	人民手册
16	长江航运年鉴	66	建筑材料与设备指南年鉴	116	散文年鉴
17	长江年鉴（治江年鉴）	67	建筑防灾年鉴	117	沙尘天气年鉴
18	诚信中国年鉴	68	建筑实录年鉴	118	设计年鉴
19	城市规划设计年鉴	69	建筑细部年鉴	119	时代的早晨：早晨设计年鉴
20	传承钟表年鉴	70	交通银行年鉴	120	时尚时间 2013 世界名表年鉴
21	词学研究年鉴	71	教育设备采购资讯年鉴	121	世界汉诗年鉴
22	大生意：全球最佳品牌版式设计年鉴	72	节能与新能源汽车年鉴	122	世界华人美术家年鉴
23	当代画廊年鉴	73	杰出华商年鉴	123	世界内衣年鉴：中国篇
24	当代经典国画作品年鉴	74	金融技术设备年鉴	124	世界热门滑雪场年鉴
25	电力仪器仪表产品选用年鉴	75	金螳螂设计年鉴	125	世界社会主义研究年鉴
26	电力自动化行业年鉴	76	景观设计作品年鉴	126	数码摄影机身详测年鉴
27	电影美学年鉴	77	纠风工作年鉴	127	司马迁与《史记》研究年鉴
28	电子游戏年鉴	78	酒店采购年鉴	128	宋代文学研究年鉴
29	对港澳台文化交流年鉴	79	开国年鉴（1950）	129	孙子兵学年鉴
30	二零一二书画知识产权艺术周年鉴	80	科学·技术·发展：中国科学学与科学技术管理研究年鉴	130	台风海浪与增水年鉴
31	房地产广告年鉴	81	辽金西夏研究年鉴	131	台湾工作年鉴
32	风火轮 92 机车年鉴	82	留学荷兰年鉴	132	唐代文学研究年鉴
33	港澳经济年鉴	83	留学资讯年鉴	133	唐人旅游规划设计年鉴
34	工程·技术·哲学：中国技术哲学研究年鉴	84	鲁迅研究年鉴	134	铁道部第四勘测设计院年鉴
35	共读共写共同生活：新教育实验年鉴	85	马克思主义理论研究与科学建设年鉴	135	铁道部专业设计院年鉴
36	古董拍卖年鉴（福建美术出版社）	86	毛衣编织年鉴	136	伪满皇宫博物院年鉴
37	古董拍卖年鉴（湖南美术出版社）	87	美欧中贸易年鉴	137	卫生部卫生监督中心年鉴
38	故宫博物院年鉴	88	美中贸易年鉴	138	吴冠中作品年鉴
39	广播电视科技创新奖 (CCBN 杯) 年鉴	89	名表年鉴	139	现代汉诗年鉴
40	广告年鉴	90	名鞋年鉴	140	香港华商年鉴
41	郭沫若研究年鉴	91	明清小说研究年鉴	141	小说年鉴
42	国产彩电维修技术年鉴	92	目击者：世界新闻摄影获奖作品年鉴	142	新华社年鉴
43	国防科工委后勤年鉴	93	农民信息年鉴	143	新华社人事年鉴
44	国际景观规划设计年鉴	94	欧盟标准与中国纺织品贸易年鉴	144	新农村建设巡礼：中国新农村建设年鉴
45	国际中国文化研究年鉴	95	普通高等学校招生工作年鉴	145	新生物学年鉴
46	国家气象中心年鉴	96	乾　人文年鉴	146	新中国晚报五十年鉴
47	国家图书馆年鉴	97	青藏高原低涡切变线年鉴	147	形象年鉴
48	国家预防腐败局年鉴	98	青少年犯罪研究年鉴	148	亚太华人 2002 杰出专业人像摄影师造型师年鉴
49	国家专项资金项目发展年鉴	99	球类比赛年鉴	149	亚太建筑设计年鉴（麦迪逊丛书：亚太建筑设计分类年鉴）
50	国内电影机械工业年鉴	100	全国电力行业商务年鉴		

150	亚太景观规划年鉴（麦迪逊丛书：亚太建筑设计分类年鉴）
151	亚太设计年鉴
152	亚太室内设计年鉴（麦迪逊丛书：亚太建筑设计分类年鉴）
153	亚洲戏剧教育交流年鉴
154	冶金安全年鉴
155	冶金环保年鉴
156	邮电部设计院年鉴
157	悦目堂设计年鉴
158	治淮汇刊：年鉴
159	中国 CIS 年鉴
160	中国 CI 年鉴
161	中国 CI 设计年鉴
162	中国 LED 现实应用产业发展年鉴
163	中国－阿盟贸易与投资年鉴
164	中国安全防范行业年鉴
165	中国安全生产年鉴
166	中国白银年鉴
167	中国百科年鉴
168	中国百强县（市）发展年鉴
169	中国版画年鉴
170	中国版权年鉴
171	中国半导体照明产业发展年鉴
172	中国包装采购市场年鉴
173	中国包装年鉴
174	中国包装设计年鉴
175	中国保税区出口加工区年鉴（中国保税区出口加工区统计年鉴）
176	中国保险年鉴
177	中国报业年鉴
178	中国暴雨洪水及干旱年鉴
179	中国泵阀年鉴
180	中国泵业年鉴
181	中国比较文学年鉴
182	中国标签产业年鉴
183	中国标志设计年鉴
184	中国标准化年鉴
185	中国表面活性剂行业年鉴
186	中国殡葬年鉴
187	中国兵工年鉴
188	中国并购与股权投资基金年鉴
189	中国博物馆年鉴
190	中国财政年鉴
191	冶国彩票年鉴
192	中国参加国际奥林匹克竞赛年鉴
193	中国餐饮年鉴（中国饮食服务年鉴）
194	中国残疾人事业年鉴
195	中国藏学年鉴
196	中国测绘地理信息年鉴（中国测绘年鉴）
197	中国策划家年鉴
198	中国策划年鉴
199	中国插画年鉴
200	中国茶业年鉴
201	中国产品信息年鉴
202	中国产品质量比较年鉴
203	中国产权市场年鉴
204	中国长城年鉴
205	中国城市（镇）生活与价格年鉴
206	中国城市雕塑建设年鉴
207	中国城市公共交通年鉴

208	中国城市公交广告年鉴
209	中国城市建设年鉴
210	中国城市经济年鉴
211	中国城市竞争力年鉴
212	中国城市年鉴（中国城市经济社会年鉴）
213	中国城市市容环境卫生年鉴
214	中国城市形象设计年鉴
215	中国齿轮工业年鉴
216	中国宠物产业年鉴
217	中国出版年鉴
218	中国出口收汇荣誉企业年鉴
219	中国出入境检验检疫年鉴
220	中国传媒市场年鉴
221	中国船舶工业年鉴
222	中国创新设计红星奖年鉴
223	中国创意界年鉴
224	中国大型房地产与建筑业企业年鉴
225	中国大型工业企业年鉴
226	中国大学生美术作品年鉴
227	中国大中型企业年鉴
228	中国大众实用年鉴
229	中国当代诗词年鉴
230	中国当代书画名家年鉴
231	中国当代文学年鉴
232	中国当代艺术年鉴
233	中国党刊 60 年（中国期刊年鉴增刊）
234	中国档案年鉴
235	中国低碳年鉴
236	中国地板质量放心采购年鉴
237	中国地产市场年鉴
238	中国地方艺术人才年鉴
239	中国地方志年鉴
240	中国地图学年鉴
241	中国地震年鉴
242	中国地质调查局年鉴
243	中国地质环境监测地下水位年鉴
244	中国地质环境监测年鉴
245	中国地质矿产年鉴（中华人民共和国地质矿产部年鉴）停刊，1999 年与中国土地年鉴合并，改出中国国土资源年鉴）
246	中国第三部门研究年鉴
247	中国第三产业年鉴
248	中国电池工业年鉴
249	中国电力采购市场年鉴
250	中国电力年鉴
251	中国电器工业标准化年鉴
252	中国电器工业年鉴
253	中国电视收视年鉴
254	中国电视艺术家协会年鉴
255	中国电视艺术年鉴
256	中国电网装备年鉴
257	中国电影电视技术学会年鉴
258	中国电影年鉴
259	中国电源工业年鉴
260	中国电子商务年鉴
261	中国电子与信息科技期刊目录年鉴
262	中国电子政务年鉴
263	中国雕塑年鉴
264	中国－东北亚国家年鉴
265	中国－东盟年鉴
266	中国－东盟商务年鉴

267	中国动画年鉴
268	中国对外承包工程年鉴
269	中国对外贸易经济合作企业年鉴
270	中国对外文化交流年鉴
271	中国儿童插画家年鉴
272	中国儿童福利事业年鉴
273	中国儿童文学理论年鉴
274	中国儿童文学年鉴
275	中国法国工商会年鉴
276	中国法律年鉴
277	中国法律援助年鉴
278	中国法学研究年鉴
279	中国法制信息年鉴
280	中国翻译年鉴
281	中国反垄断与规制经济学学术年鉴
282	中国防雷年鉴
283	中国防伪年鉴
284	中国房地产广告创意年鉴
285	中国房地产广告年鉴（王绍强主编，岭南美术出版社、黑龙江美术出版社）
286	中国房地产广告年鉴（胡彬，徐向磊主编，湖南美术出版社）
287	中国房地产年鉴
288	中国房地产品牌年鉴
289	中国房地产市场年鉴
290	中国纺织工业发展报告（中国纺织工业年鉴）
291	中国纺织品服装对外贸易年鉴（中国纺织品服装对外贸易报告年鉴）
292	中国非处方药物年鉴
293	中国非公有制经济年鉴
294	中国非国有经济年鉴
295	中国分析测试年鉴
296	中国粉体工业年鉴
297	中国风险投资年鉴
298	中国佛教文化年鉴
299	中国扶贫开发年鉴
300	中国服务业发展年鉴
301	中国服装辅料年鉴
302	中国妇女研究年鉴
303	中国改革年鉴（中国经济体制改革年鉴）
304	中国改革人物年鉴
305	中国钢笔画年鉴
306	中国钢结构年鉴
307	中国钢铁工业年鉴
308	中国钢铁贸易年鉴
309	中国港口年鉴
310	中国高等学校招生工作年鉴
311	中国高尔夫年鉴
312	中国高技术产业发展年鉴
313	中国高考年鉴（内蒙古少年儿童出版社，2012）
314	中国高考年鉴（中国大百科全书出版社，2004）
315	中国高考年鉴，样书（中国致公出版社 2009）
316	中国高新技术产业开发区年鉴
317	中国高新技术产业年鉴
318	中国高新技术企业年鉴
319	中国高血压联盟年鉴
320	中国高职高专院校教育年鉴
321	中国个人金融年鉴
322	中国工程机械工业年鉴（中国工程机械年鉴）
323	中国工程建设年鉴
324	中国工程建设优秀资质企业年鉴

325 中国工程项目管理 20 年年鉴	386 中国华宅年鉴	446 中国建筑业年鉴
326 中国工程院年鉴	387 中国化肥工业年鉴（化肥工业年鉴）	447 中国建筑艺术年鉴
327 中国工会年鉴	388 中国化工装备年鉴	448 中国建筑与表现年鉴
328 中国工商行政管理年鉴	389 中国化学工业年鉴	449 中国建筑装饰行业年鉴
329 中国工商银行年鉴	390 中国化学矿业年鉴	450 中国交通教育五十年年鉴
330 中国工业锅炉行业年鉴	391 中国画廊年鉴	451 中国交通年鉴
331 工业年鉴（中国工业经济年鉴）	392 中国画名家年鉴	452 中国交通企业年鉴
332 中国工业年鉴	393 中国画年鉴	453 中国交通市场年鉴
333 中国工业设计年鉴	394 中国画收藏年鉴	454 中国教研年鉴
334 中国公安出入境管理年鉴	395 中国画艺术年鉴	455 中国教育发展年鉴
335 中国公安年鉴	396 中国环保执法年鉴	456 中国教育考试年鉴
336 中国公共管理年鉴	397 中国环境科学年鉴	457 中国教育年鉴
337 中国公共管理学年鉴	398 中国环境科学学会年鉴	458 中国金融年鉴
338 中国公路建设市场年鉴	399 中国环境年鉴	459 中国金融设备精品采购指南：年鉴
339 中国公益广告年鉴	400 中国环境年鉴环境监察分册	460 中国金融市场年鉴
340 中国公益事业发展年鉴	401 中国环境设计年鉴	461 中国金属流通年鉴
341 中国供销合作社年鉴	402 中国环氧树脂行业年鉴	462 进口手表年鉴（中国进口手表年鉴）
342 中国共产党党史工作年鉴	403 中国黄金工业年鉴	463 中国京九发展年鉴
343 中国共青团年鉴	404 中国黄金海岸年鉴	464 中国经济景气年鉴
344 中国古代文学研究年鉴	405 中国黄金年鉴	465 中国经济科学年鉴
345 中国古典文学研究年鉴	406 中国会计年鉴	466 中国经济伦理学年鉴
346 中国古籍文献拍卖图录年鉴	407 中国绘画年鉴	467 中国经济贸易年鉴
347 中国古建筑年鉴	408 中国货币市场年鉴	468 中国经济年鉴
348 中国关心下一代工作年鉴	409 中国机床工具工业年鉴	469 中国经济普查年鉴
349 中国管材年鉴	410 中国机电产品购销年鉴	470 中国经济特区开发区年鉴（中国经济特区（与沿海经济技术）开发区年鉴、中国经济特区开放地区年鉴）
350 中国管理年鉴	411 中国机电产品国际招标投标年鉴	
351 中国灌溉企业年鉴	412 中国机电产品市场年鉴	
352 中国光彩事业年鉴	413 中国机电精品选购指南年鉴	471 中国经济特区年鉴
353 中国光纤通信年鉴	414 中国机电设备招标采购年鉴	472 中国经济学年鉴
354 中国广播电视年鉴	415 中国机顶盒年鉴	473 中国精神文明建设年鉴
355 中国广播收听年鉴	416 中国机动车检测年鉴（中国机动车安全检测年鉴）	474 中国精神文明年鉴
356 中国广告案例年鉴	417 中国机械工程学会年鉴	475 中国精神文明巡礼：特载·年鉴·画页·
357 中国广告年鉴	418 中国机械工业年鉴【中国机械电子工业年鉴、中国机械电子工业年鉴（机械卷）】	476 中国景观规划设计年鉴
358 中国广告摄影年鉴		477 中国景观设计年鉴
359 中国贵金属纪念币年鉴（中国金银币年鉴）	419 中国机械通用零部件工业年鉴	478 中国酒店市场年鉴
360 中国国防经济年鉴	420 中国基础教育年鉴	479 中国酒业年鉴
361 中国国际法年刊	421 中国基础教育学科年鉴	480 中国酒业营销案例年鉴
362 中国国际工程咨询设计承包商年鉴	422 中国稽查年鉴	481 中国聚氨酯行业大全年鉴
363 中国国际教育信息年鉴	423 中国疾病预防控制中心年鉴	482 中国钧瓷年鉴
364 中国国际经济合作年鉴	424 中国集成电路年鉴	483 中国开发区年鉴
365 中国国际书画篆刻家年鉴	425 中国集邮年鉴	484 中国开放年鉴
366 中国国家博物馆年鉴	426 中国计量测试年鉴	485 中国勘察设计年鉴
367 中国国家话剧院艺术年鉴	427 中国纪录年鉴（中国纪录（大全）年鉴）	486 中国考古学年鉴
368 中国国民经济核算年鉴	428 中国纪录片年鉴	487 中国科幻小说年鉴—科学神话
369 中国国土资源年鉴	429 中国家具年鉴	488 中国科协学会年鉴
370 中国国有资产监督管理年鉴	430 中国家庭教育年鉴	489 中国科学基金年鉴
371 中国国有资产年鉴	431 中国家用电器年鉴	490 中国科学技术奖励年鉴
372 中国海事审判年刊	432 中国监察年鉴	491 中国科学技术协会年鉴
373 中国海水淡化年鉴	433 中国减灾年鉴	492 中国科学学与科学技术管理研究年鉴
374 中国海洋年鉴（海洋技术年鉴）	434 中国检察年鉴	493 中国科学院测量与地球物理研究所综合年鉴
375 中国焊接年鉴	435 中国建材市场年鉴	494 中国科学院动物研究所年鉴（中国科学院动物研究所年报）
376 中国焊接与切割设备年鉴	436 中国建材与装饰年鉴	
377 中国和学年鉴	437 中国建设年鉴	495 中国科学院年鉴
378 中国核能年鉴	438 中国建设年鉴（住宅与房地产业）、（建筑设计篇）	496 中国科学院生物物理研究所年鉴
379 中国横向经济年鉴	439 中国建设银行年鉴	497 中国科学院武汉岩土力学研究所综合年鉴
380 中国红十字年鉴	440 中国建设英才年鉴	498 中国口岸年鉴
381 中国互联网广告年鉴	441 中国建筑表现年鉴	499 中国口腔医学年鉴
382 中国互联网络年鉴	442 中国建筑材料工业年鉴（中国建筑材料年鉴）	500 中国快递年鉴
383 中国互联网络发展年鉴	443 中国建筑电气设备选型年鉴	501 中国矿业年鉴
384 中国户外广告年鉴	444 中国建筑设计作品年鉴	502 中国昆曲年鉴
385 中国花卉园林年鉴	445 中国建筑卫生陶瓷年鉴	503 中国劳动人事年鉴

504	中国老龄工作年鉴
505	中国乐器年鉴
506	中国冷链年鉴
507	中国历史学年鉴
508	中国连锁经营年鉴
509	中国廉政建设年鉴
510	中国粮食年鉴
511	中国林业产业与林产品年鉴
512	中国林业年鉴
513	中国留学人员创业年鉴
514	中国楼盘设计年鉴
515	中国旅游财务信息年鉴
516	中国旅游年鉴
517	中国旅游诗词年鉴
518	中国铝业年鉴
519	中国律师年鉴
520	中国轮胎轮辋钢气门嘴标准年鉴
521	中国媒体年鉴
522	中国煤炭工业年鉴
523	中国美发美容年鉴
524	中国美容年鉴
525	中国美术馆年鉴
526	中国美术家协会年鉴
527	中国美术年鉴
528	中国美学年鉴
529	中国美育年鉴
530	中国棉花年鉴
531	中国民办教育年鉴
532	中国民间博物馆年鉴
533	中国民间文艺学年鉴
534	中国民居建筑年鉴
535	中国民营科技与经济年鉴
536	中国民用航空工业年鉴
537	中国民用航空维修年鉴
538	中国民用建筑设计市场年鉴
539	中国民政年鉴
540	中国民主促进会年鉴
541	中国民族年鉴
542	中国民族信息年鉴
543	中国民族研究年鉴
544	中国名酒拍卖年鉴
545	中国名牌产品年鉴
546	中国名牌名号年鉴
547	中国模具工业年鉴
548	中国摩托车工业年鉴
549	中国磨料磨具工业年鉴
550	中国内科年鉴
551	中国内燃机工业年鉴
552	中国纳税百强年鉴
553	中国奶业年鉴
554	中国南水北调工程建设年鉴
555	中国 - 南亚商务年鉴
556	中国能源年鉴
557	中国霓虹灯艺术与工艺年鉴
558	中国酿酒工业年鉴
559	中国鸟类环志年鉴
560	中国农产品加工业年鉴
561	中国农产品价格调查年鉴
562	中国农村基层民主政治建设年鉴
563	中国农村教育年鉴
564	中国农村能源年鉴

565	中国农村住户调查年鉴
566	中国农垦财务年鉴
567	中国农药工业年鉴
568	中国农药市场年鉴
569	中国农业产品及技术装备供应年鉴
570	中国农业产业化年鉴
571	中国农业产业信息年鉴
572	中国农业机械化年鉴
573	中国农业机械工业年鉴（中国农业机械年鉴）
574	中国农业建设及技术设备推广年鉴
575	中国农业科学院年鉴
576	中国农业年鉴
577	中国农业气象情报年鉴
578	中国农业银行资金组织年鉴
579	中国农业综合开发年鉴
580	中国暖通空调制冷年鉴
581	中国欧盟商会年鉴
582	中国欧洲商务年鉴
583	中国排行榜年鉴
584	中国培训发展论坛年鉴
585	中国品牌内容娱乐营销年鉴
586	中国品牌年鉴
587	中国品牌设计年鉴
588	中国平板显示年鉴
589	中国葡萄酒年鉴
590	中国普通高等学校招生年鉴
591	中国期货市场年鉴
592	中国期刊年鉴
593	中国期刊推介采购年鉴
594	中国企业并购年鉴
595	中国企业产品创新设计年鉴
596	中国企业登记年鉴
597	中国企业年鉴（中国企业管理年鉴）
598	中国企业集团年鉴
599	中国企业家年鉴
600	中国企业劳动保障成就年鉴
601	中国企业升级年鉴
602	中国企业文化年鉴
603	中国企业新纪录暨自主创新成果年鉴
604	中国气象局气象探测中心年鉴
605	中国气象年鉴
606	中国气象灾害年鉴
607	中国汽车采购年鉴
608	中国汽车出口年鉴
609	中国汽车工业年鉴
610	中国汽车广告作品年鉴
611	中国汽车市场年鉴（中国汽车贸易年鉴）
612	中国汽车音响年鉴
613	中国汽车用品年鉴
614	中国汽车用品行业年鉴
615	中国汽配用品专业市场年鉴
616	中国侨联年鉴
617	中国桥梁年鉴
618	中国青年工作年鉴
619	中国青少年犯罪研究年鉴
620	中国青少年年鉴
621	中国轻工业年鉴
622	中国区域经济发展年鉴
623	中国犬展年鉴
624	中国燃气行业年鉴
625	中国染料工业年鉴

626	中国热喷涂年鉴
627	中国人口和计划生育年鉴（中国计划生育年鉴）
628	中国人口年鉴
629	中国人力资源和社会保障年鉴（工作卷、文献卷）（中国劳动和社会保障年鉴、中国劳动年鉴）
630	中国人力资源开发年鉴
631	中国人大年鉴（中国人民代表大会年鉴）
632	中国人民政治协商会议年鉴
633	中国人权年鉴
634	中国人事年鉴
635	中国人体摄影年鉴
636	中国人文社会科学学报年鉴
637	中国人物年鉴
638	中国认证认可年鉴
639	中国日本学年鉴
640	中国融资租赁业年鉴
641	中国肉类年鉴
642	中国儒学年鉴
643	中国软件与信息服务业年鉴（中国软件产业年鉴）
644	中国三峡建设年鉴
645	中国散装水泥年鉴
646	中国扫黄打非年鉴
647	中国莎学年鉴
648	中国商标·标志设计年鉴
649	中国商标年鉴
650	中国商品批发交易市场年鉴
651	中国商品质量年鉴
652	中国商事审判年鉴
653	中国商务年鉴（中国对外经济贸易年鉴）
654	中国商业年鉴（中国国内贸易年鉴）
655	中国商业设计年鉴
656	中国商业摄影年鉴
657	中国商业信用年鉴
658	中国上市公司年鉴
659	中国设计机构年鉴
660	中国设计年鉴
661	中国社会保险年鉴
662	中国社会救助工作年鉴
663	中国社会科学院年鉴
664	中国社会学年鉴
665	中国社会治安综合治理年鉴
666	中国社会组织年鉴
667	中国社区建设年鉴
668	中国摄影年鉴
669	中国摄影器材年鉴
670	中国摄影艺术年鉴
671	中国审计年鉴
672	中国生活用纸年鉴（中国生活用纸和包装用纸年鉴）
673	中国诗词年鉴
674	中国诗歌年鉴
675	中国石材行业双年鉴（中国石材工业年鉴、中国石材工业双年鉴）
676	中国石油勘探开发研究院年鉴（中国石油天然气集团公司石油勘探开发科学研究院年鉴）
677	中国石油石化工程建设年鉴
678	中国石油石化精品市场年鉴
679	中国石油石化企业展示暨物资采购年鉴
680	中国石油石化设备工业年鉴
681	中国实验室国家认可委员会金属专业能力验证工作组 2001 年工作年鉴
682	中国食品工业年鉴

683	中国食品药品监督管理年鉴	736	中国投资年鉴	795	中国新诗年鉴
684	中国食品药品检定研究院年鉴（中国药品生物制品检定所年鉴）	737	中国图片销售年鉴	796	中国新闻年鉴
		738	中国图书馆年鉴	797	中国新闻摄影年鉴
685	中国食用菌年鉴	739	中国图书年鉴	798	中国新型建筑材料年鉴
686	中国世界贸易组织年鉴	740	中国涂料工业年鉴	799	中国新音乐年鉴
687	中国世界遗产年鉴	741	中国涂料及原材料信息年鉴	800	中国信托业年鉴
688	中国市场发展报告：袖珍中国市场年鉴	742	中国土地年鉴（停刊，1999年起与《中国地质矿产年鉴》合并后出版《中国国土资源年鉴》）	801	中国信息安全产品政府采购指南年鉴
689	中国市场年鉴（中国工业市场年鉴）			802	中国信息安全年鉴
690	中国室内设计年鉴（孔新民主编，厦门特辑保存，中国林业出版社，2011）	743	中国土特名产年鉴	803	中国信息产业年鉴（中国城市出版社）
		744	中国外汇市场年鉴（中国外汇、货币市场年鉴）	804	中国信息产业年鉴【中国机械电子工业年鉴（电子卷）、中国电子工业年鉴、中国信息产业年鉴（电子卷）】（电子工业出版社）
691	中国室内设计年鉴（辽宁科学技术出版）	745	中国外交（中国外交概览）
692	中国室内设计年鉴（张先慧主编，岭南美术出版社，华南大学出版社）	746	中国外经贸企业年鉴
		747	中国外科年鉴	805	中国信息经济年鉴
693	中国室内设计年鉴（深圳市创扬文化传播有限公司，室内公共空间杂志社编，江苏人民出版社）	748	中国玩具礼品年鉴	806	中国信息年鉴
		749	中国网络营销年鉴（案例卷）	807	中国信息企业（机构）年鉴
694	中国室内设计师年鉴	750	中国网通年鉴	808	中国信用年鉴
695	中国收藏年鉴	751	中国围棋年鉴	809	中国行业思想政治工作年鉴
696	中国收藏拍卖年鉴	752	中国卫生经济与市场年鉴	810	中国行政管理学年鉴
697	中国首届文具设计大赛获奖作品年鉴	753	中国卫生年鉴	811	中国畜牧业年鉴
698	中国兽药产品与技术年鉴	754	中国文化产业年鉴	812	中国畜牧业商务年鉴
699	中国兽药养殖年鉴	755	中国文化产业学术年鉴	813	中国学生作文年鉴
700	中国书法年鉴	756	中国文化年鉴	814	中国学术年鉴
701	中国书画家年鉴	757	中国文化遗产年鉴	815	中国学校文化年鉴
702	中国书画六十年鉴	758	中国文物年鉴	816	中国循环经济年鉴
703	中国书画收藏年鉴	759	中国文学年鉴	817	中国烟草年鉴
704	中国书画篆刻年鉴	760	中国文学研究年鉴	818	中国盐业年鉴
705	中国数字电视发展年鉴	761	中国文学艺术界联合会年鉴	819	中国样板间年鉴
706	中国水产品进出口贸易统计年鉴/中国渔船渔具进出口贸易统计年鉴（中国水产品进出口贸易统计年鉴）	762	中国文艺年鉴	820	中国药品监督管理年鉴
		763	中国钨工业年鉴	821	中国药学年鉴
		764	中国无机盐工业年鉴	822	中国液压液力气动密封工业年鉴（中国液压气动密封工业年鉴）
707	中国水力发电年鉴	765	中国无损检测年鉴
708	中国水利年鉴	766	中国五金年鉴	823	中国医疗器械贸易年鉴
709	中国水泥年鉴	767	中国物价年鉴	824	中国医疗器械行业年鉴
710	中国税务管理年鉴	768	中国物流年鉴	825	中国医疗卫生行业管理年鉴
711	中国税务稽查年鉴	769	中国西部地区开发年鉴	826	中国医学科学年鉴
712	中国税务年鉴	770	中国西南设计年鉴	827	中国医学装备年鉴
713	中国丝绸年鉴	771	中国稀土学会年鉴	828	中国医药年鉴
714	中国司法行政年鉴	772	中国洗染行业年鉴	829	中国医药卫生期刊年鉴
715	中国私营经济年鉴	773	中国戏剧年鉴	830	中国医院年鉴
716	中国思想理论年鉴	774	中国县市经济年鉴	831	中国依法行政年鉴
717	中国思想政治工作年鉴（中国政工年鉴）	775	中国县域经济年鉴	832	中国仪器仪表新产品年鉴
718	中国饲料行业年鉴（中国饲料产品与技术年鉴）	776	中国县域社会经济年鉴	833	中国艺术家年鉴
		777	中国县镇年鉴	834	中国艺术年鉴
719	中国饲料工业年鉴	778	中国现代教育年鉴	835	中国艺术品拍卖年鉴（人民美术出版社）
720	中国速生丰产用材林基地建设年鉴	779	中国乡镇年鉴	836	中国艺术品拍卖年鉴（福律美术出版社）
721	中国塑料工业年鉴	780	中国乡镇企业及农产品加工业年鉴（中国乡镇企业年鉴）	837	中国艺术品市场年鉴
722	中国塑料机械工业年鉴			838	中国艺术收藏年鉴
723	中国碳酸钙工业年鉴	781	中国象棋年鉴	839	中国易学与建筑风水年鉴
724	中国糖酒年鉴	782	中国橡胶工业年鉴	840	中国音乐教育年鉴
725	中国特色社会主义年鉴（中国社会主义年鉴、中国特色社会主义理论年鉴）	783	中国橡胶市场年鉴	841	中国音乐年鉴
		784	中国消防产品年鉴	842	中国音像年鉴
726	中国特殊钢年鉴	785	中国消防年鉴	843	中国引航年鉴
727	中国体育年鉴	786	中国小城镇建设年鉴	844	中国引进技术改造现有企业十年鉴
728	中国田径年鉴（田径年鉴）	787	中国小康年鉴	845	中国印刷工业年鉴
729	中国铁道科学研究院年鉴（铁道部科学研究院年鉴、铁道科学研究院年鉴）	788	中国小说年鉴	846	中国印刷年鉴
		789	中国校外教育工作年鉴	847	中国印刷装备年鉴
730	中国铁道年鉴	790	中国心理学年鉴	848	中国印学年鉴
731	中国铁路勘测设计年鉴（中国铁路地质年鉴）	791	中国新材料发展年鉴	849	中国营销年鉴
732	中国通信年鉴（中国信息产业年鉴：通信卷）	792	中国新加坡商务年鉴	850	中国营养产品与品牌年鉴
733	中国通用机械工业年鉴	793	中国新能源与可再生能源年鉴	851	中国楹联年鉴
734	中国统计工作年鉴	794	中国新锐设计师年鉴	852	中国影楼摄影暨专业摄影师年鉴
735	中国统一战线年鉴				

853	中国影视广告案例年鉴	883	中国政府绩效管理年鉴	913	中国装帧艺术年鉴（历史卷）
854	中国优秀电视栏目年鉴	884	中国政治学年鉴	914	中国宗教研究年鉴
855	中国优秀房地产广告年鉴（麦迪逊丛书）	885	中国知识产权年鉴	915	中国足球联赛年鉴
856	中国邮政年鉴	886	中国知识产权司法保护年鉴	916	中国足球年鉴
857	中国游艺机游乐园年鉴	887	中国直辖市房地产年鉴	917	中国足球事业年鉴
858	中国有色金属工业年鉴	888	中国职业安全卫生年鉴	918	中国作文年鉴
859	中国有色矿业年鉴	889	中国职业教育与成人教育工作年鉴	919	中韩海报设计年鉴
860	中国幼儿教育年鉴	890	中国制冷空调暖通年鉴	920	中韩经济产业体年鉴
861	中国渔业年鉴	891	中国制衣工业商务年鉴	921	中华慈善年鉴
862	中国语言学年鉴	892	中国质量技术监督年鉴（中国技术监督年鉴）	922	中华灯谜年鉴
863	中国元素国际创意大赛年鉴	893	中国质量监督检验检疫年鉴	923	中华全国工商业联合会年鉴
864	中国远程教育解决方案及产品年鉴	894	中国质量检验协会团体会员工作年鉴	924	中华全国工商业联合会直属会员商会年鉴
865	中国越野年鉴	895	中国质量认证年鉴	925	中华人民共和国改革开放 30 年年鉴
866	中国再生资源综合利用年鉴	896	中国质量消费年鉴	926	中华人民共和国海关 AA 类企业年鉴
867	中国造纸年鉴	897	中国智能交通行业发展年鉴	927	中华人民共和国年鉴
868	中国展览年鉴	898	中国中西部地区开发年鉴	928	中华人民共和国水文年鉴
869	中国展览设计年鉴（中国展示设计年鉴）	899	中国中小城市科学发展年鉴	929	中华诗词联年鉴
870	中国战略性新兴产业发展年鉴	900	中国中小企业年鉴（中国中小企业发展年鉴）	930	中华诗词年鉴
871	中国招标投标年鉴	901	中国中央电视台年鉴（中央电视台年鉴）	931	中华体育产业年鉴
872	中国招投标管理年鉴	902	中国中医研究院年鉴	932	中华之最年鉴
873	中国照明工程年鉴	903	中国中医药年鉴（中医年鉴）	933	中美洛杉矶房地产峰会年鉴
874	中国哲学年鉴	904	中国终端营销展示年鉴	934	中日青年交流年鉴
875	中国震例年鉴	905	中国肿瘤临床年鉴	935	中学生年鉴
876	中国证券期货电子商务年鉴	906	中国珠宝玉石首饰年鉴（中国重型机械工业年鉴）	936	中央档案馆国家档案局年鉴
877	中国证券市场年鉴	907	中国珠宝年鉴	937	中央文史研究馆年鉴
878	中国证券投资基金年鉴	908	中国住交会年鉴	938	自然科学发展大事年鉴
879	中国证券业年鉴	909	中国住宅产业年鉴	939	自然科学年鉴（自然杂志年鉴）
880	中国政策年鉴	910	中国注册钢琴调律师年鉴	940	尊贵名品年鉴
881	中国政党制度年鉴	911	中国铸造年鉴		
882	中国政府采购年鉴	912	中国专利发明人年鉴		

地方统计年鉴

	北京市		平谷区统计年鉴		河北省
1	北京农村统计年鉴	25		1	邯郸农村统计年鉴
2	北京区域统计年鉴	26	门头沟区统计年鉴	2	河北电力工业统计年鉴
3	北京市对外经济贸易简明统计年鉴	27	北京市延庆县统计年鉴	3	河北农村统计年鉴
4	北京市技术监督统计年鉴	28	北京市密云县统计年鉴（密云县统计年鉴、密云统计年鉴）	4	河北省土地调查统计年鉴
5	北京市旅游统计年鉴			5	河北省文化文物统计年鉴
6	北京市民政统计年鉴		天津市	6	河北水利统计年鉴
7	北京市园林绿化统计年鉴	1	天津郊区统计年鉴	7	保定经济统计年鉴
8	北京首都国际机场统计年鉴	2	天津市分公司保险业务统计年鉴	8	北戴河统计年鉴
9	昌平县劳动工资统计年鉴	3	天津市邮电企业统计年鉴	9	沧县统计年鉴（沧县国民经济统计资料）
10	北京统计年鉴	4	天津乡镇企业统计年鉴	10	沧州统计年鉴（沧州经济统计年鉴）
11	北京市昌平区统计年鉴	5	天津统计年鉴	11	承德市国民经济和社会发展情况统计资料
12	北京市朝阳区统计年鉴	6	宝坻统计年鉴	12	丰宁满族自治县统计年鉴
13	北京市崇文统计年鉴	7	大港统计年鉴	13	邯郸统计年鉴
14	北京市大兴区统计年鉴	8	东丽统计年鉴	14	衡水统计年鉴
15	北京市房山区统计年鉴（房山社会经济统计资料）	9	河西区统计年鉴	15	鸡泽统计年鉴
16	北京市丰台区统计年鉴	10	蓟县统计年鉴	16	廊坊经济统计年鉴
17	北京市海淀区统计年鉴（北京市海淀区国民经济统计年鉴、海淀统计年鉴）	11	津南区统计年鉴	17	秦皇岛统计年鉴
18	北京市石景山区统计年鉴（北京市石景山区统计年鉴）	12	静海县统计年鉴	18	清河县统计年鉴
19	北京市通州区统计年鉴	13	宁河统计年鉴（宁河县统计年鉴）	19	石家庄高新技术产业开发区统计年鉴
20	北京市宣武区统计年鉴（宣武统计年鉴）	14	天津滨海新区统计年鉴	20	石家庄市长安区统计年鉴
21	宣武区域统计年鉴	15	天津市汉沽统计年鉴	21	石家庄市桥西区统计年鉴
22	东城统计年鉴	16	天津市河北区统计年鉴（河北区经济社会发展统计年鉴）	22	石家庄市统计年鉴
23	怀柔区统计年鉴	17	天津市西青区统计年鉴	23	石家庄市裕华区统计年鉴
24	北京西城统计年鉴（西城统计年鉴）	18	天津市武清区统计年鉴（武清县统计年鉴、武清区统计年鉴）	24	石家庄统计年鉴
				25	唐山统计年鉴

26	邢台统计年鉴
27	永年统计年鉴

山西省

1	山西企业养老保险统计年鉴
2	山西省科学技术统计年鉴
3	山西文化统计年鉴
4	山西简要统计年鉴
5	山西统计年鉴
6	长治统计年鉴
7	大同统计年鉴
8	晋城统计年鉴
9	晋中统计年鉴
10	临汾统计年鉴
11	吕梁统计年鉴
12	清徐社会经济统计年鉴
13	朔州统计年鉴
14	太原统计年鉴（太原社会经济统计年鉴）
15	忻州统计年鉴
16	阳泉统计年鉴
17	运城统计年鉴（运城经济统计年鉴）
18	泽州统计年鉴
19	中阳统计年鉴

内蒙古自治区

1	内蒙古社会科技统计年鉴
2	内蒙古物价与城镇居民生活统计年鉴
3	内蒙古自治区城市统计年鉴
4	内蒙古自治区农村牧区社会经济统计年鉴（内蒙古农村牧区社会经济统计年鉴）
5	内蒙古自治区气象统计年鉴
6	阿尔山市统计年鉴
7	阿拉善盟统计年鉴（阿拉善统计年鉴）
8	巴林右旗统计年鉴
9	巴彦淖尔盟统计年鉴（巴彦淖尔市统计年鉴、巴彦淖尔统计年鉴）
10	包头统计年鉴
11	赤峰市松山统计年鉴
12	赤峰市翁牛特旗统计年鉴
13	赤峰市元宝山区统计年鉴
14	赤峰统计年鉴
15	鄂尔多斯统计年鉴（伊克昭盟统计年鉴）
16	海拉尔区统计年鉴（海拉尔市国民经济统计资料、海拉尔市统计年鉴、呼伦贝尔市海拉尔区统计年鉴）
17	呼和浩特经济统计年鉴 F 类
18	呼和浩特统计年鉴
19	呼伦贝尔市统计年鉴（呼伦贝尔盟统计年鉴）
20	喀喇沁统计年鉴
21	林西统计年鉴
22	满洲里市统计年鉴
23	内蒙古统计年鉴
24	内蒙古自治区统计年鉴
25	宁城统计年鉴
26	通辽统计年鉴（哲里木盟统计年鉴）
27	乌海市统计年鉴
28	乌兰察布统计年鉴
29	锡林郭勒盟统计年鉴
30	兴安盟统计年鉴
31	扎赉特旗统计年鉴

辽宁省

1	大连口岸统计年鉴
2	辽宁城市统计年鉴
3	辽宁人口统计年鉴

4	辽宁省教育统计年鉴
5	辽宁省卫生统计年鉴
6	辽宁省文化事业统计年鉴
7	辽宁统计调查年鉴（整合辽宁城市统计年鉴、辽宁农村统计年鉴、辽宁企业年鉴，保留了三种年鉴的编排方式）
8	沈阳农村统计年鉴
9	沈阳教育统计年鉴
10	沈阳卫生统计年鉴
11	辽宁统计年鉴
12	鞍山统计年鉴
13	本溪统计资料
14	朝阳统计年鉴
15	大连市沙河口区统计年鉴
16	大连统计年鉴（大连市社会经济统计年鉴）
17	丹东统计年鉴
18	东港市统计年鉴
19	抚顺统计年鉴
20	阜新统计年鉴
21	葫芦岛统计年鉴
22	锦州统计年鉴
23	辽阳统计年鉴
24	盘锦统计年鉴
25	沈阳统计年鉴（沈阳经济统计年鉴）
26	铁岭统计年鉴
27	瓦房店统计年鉴
28	营口统计年鉴

吉林省

1	吉林城市统计年鉴
2	吉林企业统计年鉴
3	吉林省邮政统计年鉴
4	安图县统计年鉴
5	白城统计年鉴
6	白山统计年鉴
7	长春统计年鉴（长春经济统计年鉴）
8	扶余统计年鉴
9	抚松统计年鉴
10	吉林市社会经济统计年鉴
11	吉林统计年鉴（吉林社会经济统计年鉴）
12	辽源统计年鉴
13	龙井社会经济统计年鉴
14	四平统计年鉴
15	松原统计年鉴
16	通化统计年鉴
17	延边统计年鉴
18	延吉统计年鉴

黑龙江省

1	黑龙江人口统计年鉴
2	黑龙江省教育统计年鉴
3	黑龙江科技统计年鉴
4	黑龙江垦区统计年鉴
5	黑龙江省国营农场总局工业统计年鉴
6	建三江农垦统计年鉴
7	绥化市北林区统计年鉴
8	东北经济区统计年鉴
9	黑龙江统计年鉴（黑龙江经济统计年鉴）
10	宝清县国民经济统计年鉴
11	大庆统计年鉴
12	大兴安岭统计年鉴
13	哈尔滨统计年鉴

14	鹤岗统计年鉴（鹤岗经济统计年鉴、鹤岗社会经济统计年鉴）
15	黑河市社会经济统计年鉴（黑河地区统计年鉴、黑河市统计年鉴、黑河市国民经济统计年鉴）
16	鸡西市国民经济统计年鉴
17	佳木斯经济统计年鉴
18	克东县国民经济统计年鉴
19	牡丹江统计年鉴（牡丹江社会经济统计年鉴）
20	七台河统计年鉴（七台河经济统计年鉴）
21	齐齐哈尔经济统计年鉴
22	庆安县国民经济统计年鉴
23	尚志市国民经济统计年鉴
24	双鸭山社会经济统计年鉴
25	绥化市统计年鉴（绥化地区国民经济统计资料、绥化行署统计年鉴、绥化市国民经济统计年鉴）
26	伊春统计年鉴（伊春市国民经济和社会发展统计资料汇编）

上海市

1	交易统计年鉴
2	浦东新区社会事业统计年鉴（上海市浦东新区社会事业基本情况统计资料汇编）
3	上海城市居民家庭收支和价格统计年鉴
4	上海对外经济统计年鉴
5	上海工业交通统计年鉴（上海工业物资能源交通统计年鉴、上海工业交通能源统计年鉴）
6	上海工业统计年鉴
7	上海国有资产统计年鉴（上海资产统计年鉴）
8	上海海关统计年鉴
9	上海郊区统计年鉴
10	上海经济区统计年鉴
11	上海科技统计年鉴
12	上海贸易外经统计年鉴
13	上海民政统计年鉴
14	上海能源统计年鉴
15	上海商业统计年鉴（上海商业物价统计年鉴）
16	上海市对外经济贸易统计年鉴
17	上海市企业集团统计年鉴
18	上海投资建设统计年鉴（上海固定资产投资和建筑业统计年鉴）
19	上海物资能源统计年鉴
20	上海证券交易所统计年鉴
21	崇明统计年鉴
22	奉贤统计年鉴
23	华东地区统计年鉴
24	黄浦统计年鉴
25	嘉定统计年鉴
26	静安统计年鉴
27	南汇统计年鉴
28	青浦区统计年鉴
29	上海浦东新区统计年鉴
30	上海市宝山区统计年鉴
31	上海市金山区统计年鉴（金山县统计年鉴）
32	上海市闵行区统计年鉴
33	上海统计年鉴
34	松江区统计年鉴（松江县国民经济统计资料汇编）
35	徐汇区统计年鉴

江苏省

1	江苏交通统计年鉴
2	江苏科技统计年鉴
3	江苏社会养老保险统计年鉴汇编
4	江苏省农村统计年鉴

	江苏省		浙江省		福建省
5	江苏省文化统计年鉴	26	丽水统计年鉴		福建省
6	徐州市地方税收统计年鉴	27	临安统计年鉴	1	福建农村经济年鉴（福建省农村统计年鉴、福建农村统计年鉴）
7	常熟统计年鉴	28	宁波市江北区统计年鉴	2	福建对外经济统计年鉴
8	常州统计年鉴	29	宁波统计年鉴	3	福建工业经济统计年鉴（福建工业经济统计年鉴）
9	丹阳统计年鉴	30	宁海县统计年鉴	4	福建金融统计年鉴
10	阜宁统计年鉴	31	衢州统计年鉴	5	福建经济与社会统计年鉴
11	赣榆统计年鉴	32	瑞安统计年鉴	6	福建科技统计年鉴（2003卷以后更名为《福建经济与社会统计年鉴》社会科技篇）
12	鼓楼统计年鉴	33	三门统计年鉴	7	福建劳动统计年鉴
13	海安统计年鉴	34	上城区统计年鉴	8	福建省道路水路运输行业统计年鉴
14	淮安统计年鉴（淮阴统计年鉴）	35	绍兴统计年鉴	9	福建市场统计年鉴（福建省商业统计年鉴、福建商业经济统计年鉴、福建商业经济统计年鉴）
15	贾汪统计年鉴	36	绍兴县统计年鉴	10	厦门市对外经济统计年鉴
16	江苏统计年鉴	37	台州统计年鉴	11	福建统计年鉴
17	江阴统计年鉴	38	桐乡统计年鉴	12	福清统计年鉴
18	九里统计年鉴	39	温州市鹿城区统计年鉴	13	福州统计年鉴
19	昆山统计年鉴	40	温州统计年鉴	14	建宁统计年鉴
20	连云港市海州区统计年鉴	41	西湖统计年鉴	15	鲤城区统计年鉴
21	连云港统计年鉴	42	下城统计年鉴	16	连城统计年鉴
22	南京统计年鉴	43	象山统计年鉴	17	龙岩统计年鉴
23	南通统计年鉴（南通市社会经济统计年鉴）	44	萧山区统计年鉴	18	南平市延平区统计年鉴
24	苏州统计年鉴	45	新昌统计年鉴	19	南平统计年鉴（南平地区国民经济统计年鉴）
25	宿迁统计年鉴	46	义乌统计年鉴	20	宁德统计年鉴
26	泰州统计年鉴	47	鄞县统计年鉴	21	莆田市统计年鉴
27	铜山统计年鉴	48	鄞州统计年鉴	22	泉州统计年鉴
28	无锡统计年鉴	49	永康统计年鉴	23	三明统计年鉴
29	吴江统计年鉴	50	余姚统计年鉴	24	石狮统计年鉴
30	吴中统计年鉴	51	玉环统计年鉴	25	厦门统计年鉴（厦门国民经济统计年鉴、厦门国民经济统计资料）1996年以后停刊
31	武进区统计年鉴	52	云和统计年鉴	26	永安统计年鉴
32	锡山统计年鉴	53	浙江统计年鉴（浙江社会经济统计年鉴）	27	永泰统计年鉴
33	徐州统计年鉴	54	镇海区统计年鉴	28	漳浦统计年鉴
34	盐城统计年鉴	55	舟山统计年鉴	29	漳州统计年鉴
35	扬中统计年鉴	56	诸暨统计年鉴		江西省
36	扬州统计年鉴		安徽省	1	"十五"时期江西劳动保障统计年鉴
37	宜兴统计年鉴	1	安徽工业经济统计年鉴	2	江西林业统计年鉴
38	张家港统计年鉴	2	安徽建设统计年鉴	3	江西省城市统计年鉴
39	镇江统计年鉴	3	安徽科技统计年鉴	4	江西省教育经费统计年鉴
	浙江省	4	安徽农村经济统计年鉴	5	江西省教育事业统计年鉴
1	椒江科技统计年鉴	5	安徽邮电统计年鉴	6	抚州统计年鉴
2	宁波市国民经济统计年鉴	6	安徽统计年鉴	7	赣县统计年鉴
3	宁波市交通统计年鉴	7	安庆统计年鉴（安庆经济统计年鉴）	8	赣州统计年鉴（赣州地区统计年鉴）
4	宁波市乡镇企业统计年鉴	8	蚌埠统计年鉴	9	吉安统计年鉴
5	浙江城市建设统计年鉴	9	亳州统计年鉴	10	江西统计年鉴
6	浙江环境统计年鉴（浙江自然资源与环境统计年鉴）	10	巢湖统计年鉴	11	井冈山统计年鉴
7	浙江科技统计年鉴（浙江省科技统计年鉴）	11	池州统计年鉴	12	景德镇统计年鉴
8	浙江民政统计年鉴	12	滁州统计年鉴（滁县地区统计年鉴）	13	九江统计年鉴
9	浙江省文化文物统计年鉴	13	阜阳统计年鉴	14	庐山区统计年鉴
10	浙江省乡镇企业统计年鉴	14	固镇统计年鉴	15	南昌市湾里区统计年鉴
11	浙江乡镇统计年鉴	15	合肥统计年鉴	16	南昌统计年鉴（南昌经济社会统计年鉴）
12	安吉县统计年鉴	16	淮北统计年鉴	17	萍乡统计年鉴
13	北仑统计年鉴	17	淮南统计年鉴	18	上饶经济社会统计年鉴（上饶地区国民经济统计资料、上饶地区社会经济统计资料、上饶地区统计年鉴、上饶统计年鉴）
14	淳安统计年鉴	18	黄山市统计年鉴	19	上饶县统计年鉴
15	慈溪统计年鉴	19	金安统计年鉴	20	新余统计年鉴
16	德清统计年鉴	20	琅琊统计年鉴	21	宜春统计年鉴
17	奉化统计年鉴	21	六安统计年鉴	22	鹰潭统计年鉴（鹰潭社会经济统计年鉴）
18	富阳统计年鉴	22	马鞍山统计年鉴		
19	海曙区统计年鉴	23	宁国统计年鉴		
20	杭州统计年鉴	24	宿州统计年鉴		
21	湖州统计年鉴	25	铜陵统计年鉴		
22	嘉兴统计年鉴	26	芜湖统计年鉴		
23	江东区统计年鉴	27	宣城市统计年鉴（宣城地区统计年鉴）		
24	金华统计年鉴	28	黟县统计年鉴		
25	兰溪统计年鉴				

山东省

山东城市统计年鉴（《山东省城镇居民生活调查统计年鉴》于 1992 年与《山东省物价调查统计年鉴》合并，更名为《山东省物价与人民生活调查统计年鉴》，1999 年起改用现名，由中国统计出版社出版，公开发行）

2 山东省物价调查统计年鉴
3 山东地方税务统计年鉴
4 山东工业统计年鉴
5 山东国内贸易统计年鉴
6 山东科技统计年鉴
7 山东贸易外经统计年鉴
8 山东民政统计年鉴
9 山东农村经济统计年鉴
10 山东农村统计年鉴（山东省农村统计年鉴）
11 山东企业统计年鉴
12 山东省固定资产投资和建筑业统计年鉴
13 山东省科学技术协会统计年
14 山东省农民生活统计年鉴
15 山东省畜牧业统计年鉴
16 山东省渔业统计年鉴
17 山东水利统计年鉴
18 山东卫生统计年鉴
19 山东文化文物统计年鉴
20 招商银行济南分行统计年鉴
21 滨城统计年鉴
22 滨州统计年鉴（滨州地区统计年鉴）
23 博兴县统计年鉴
24 昌邑统计年鉴
25 长清统计年鉴
26 成武统计年鉴
27 德州市德城区统计年鉴
28 德州统计年鉴（德州地区统计年鉴、德州市统计年鉴）
29 东营统计年鉴
30 肥城市统计年鉴
31 高密统计年鉴
32 高唐统计年鉴
33 广饶统计年鉴
34 河东区统计年鉴
35 菏泽统计年鉴（菏泽地区统计年鉴）
36 桓台统计年鉴
37 即墨统计年鉴
38 济南市市中区统计年鉴
39 济南统计年鉴
40 济宁市任城区统计年鉴
41 济宁统计年鉴
42 济阳统计年鉴
43 胶州统计年鉴
44 莱芜统计年鉴
45 莱西统计年鉴
46 莱州统计年鉴
47 崂山统计年鉴（青岛高科技工业园·青岛市崂山区统计年鉴、青岛市崂山区统计年鉴）
48 历城统计年鉴
49 利津统计年鉴
50 聊城统计年鉴
51 临沂统计年鉴
52 临邑统计年鉴
53 陵县统计年鉴
54 陵县统计年鉴
55 牟平统计年鉴
56 宁阳统计年鉴（宁阳县国民经济统计资料）
57 平度统计年鉴
58 青岛李沧统计年鉴
59 青岛统计年鉴
60 日照统计年鉴
61 荣成国民经济统计年鉴
62 山东统计年鉴
63 泗水统计年鉴
64 泰安统计年鉴
65 滕州统计年鉴
66 威海市环翠区统计年鉴
67 威海统计年鉴
68 潍坊统计年鉴
69 文登统计年鉴
70 五莲统计年鉴
71 烟台经济技术开发区统计年鉴
72 烟台市福山区统计年鉴
73 烟台市莱山区统计年鉴
74 烟台统计年鉴
75 沂水统计年鉴（沂水县统计年鉴）
76 枣庄统计年鉴
77 章丘统计年鉴
78 淄博统计年鉴（山东省淄博市国民经济统计资料）
79 邹城市统计年鉴
80 邹平统计年鉴

河南省

1 河南城市统计年鉴
2 河南科技统计年鉴
3 河南科协统计年鉴
4 河南农村统计年鉴
5 河南省教育统计年鉴
6 河南省邮政统计年鉴
7 河南水利统计年鉴
8 安阳统计年鉴
9 安阳县统计年鉴
10 登封统计年鉴
11 巩义市统计年鉴
12 河南省卢氏县统计年鉴
13 河南省内黄县统计年鉴
14 河南省义马市国民经济统计年鉴
15 河南统计年鉴（河南经济统计年鉴）
16 鹤壁统计年鉴
17 辉煌"十一五"：淮滨统计年鉴
18 济源统计年鉴
19 焦作统计年鉴
20 开封统计年鉴
21 兰考统计年鉴
22 栾川社会经济统计年鉴
23 洛阳统计年鉴
24 漯河统计年鉴
25 南乐县统计年鉴
26 南阳市统计年鉴
27 南阳市宛城区经济统计年鉴
28 南阳统计年鉴（南阳市统计年鉴、南阳经济统计年鉴）
29 南召统计年鉴
30 平顶山统计年鉴（平顶山经济统计年鉴）
31 濮阳统计年鉴
32 淇县统计年鉴
33 清丰县统计年鉴
34 三门峡统计年鉴
35 陕县统计年鉴
36 商城统计年鉴
37 商丘统计年鉴
38 渑池统计年鉴
39 汤阴统计年鉴
40 温县统计年鉴
41 武陟统计年鉴
42 新密市统计年鉴
43 新乡统计年鉴
44 新乡县统计年鉴
45 新郑统计年鉴
46 信阳统计年鉴
47 许昌统计年鉴（许昌经济统计年鉴）
48 许昌县统计年鉴
49 鄢陵县统计年鉴
50 荥阳统计年鉴
51 郑州市二七区统计年鉴
52 郑州市管城回族区统计年鉴
53 郑州市金水区统计年鉴
54 郑州市中原区统计年鉴
55 郑州统计年鉴（郑州市统计年鉴）
56 中牟统计年鉴
57 周口统计年鉴（周口地区统计年鉴）
58 驻马店统计年鉴（驻马店地区统计年鉴）

湖北省

1 湖北工交统计年鉴
2 湖北交通统计年鉴
3 湖北科技统计年鉴
4 湖北农村统计年鉴
5 黄冈市教育统计年鉴
6 武汉交通统计年鉴
7 武汉科技统计年鉴
8 宜昌金融统计年鉴
9 当阳统计年鉴
10 鄂州统计年鉴
11 恩施市统计年鉴
12 恩施州统计年鉴
13 湖北统计年鉴
14 黄冈统计年鉴
15 黄石统计年鉴
16 荆门统计年鉴
17 荆州统计年鉴
18 蕲春县统计年鉴
19 潜江统计年鉴
20 神农架林区统计年鉴
21 十堰统计年鉴
22 石首统计年鉴
23 松滋统计年鉴
24 随州统计年鉴
25 天门统计年鉴
26 武汉统计年鉴
27 武穴统计年鉴
28 仙桃统计年鉴
29 咸宁统计年鉴
30 襄阳统计年鉴（襄樊统计年鉴）
31 孝感统计年鉴
32 宜昌统计年鉴
33 郧县统计年鉴
34 郧阳统计年鉴（1994 年郧阳地区与十堰市合并）

湖南省

1 常德农村统计年鉴

2	湖南工业统计年鉴	63	株洲县统计年鉴	57	肇庆统计年鉴
3	湖南教育事业统计年鉴	64	资阳区统计年鉴	58	中山统计年鉴（中山市统计年鉴）
4	湖南科技统计年鉴		**广东省**	59	珠海统计年鉴
5	湖南能源统计年鉴	1	广东保险统计年鉴		**广西壮族自治区**
6	湖南农村水电统计年鉴	2	广东城市调查统计年鉴（广东城市调查年鉴）	1	北海统计年鉴
7	湖南农村统计年鉴	3	广东工业统计年鉴	2	崇左统计年鉴
8	湖南省教育经费统计年鉴	4	广东科技统计年鉴	3	防城港市统计年鉴
9	湖南水利统计年鉴	5	广东科协统计年鉴	4	广西统计年鉴
10	湘西金融统计年鉴	6	广东农村统计年鉴	5	贵港统计年鉴
11	中国农业发展银行湖南省分行统计年鉴	7	广东社会统计年鉴	6	桂林地区统计年鉴（桂林地区经济统计年鉴）
12	安乡统计年鉴	8	广东省电子机械工业统计年鉴	7	桂林经济社会统计年鉴（桂林统计年鉴）
13	长沙市雨花区统计年鉴	9	广东省卫生统计年鉴	8	河池统计年鉴（河池地区经济社会统计年鉴）
14	长沙统计年鉴	10	广东省文化文物统计年鉴	9	贺州市社会经济统计年鉴（贺州地区社会经济统计年鉴）
15	常德统计年鉴	11	广州市卫生统计年鉴	10	来宾市统计年鉴
16	郴州统计年鉴	12	深圳科技统计年鉴	11	柳州地区统计年鉴（柳州地区社会经济统计年鉴）2002 撤地设立来宾市
17	慈利统计年鉴	13	深圳证券交易所市场统计年鉴（深圳证券市场统计年鉴）	12	柳州统计年鉴（柳州经济统计年鉴、柳州市统计年鉴）
18	洞口县统计年鉴	14	宝安区统计年鉴	13	南宁地区经济社会统计年鉴（南宁地区统计年鉴）2002 年撤地设崇左市
19	凤凰县统计年鉴	15	禅城区统计年鉴	14	南宁统计年鉴（南宁经济社会统计年鉴）
20	汉寿统计年鉴	16	潮州统计年鉴（潮州市统计年鉴）	15	钦州统计年鉴
21	衡阳统计年鉴（衡阳社会经济统计年鉴）	17	从化统计年鉴	16	梧州统计年鉴
22	洪江区统计年鉴	18	大亚湾统计年鉴	17	玉林市统计年鉴（玉林市年鉴）
23	湖南统计年鉴	19	东莞统计年鉴		**海南省**
24	怀化统计年鉴	20	番禺统计年鉴	1	海口海关统计年鉴
25	嘉禾统计年鉴	21	佛山统计年鉴	2	海南统计年鉴
26	嘉禾县统计年鉴	22	高明统计年鉴	3	海口统计年鉴
27	江永统计年鉴	23	高州统计年鉴	4	三亚统计年鉴（三亚市统计年鉴）
28	津市统计年鉴	24	高州统计年鉴		**重庆市**
29	蓝山县统计年鉴	25	广东统计年鉴（广东省统计年鉴）	1	大渡口统计年鉴
30	醴陵统计年鉴	26	广州统计年鉴	2	江津统计年鉴
31	临澧统计年鉴	27	河源统计年鉴	3	沙坪坝区统计年鉴
32	临武统计年鉴	28	惠州统计年鉴	4	万州统计年鉴
33	龙山统计年鉴	29	江门统计年鉴	5	忠县统计年鉴
34	娄底统计年鉴	30	蕉岭县统计年鉴	6	重庆北碚统计年鉴
35	汨罗统计年鉴	31	揭阳统计年鉴	7	重庆九龙坡区统计年鉴
36	宁乡统计年鉴	32	荔湾统计年鉴	8	重庆统计年鉴
37	宁远统计年鉴	33	龙川统计年鉴	9	重庆渝北统计年鉴
38	祁阳统计年鉴	34	罗湖统计年鉴（深圳市罗湖区统计年）		**四川省**
39	桑植统计年鉴	35	茂名统计年鉴	1	成都市城市建设统计年鉴
40	邵阳统计年鉴	36	梅州统计年鉴（梅州市统计年鉴）	2	成都市民政统计年鉴
41	邵阳县统计年鉴	37	南海统计年鉴	3	四川高等教育统计年鉴
42	石门统计年鉴（石门县国民经济统计年鉴）	38	蓬江统计年鉴	4	四川科技统计年鉴
43	苏仙统计年鉴	39	清远统计年鉴（清远市国民经济统计年鉴）	5	四川民营经济统计年鉴
44	桃源统计年鉴	40	三水统计年鉴	6	四川民政统计年鉴
45	天元区统计年鉴	41	汕头统计年鉴（汕头市统计年鉴）	7	四川省水利、地方电力、水产统计年鉴
46	武冈市统计年鉴	42	汕尾统计年鉴（汕尾市国民经济和社会统计资料、汕尾市国民经济和社会统计年鉴）	8	四川省水利统计年鉴
47	湘潭统计年鉴	43	韶关市统计年鉴（韶关市年鉴）	9	四川卫生统计年鉴
48	湘西统计年鉴	44	深圳市福田区统计年鉴	10	宜宾乡镇统计年鉴
49	湘西州泸溪县统计年鉴	45	深圳市龙岗区统计年鉴	11	巴中统计年鉴
50	湘乡市统计年鉴	46	深圳市南山区统计年鉴（南山统计年鉴）	12	巴州区统计年鉴
51	湘阴统计年鉴	47	深圳市盐田区统计年鉴	13	成都市青羊区统计年鉴
52	溆县地区统计年鉴	48	深圳统计年鉴（深圳统计信息年鉴）	14	成都统计年鉴
53	益阳统计年鉴	49	顺德统计年鉴	15	达州市统计年鉴
54	永顺县统计年鉴	50	四会统计年鉴	16	丹棱县统计年鉴
55	永州统计年鉴（零陵地区统计年鉴）	51	香洲统计年鉴	17	德昌统计年鉴
56	雨花区统计年鉴（长沙市雨花区统计年鉴）	52	新会统计年鉴	18	德阳统计年鉴
57	岳阳统计年鉴	53	信宜统计年鉴	19	甘孜统计年鉴
58	岳阳县统计年鉴	54	阳江统计年鉴（阳江市统计年鉴）	20	广安统计年鉴
59	张家界市永定区统计年鉴	55	云浮统计年鉴		
60	张家界统计年鉴	56	湛江统计年鉴		
61	芝山统计年鉴				
62	株洲统计年鉴				

地方专业、专科年鉴、综合年鉴

北京市

1	北京安全生产年鉴
2	北京标准化年鉴
3	北京博物馆年鉴
4	北京财政年鉴
5	朝阳园林绿化年鉴（北京朝阳绿化年鉴、北京朝阳园林绿化年鉴）
6	北京朝阳政协年鉴
7	北京崇文财政年鉴
8	北京出入境检验检疫年鉴
9	北京档案年鉴
10	北京地方税务年鉴
11	北京地区气象年鉴
12	北京电视台年鉴
13	北京法院年鉴
14	北京凤凰岭书院首届中国书画学精英班教学年鉴
15	北京高等教育年鉴
16	北京工业年鉴
17	北京公安交通管理年鉴
18	北京公安年鉴
19	北京广播影视年鉴
20	北京国税年鉴
21	航天中心医院年鉴
22	北京红十字年鉴
23	北京华宅年鉴
24	北京画院美术馆年鉴
25	北京监狱年鉴
26	北京减灾年鉴
27	北京检察年鉴
28	北京建设年鉴
29	北京交通年鉴
30	北京教育年鉴
31	北京经济技术开发区经济普查年鉴
32	北京经济技术开发区年鉴
33	北京经济普查年鉴
34	北京经济信息年鉴
35	北京居民购房年鉴
36	北京科技年鉴
37	北京科协年鉴
38	北京老舍文艺基金会年鉴
39	北京林业年鉴
40	北京民政年鉴
41	北京农村年鉴
42	北京青年报社年鉴
43	北京青少年年鉴
44	北京人民广播电台年鉴
45	北京商务年鉴
46	北京社会建设年鉴
47	北京社会科学年鉴
48	北京审计年鉴
49	北京石景山教育年鉴
50	北京市爱国卫生工作年鉴
51	北京市残疾人联合会年鉴
52	北京市昌平区经济普查年鉴
53	北京市昌平区科技年鉴
54	北京市朝阳区经济普查年鉴
55	北京市崇文区经济普查年鉴
56	北京市大兴区经济普查年鉴
57	北京市东城区疾病预防控制中心年鉴
58	北京市东城区经济普查年鉴
59	北京市房地产年鉴（北京房地产年鉴）
60	北京市丰台区经济普查年鉴
61	北京市公园风景名胜区协会年鉴
62	北京市公园年鉴
63	北京市国土资源年鉴
64	北京市国有资产监督管理年鉴
65	北京市海淀区经济普查年鉴
66	北京市教育工会年鉴（北京市教育工会工作年鉴）
67	北京市金融年鉴
68	北京市勘察设计年鉴
69	北京市门头沟区经济普查年鉴
70	北京市密云县经济普查年鉴
71	北京市民生活年鉴
72	北京市平谷工商行政管理年鉴
73	北京市平谷区经济普查年鉴
74	北京市平原区（远郊县）地下水位年鉴
75	北京市普通高等学校（成人高等教育）招生（工作）年鉴
76	北京市普通教育年鉴
77	北京市青年宫年鉴
78	北京市人口和计划生育年鉴
79	北京市石景山区科技年鉴
80	北京市顺义区经济普查年鉴
81	北京市通州区经济普查年鉴
82	北京市西城区经济普查年鉴
83	北京市宣武区经济普查年鉴
84	北京市延庆县经济普查年鉴
85	北京市政府采购中心年鉴
86	北京市政年鉴
87	北京书法艺术年鉴
88	北京税务年鉴
89	北京司法行政年鉴
90	北京体育产业年鉴
91	北京体育年鉴
92	北京卫生监督年鉴
93	北京卫生年鉴
94	北京文化艺术年鉴
95	北京文物年鉴
96	北京文艺年鉴
97	北京物价年鉴
98	北京信息化年鉴
99	北京信用年鉴
100	北京烟草年鉴
101	北京印钞厂年鉴
102	北京邮政年鉴
103	北京园林年鉴
104	北京证券业年鉴
105	北京政协年鉴
106	北京知识产权审判年鉴
107	北京住宅年鉴
108	昌平教育年鉴（昌平区教育年鉴）
109	城市道路照明专业委员会年鉴
110	大兴教育年鉴
111	海淀区教育督导年鉴
112	海淀区校外教育年鉴
113	密云县工会年鉴
114	首都精神文明建设年鉴
115	宋庄当代艺术年鉴
116	西城区教育年鉴
117	西城消防工作年鉴
118	悦目堂设计年鉴
119	中关村国家自主创新示范区年鉴（中关村科技园区年鉴）
120	中关村环保科技示范园年鉴
121	中国建设银行股份有限公司北京市分行年鉴（中国建设银行北京市分行年鉴）
122	中国生态年鉴绿色北京
123	中国外向型企业年鉴（北京卷）
124	北京年鉴
125	北京昌平年鉴
126	北京朝阳年鉴
127	北京崇文年鉴
128	北京大兴年鉴
129	北京东城年鉴
130	北京房山年鉴（房山区年鉴）
131	北京丰台年鉴
132	北京海淀年鉴
133	北京怀柔年鉴
134	北京门头沟年鉴
135	北京密云年鉴
136	北京石景山年鉴
137	北京顺义年鉴
138	北京通州年鉴
139	北京西城年鉴
140	北京宣武年鉴
141	北京延庆年鉴

天津市

1	天津保险年鉴
2	天津滨海高新技术产业开发区年鉴
3	天津财政年鉴
4	天津餐饮年鉴
5	天津调查年鉴
6	天津房地产市场年鉴
7	天津公安年鉴
8	天津规划年鉴
9	天津教育年鉴
10	天津教育招生考试年鉴
11	天津经济技术开发区（南港工业区）年鉴（天津经济技术开发区年鉴）
12	天津经济普查年鉴
13	天津科技年鉴
14	天津农村年鉴
15	天津普通教育年鉴
16	天津企业年鉴
17	天津区县年鉴
18	天津商务年鉴（天津市对外经济贸易年鉴）
19	天津设计年鉴
20	天津社会科学年鉴
21	天津市电话局年鉴
22	天津市国土资源和房屋管理年鉴
23	天津市疾病预防控制中心年鉴（天津市卫生防病中心年鉴）
24	天津市纪检监察年鉴
25	天津市精神文明建设年鉴

26	天津市精神文明建设年鉴
27	天津市畜牧业经济历史年鉴
28	天津体育年鉴
29	天津卫生年鉴
30	天津戏剧年鉴
31	天津信息化年鉴
32	天津一轻工业年鉴
33	天津邮电年鉴
34	天津邮政年鉴（天津市邮政局年鉴）
35	天津市北辰年鉴（北辰区年鉴）
36	人港年鉴（人港区年鉴）
37	和平年鉴
38	河北年鉴（天津的区）
39	河东年鉴
40	河西年鉴
41	红桥年鉴
42	津南年鉴
43	宁河年鉴
44	天津市滨海新区塘沽年鉴（天津市塘沽年鉴）
45	天津东丽年鉴
46	天津汉沽年鉴
47	天津南开年鉴（南开区年鉴）
48	天津年鉴（天津经济年鉴）
49	武清年鉴
50	西青年鉴

河北省

1	保定电信年鉴
2	沧州教育年鉴
3	沧州市科技年鉴
4	丰宁千松坝林场年鉴
5	丰宁水电站年鉴
6	邯郸教育年鉴
7	邯郸文化年鉴
8	河北财政年鉴
9	河北城市金融年鉴
10	河北出版年鉴
11	河北地方税务年鉴
12	河北地震年鉴
13	河北法制年鉴
14	河北国税年鉴
15	河北国土资源年鉴
16	河北环境保护年鉴
17	河北交通年鉴
18	河北教育年鉴
19	河北金融年鉴
20	河北经济年鉴（95年前河北经济统计年鉴）
21	河北经济普查年鉴
22	河北科技年鉴
23	河北农村金融年鉴
24	河北企业年鉴
25	河北人口调查年鉴
26	河北社会科学年鉴
27	河北省地下水位年鉴：石家庄地区
28	河北省广播电视年鉴
29	河北省国有资产监督管理年鉴
30	河北省精神文明建设年鉴
31	河北省开发区年鉴
32	河北市场年鉴
33	河北体育年鉴
34	河北通信年鉴
35	河北网通年鉴

36	河北卫生监督年鉴
37	河北卫生年鉴
38	河北文化艺术年鉴
39	河北县镇年鉴
40	河北乡镇经济年鉴
41	河北邮电年鉴
42	河北邮政年鉴
43	河北政法年鉴
44	河北住宅与房地产业年鉴
45	井陉财政年鉴
46	廊坊公路交通年鉴
47	秦皇岛金融年鉴
48	石家庄地方税务年鉴
49	石家庄市卫生年鉴
50	石家庄新闻出版年鉴
51	魏县水利年鉴
52	邢台教育年鉴
53	张家口财政年鉴
54	张家口经济年鉴（张家口经济社会统计年鉴）
55	中共成安年鉴
56	中共大名年鉴
57	中共高邑年鉴
58	中共邯郸年鉴
59	中共河北年鉴
60	中共廊坊年鉴
61	中共乐亭年鉴
62	中共路北年鉴
63	中共三河年鉴
64	中共唐山年鉴
65	中共魏县年鉴
66	中共邢台年鉴
67	中国秦皇岛经济技术开发区年鉴
68	霸州市年鉴
69	保定年鉴
70	北戴河年鉴
71	沧县年鉴
72	沧州年鉴
73	承德年鉴
74	赤城年鉴
75	大厂年鉴
76	大名年鉴
77	定州年鉴
78	丰宁满族自治县年鉴
79	丰润年鉴
80	藁城年鉴
81	古冶区年鉴
82	海港区年鉴
83	邯郸地区年鉴
84	邯郸年鉴
85	邯郸县年鉴
86	河北年鉴
87	河间年鉴
88	衡水年鉴
89	怀安年鉴
90	鸡泽年鉴
91	晋州年鉴
92	井陉年鉴
93	宽城年鉴
94	廊坊年鉴
95	鹿泉市年鉴
96	栾城年鉴

97	滦县年鉴
98	内丘年鉴
99	平泉年鉴
100	平山年鉴
101	迁安年鉴
102	迁西年鉴
103	秦皇岛年鉴
104	青龙满族自治县年鉴
105	清河年鉴
106	曲阳年鉴
107	曲周年鉴
108	山海关年鉴
109	深州年鉴
110	石家庄年鉴
111	石家庄市新华区年鉴
112	唐海年鉴
113	唐山年鉴
114	围场年鉴
115	香河年鉴
116	辛集年鉴
117	新乐年鉴
118	新区年鉴（唐山）
119	兴隆年鉴
120	邢台年鉴
121	邢台县年鉴
122	宣化县年鉴
123	玉田年鉴
124	张家口年鉴
125	张家口市宣化区年鉴
126	赵县年鉴
127	正定县年鉴
128	涿州年鉴
129	赞皇年鉴

山西省

1	长治人大年鉴
2	长治政协年鉴
3	大同交通年鉴
4	翼城政协年鉴
5	晋城财政年鉴
6	晋城经济普查年鉴
7	晋城文化年鉴
8	平陆经济年鉴
9	山西财政年鉴
10	山西电力年鉴
11	山西广播影视年鉴
12	山西出入境检验检疫年鉴（山西检验检疫年鉴）
13	山西交通年鉴
14	山西晋中经济普查年鉴
15	山西经济年鉴
16	山西经济普查年鉴 2004
17	山西人力资源和社会保障年鉴
18	山西省国有资产监督管理年鉴
19	山西省企业和产品年鉴．2008
20	山西省文学艺术界联合会年鉴
21	山西网通·山西联通年鉴（山西电信年鉴、山西通信年鉴、山西网通年鉴）
22	山西卫生年鉴（山西卫生统计年鉴）
23	山西政协年鉴
24	山西住房和城乡建设年鉴
25	朔州经济普查年鉴
26	太原财政年鉴

27	太原经济普查年鉴
28	乡宁县国土资源五年鉴
29	新世纪新发展：山西省工商联（总商会）年鉴.
30	中共长治年鉴
31	中共长治县年鉴
32	中共大同年鉴
33	中共平顺年鉴
34	中共山西年鉴
35	长治年鉴
36	长治县年鉴
37	大同年鉴
38	方山年鉴
39	高平年鉴
40	古交年鉴
41	广灵年鉴
42	河津市年鉴（河津年鉴）
43	侯马年鉴
44	壶关年鉴
45	浑源年鉴
46	稷山年鉴
47	晋城年鉴
48	晋城市城区年鉴
49	晋中年鉴
50	岚县年鉴
51	黎城年鉴
52	临汾年鉴
53	临县年鉴
54	临猗年鉴
55	柳林县民间剪纸协会年鉴
56	娄烦年鉴
57	潞城年鉴
58	吕梁年鉴
59	平定年鉴
60	平鲁年鉴
61	平陆年鉴
62	平顺年鉴
63	沁水年鉴
64	清徐年鉴
65	曲沃年鉴
66	山西年鉴
67	寿阳年鉴
68	朔州年鉴
69	太谷年鉴
70	太原年鉴
71	屯留年鉴
72	文水年鉴
73	昔阳年鉴
74	乡宁年鉴
75	襄汾年鉴
76	孝义年鉴
77	阳泉年鉴
78	阳泉市城区年鉴
79	永济年鉴
80	盂县年鉴
81	垣曲年鉴
82	运城年鉴（运城地区年鉴）

内蒙古自治区

1	包头财政年鉴
2	包头经济普查年鉴
3	包头精神文明建设年鉴
4	鄂尔多斯经济普查年鉴

5	鄂尔多斯经济社会调查年鉴
6	呼和浩特科学技术年鉴
7	呼伦贝尔盟地方林业年鉴
8	呼伦贝尔市农业普查年鉴
9	蒙古学研究年鉴
10	内蒙古财政年鉴
11	内蒙古电力工业年鉴
12	内蒙古工会年鉴
13	内蒙古经济贸易年鉴（内蒙古工业经济年鉴）
14	内蒙古经济普查年鉴
15	内蒙古经济社会调查年鉴
16	内蒙古精神文明建设年鉴
17	内蒙古科学技术年鉴
18	内蒙古林业年鉴
19	内蒙古美术年鉴
20	内蒙古水利年鉴
21	内蒙古卫生年鉴
22	内蒙古宣传思想文化年鉴
23	内蒙古邮电年鉴
24	内蒙古邮政年鉴
25	内蒙古著名商标年鉴
26	内蒙古自治区灾害性天气年鉴，寒潮
27	通辽市科尔沁区人民法院年鉴
28	乌拉特后旗档案年鉴
29	中国共产党乌拉特前旗党史大事记乌拉特前旗二〇〇〇年人物年鉴
30	阿拉善年鉴
31	巴彦淖尔年鉴
32	包头年鉴
33	赤峰年鉴
34	达拉特年鉴
35	额尔古纳右旗年鉴
36	额济纳年鉴
37	鄂尔多斯年鉴
38	海拉尔年鉴
39	红山年鉴
40	呼和浩特年鉴
41	呼伦贝尔年鉴
42	开鲁年鉴
43	科尔沁右翼前旗年鉴
44	科尔沁右翼中旗年鉴
45	库伦年鉴
46	临河年鉴
47	满洲里市年鉴
48	内蒙古年鉴
49	宁城年鉴
50	松山年鉴
51	通辽年鉴
52	突泉年鉴
53	乌海年鉴
54	乌拉特后旗年鉴
55	乌拉特中旗年鉴
56	乌兰察布年鉴
57	乌兰浩特年鉴
58	锡林郭勒年鉴
59	新巴尔虎右旗年鉴
60	兴安年鉴
61	牙克石市年鉴
62	扎赉特年鉴
63	正镶白旗年鉴
64	准格尔年鉴

辽宁省

1	鞍山金融年鉴
2	大连、香港经济比较年鉴
3	大连百处年鉴
4	大连城市建设年鉴
5	大连经济普查年鉴
6	大连开发区年鉴
7	大连科学技术年鉴
8	大连人口和计划生育年鉴
9	大连市道路交通事故年鉴
10	大连市工会年鉴
11	丹东财政年鉴
12	东北电力年鉴
13	房地产设计年鉴
14	抚顺金融年鉴
15	阜新公路年鉴
16	阜新市教育年鉴
17	辽宁对外经济贸易年鉴
18	辽宁教育年鉴
19	辽宁金融年鉴
20	辽宁经济普查年鉴
21	辽宁科技年鉴
22	辽宁企业集团年鉴
23	辽宁企业年鉴
24	辽宁汽车工业年鉴
25	辽宁省安全生产年鉴
26	辽宁省房地产行业年鉴
27	辽宁省九三学社年鉴
28	辽宁省普通教育年鉴
29	辽宁体育年鉴
30	辽宁卫生年鉴
31	辽宁文艺界年鉴
32	辽宁邮政年鉴
33	辽宁招生考试年鉴
34	辽阳教育年鉴
35	辽阳金融年鉴
36	辽阳科技年鉴
37	旅顺教育年鉴
38	盘锦经济普查年鉴
39	沈阳财政年鉴
40	沈阳调查年鉴
41	沈阳房地产年鉴
42	沈阳故宫博物馆年鉴（沈阳故宫博物院年鉴）
43	沈阳教育年鉴（沈阳市普通教育年鉴）
44	沈阳市金融年鉴
45	沈阳招生考试年鉴
46	铁岭经济普查年鉴
47	铁岭市城乡建设年鉴
48	铁岭市教育年鉴
49	铁岭市银州区教育年鉴
50	瓦房店市中心医院年鉴
51	营口卫生年鉴
52	中国共产党辽宁年鉴
53	中国共产党盘锦年鉴（中共盘锦年鉴）
54	中国共产党沈阳年鉴
55	鞍山年鉴
56	北票年鉴
57	本溪年鉴
58	昌图年鉴
59	朝阳年鉴
60	朝阳县年鉴

61　大连年鉴
62　大石桥年鉴
63　大洼年鉴
64　丹东年鉴
65　灯塔年鉴
66　东港年鉴
67　法库年鉴
68　抚顺年鉴
69　抚顺县年鉴
70　阜新蒙古族自治县年鉴
71　阜新年鉴
72　盖州年鉴
73　甘井子年鉴
74　海城年鉴
75　葫芦岛年鉴
76　桓仁年鉴
77　建昌县年鉴
78　建平年鉴
79　金州年鉴
80　锦州年鉴
81　喀喇沁左翼蒙古族自治县年鉴（喀左年鉴）
82　宽甸年鉴
83　连山年鉴
84　辽宁年鉴
85　辽阳年鉴
86　辽阳县年鉴
87　凌源年鉴
88　旅顺口区年鉴
89　盘锦年鉴
90　盘山年鉴
91　普兰店年鉴
92　清河门年鉴
93　清河年鉴
94　沙河口区年鉴
95　沈阳年鉴（1985～1991沈阳经济统计年鉴）
96　沈阳综合年鉴
97　双塔年鉴
98　绥中年鉴
99　台安年鉴
100　太和区年鉴
101　铁东年鉴（铁东区年鉴）
102　铁岭年鉴
103　瓦房店年鉴
104　兴城年鉴
105　兴隆台年鉴
106　岫岩年鉴
107　义县年鉴
108　银州年鉴
109　营口经济技术开发区年鉴
110　营口年鉴
111　于洪年鉴
112　彰武年鉴
113　中山年鉴
114　庄河年鉴

吉林省

1　长春电信年鉴
2　长春高新技术产业开发区年鉴
3　长春卫生年鉴
4　吉林财政年鉴
5　吉林城市年鉴
6　吉林出入境检验检疫年鉴

7　吉林调查年鉴
8　吉林工业和信息化鉴
9　吉林共青团年鉴
10　吉林金融年鉴
11　吉林省第二次全国经济普查年鉴
12　吉林省第一次全国经济普查年鉴
13　吉林省教育年鉴
14　吉林省经济技术合作年鉴
15　吉林卫生年鉴
16　吉林邮政年鉴
17　辽源市教育学会年鉴
18　汪清县林业年鉴
19　伪满皇宫博物馆年鉴
20　延边林业年鉴
21　延边邮电年鉴
22　中国外向型企业年鉴，吉林卷
23　安图年鉴
24　白城年鉴
25　白山年鉴
26　长白年鉴
27　长春年鉴
28　朝阳年鉴
29　大安年鉴
30　德惠年鉴
31　东丰年鉴
32　东辽年鉴
33　敦化年鉴
34　抚松年鉴
35　公主岭年鉴
36　和龙年鉴
37　桦甸年鉴
38　吉林年鉴
39　吉林市龙潭区年鉴
40　吉林市年鉴
41　集安年鉴
42　蛟河年鉴
43　靖宇年鉴
44　宽城年鉴
45　梨树年鉴
46　辽源年鉴
47　临江年鉴
48　柳河年鉴
49　龙井年鉴
50　梅河口年鉴
51　宁江年鉴
52　磐石年鉴
53　前郭尔罗斯年鉴
54　舒兰年鉴
55　双辽年鉴
56　四平年鉴
57　松原年鉴
58　洮南年鉴
59　铁东年鉴
60　通化年鉴
61　通化县年鉴
62　迪榆年鉴
63　图们年鉴
64　延边年鉴
65　延吉年鉴
66　永吉年鉴
67　榆树年鉴

68　镇赉年鉴

黑龙江省

1　八五二年鉴（农场）
2　北兴年鉴（农场）
3　大庆邮电年鉴
4　二九一年鉴（农场）
5　哈尔滨财政年鉴
6　哈尔滨工商行政管理年鉴
7　哈尔滨公安年鉴
8　哈尔滨邮政局年鉴
9　哈尔滨知识产权年鉴
10　黑河市经济普查年鉴
11　黑龙江地税年鉴
12　黑龙江电力年鉴
13　黑龙江国税年鉴
14　黑龙江教育年鉴
15　黑龙江金融年鉴
16　黑龙江经济普查年鉴
17　黑龙江煤炭工业年鉴
18　黑龙江民营经济年鉴
19　黑龙江民政年鉴（黑龙江省民政年鉴）
20　黑龙江农垦年鉴
21　黑龙江商务年鉴（黑龙江对外经济贸易年鉴）
22　黑龙江省财政年鉴
23　黑龙江省技术质量监督局年鉴
24　黑龙江省农业年鉴
25　黑龙江省审计年鉴
26　黑龙江体育年鉴
27　黑龙江卫生年鉴
28　黑龙江信息年鉴
29　黑龙江宣传工作年鉴
30　黑龙江艺术设计年鉴
31　黑龙江邮政年鉴
32　红兴隆年鉴
33　佳木斯地税年鉴
34　佳木斯市财政年鉴
35　江川年鉴（农场）
36　牡丹江地税年鉴
37　牡丹江电信年鉴（牡丹江市邮电局年鉴）
38　牡丹江民政年鉴
39　牡丹江市财政年鉴
40　齐齐哈尔教育年鉴
41　齐齐哈尔经济普查年鉴
42　齐齐哈尔市财政年鉴
43　齐齐哈尔邮政年鉴
44　饶河农场年鉴
45　曙光年鉴（农场）
46　双鸭山农场年鉴
47　双鸭山邮政年鉴
48　绥化邮政年鉴
49　五九七年鉴（农场）
50　伊春国税年鉴
51　伊春市公安年鉴
52　友谊年鉴（农场）
53　原画人年鉴
54　中国工商银行黑龙江省分行年鉴（黑龙江省工商银行年鉴）
55　巴彦年鉴
56　拜泉年鉴
57　宝清年鉴
58　北安年鉴

59	勃利年鉴
60	大庆年鉴
61	大同区年鉴
62	大兴安岭年鉴
63	方正年鉴
64	甘南年鉴
65	哈尔滨年鉴
66	海伦年鉴
67	鹤岗年鉴
68	黑河年鉴
69	黑龙江年鉴（黑龙江省经济年鉴）
70	鸡西年鉴
71	集贤年鉴
72	佳木斯年鉴
73	嘉荫年鉴
74	克东年鉴
75	密山年鉴
76	牡丹江年鉴
77	木兰年鉴
78	南岔年鉴
79	南岗年鉴
80	讷河年鉴
81	嫩江年鉴
82	七台河年鉴
83	齐齐哈尔年鉴
84	让胡路年鉴
85	萨尔图年鉴
86	上甘岭年鉴
87	尚志年鉴
88	双鸭山年鉴
89	松花江年鉴
90	绥化地区年鉴
91	绥化市年鉴
92	孙吴年鉴
93	汤旺河年鉴
94	铁力年鉴
95	通河年鉴
96	望奎年鉴
97	逊克年鉴
98	延寿年鉴
99	伊春年鉴
100	依安年鉴
101	肇东年鉴

上海市

1	长江三角洲城市年鉴
2	长江三角洲发展年鉴
3	长江三角洲年鉴
4	长三角年鉴
5	大众生活年鉴
6	闵行企业年鉴
7	南汇公安年鉴
8	浦东企业年鉴
9	浦东生活年鉴
10	上海保险年鉴
11	上海殡葬年鉴
12	上海财政税务年鉴
13	上海出入境检验检疫局年鉴
14	上海档案事业年鉴
15	上海地铁年鉴
16	上海电信年鉴
17	上海对外经济贸易年鉴

18	上海防灾救灾研究所年鉴
19	上海房地产年鉴
20	上海房地产投资发展与城市交通年鉴
21	上海纺织行业年鉴
22	上海服装服饰行业年鉴
23	上海服装年鉴
24	上海高等教育年鉴
25	上海工会年鉴
26	上海工业年鉴（上海工业商业年鉴）
27	上海公安年鉴
28	上海共青团年鉴
29	上海广告年鉴
30	上海海事法院年鉴
31	上海环境年鉴
32	上海及长江三角洲地区服装服饰行业年鉴
33	上海监狱年鉴
34	上海检察年鉴
35	上海建设工程质量年鉴
36	上海建设年鉴
37	上海郊区年鉴
38	上海教育年鉴
39	上海金融年鉴
40	上海经济年鉴
41	上海经济普查年鉴
42	上海居民生活和价格年鉴
43	上海科技年鉴（上海科技）
44	上海口岸年鉴
45	上海旅游年鉴
46	上海民间组织年鉴
47	上海民营经济年鉴
48	上海民政年鉴
49	上海农业科学技术年鉴
50	上海企业最新业务年鉴
51	上海气候年鉴
52	上海气象灾害年鉴
53	上海青年年鉴
54	上海人口与计划生育年鉴
55	上海商检局年鉴
56	上海商务年鉴
57	上海商业年鉴
58	上海社联年鉴
59	上海社团年鉴
60	上海市第一中级人民法院年鉴
61	上海市电话局年鉴
62	上海市高级人民法院年鉴
63	上海市公共卫生中心、复旦大学附属公共卫生中心年鉴
64	上海市机电产品出口年鉴
65	上海市交通运输和港口管理局年鉴
66	上海市进出口产品年鉴（上海出口产品年鉴）
67	上海市经济团体联合会年鉴
68	上海市绿化市容（林业·城管执法）年鉴（上海市绿化和市容管理年鉴）
69	上海市农业科学技术年鉴
70	上海市浦东新区工商年鉴
71	上海市浦东新区人民法院年鉴
72	上海市邮电局年鉴
73	上海水务年鉴
74	上海税务年鉴
75	上海司法行政年鉴
76	上海体育年鉴

77	上海外商投资企业年鉴
78	上海外商投资企业行业年鉴
79	上海卫生年鉴
80	上海文化年鉴
81	上海物流年鉴
82	上海物流与采购行业年鉴
83	上海消防年鉴
84	上海信息产业年鉴
85	上海信息化年鉴
86	上海药品监管年鉴
87	上海医药生物工程年鉴
88	上海印钞厂年鉴
89	上海邮电年鉴
90	上海邮政年鉴
91	上海证券年鉴
92	上海政协年鉴
93	上海纸业行业年鉴
94	上海铸造年鉴
95	台港澳、外国企业驻沪机构年鉴
96	文汇摄影年鉴
97	新理想空间：同济规划设计年鉴
98	中共上海市委统战部年鉴
99	中国外向型企业年鉴：上海卷
100	宝山年鉴
101	长宁年鉴
102	崇明年鉴（崇明县年鉴）
103	川沙年鉴
104	奉贤年鉴
105	虹口年鉴
106	黄浦年鉴
107	嘉定年鉴
108	金山年鉴
109	静安年鉴
110	卢湾年鉴
111	陆家嘴金融城（上海市浦东新区陆家嘴功能区域年鉴、陆家嘴年鉴）
112	闵行年鉴
113	南汇年鉴
114	南市年鉴
115	浦东年鉴（浦东新区年鉴）
116	普陀年鉴
117	青浦年鉴
118	上海年鉴
119	上海县年鉴
120	松江年鉴
121	潍坊新村街道年鉴
122	徐汇年鉴
123	杨浦年鉴
124	闸北年鉴

江苏省

1	滨海交通年鉴
2	常熟美术馆（庞薰琹美术馆）年鉴
3	常州财政年鉴
4	常州市企业和产品年鉴
5	灌云经济年鉴
6	海安县人民医院年鉴
7	江苏安全生产年鉴
8	江苏保险年鉴
9	江苏博爱建筑安全年鉴
10	江苏博物馆年鉴
11	江苏财政年鉴

12	江苏城建档案年鉴	72	扬州经济普查年鉴	133	南通年鉴
13	江苏出版年鉴	73	扬州卫生年鉴	134	沛县年鉴
14	江苏出入境检验检疫年鉴	74	镇江保险年鉴	135	邳州年鉴
15	江苏改革年鉴	75	镇江生活年鉴	136	浦口年鉴
16	江苏广告年鉴	76	中国优质产品年鉴：江苏省分册	137	栖霞年鉴
17	江苏机械工业年鉴	77	白下年鉴	138	启东年鉴
18	江苏建设信息年鉴（江苏建设信息企业年鉴）	78	宝应年鉴	139	秦淮年鉴
19	江苏交通年鉴	79	滨海年鉴	140	清河年鉴
20	江苏教育年鉴	80	常熟年鉴	141	如东年鉴
21	江苏金融年鉴	81	常州年鉴	142	如皋年鉴
22	江苏经济普查年鉴	82	常州年鉴·百姓手册	143	润州年鉴
23	江苏科技年鉴	83	楚州年鉴（2012 年更名为淮安区）	144	射阳年鉴
24	江苏农机安全监理年鉴	84	大厂年鉴	145	溧阳年鉴
25	江苏企业产品信息年鉴	85	大丰年鉴	146	泗洪年鉴
26	江苏企业调查年鉴	86	丹徒年鉴	147	泗阳年鉴 96 首
27	江苏企业年鉴	87	丹阳年鉴	148	苏州高新区、虎丘区年鉴
28	江苏企业文化年鉴	88	东海年鉴	149	苏州年鉴
29	江苏企业信息年鉴	89	东台年鉴	150	苏州新区年鉴
30	江苏散文双年鉴	90	丰县年鉴	151	宿迁年鉴
31	江苏审计年鉴	91	阜宁年鉴	152	宿豫年鉴
32	江苏省会议展览年鉴	92	赣榆年鉴	153	睢宁年鉴
33	江苏省美术馆年鉴	93	高淳年鉴	154	太仓年鉴
34	江苏省文学艺术界联合会年鉴	94	高岗年鉴	155	泰兴年鉴
35	江苏省新能源可再生能源及节能减排应用与技术年鉴	95	高港年鉴	156	泰州年鉴
		96	高邮年鉴	157	亭湖年鉴
36	江苏水利年鉴	97	鼓楼年鉴	158	通州年鉴
37	江苏体育年鉴	98	灌南年鉴	159	铜山年鉴
38	江苏卫生年鉴	99	灌云年鉴	160	维扬年鉴
39	江苏文化年鉴	100	广陵年鉴	161	无锡年鉴
40	江苏乡镇企业年鉴	101	海安年鉴	162	吴江年鉴
41	江苏信息化年鉴	102	海门年鉴	163	吴县年鉴
42	江苏宣传年鉴	103	海州年鉴	164	吴中年鉴
43	江苏邮政企业年鉴	104	邗江年鉴	165	武进年鉴
44	昆山钞票纸厂年鉴	105	洪泽年鉴	166	锡山市年鉴
45	连云港港年鉴	106	淮安年鉴（淮阴年鉴）	167	下关年鉴
46	南京财政年鉴（南京财政）	107	淮阴年鉴（淮阴区年鉴）	168	响水年鉴
47	南京地方税务年鉴	108	惠山区年鉴	169	新浦年鉴
48	南京都市圈年鉴	109	贾汪年鉴	170	新沂年鉴
49	南京房地产年鉴	110	建湖年鉴	171	兴化年鉴
50	南京交通年鉴	111	建邺年鉴	172	盱眙年鉴
51	南京经济普查年鉴	112	江都年鉴	173	徐州年鉴
52	南京生活实用年鉴	113	江宁年鉴	174	玄武年鉴
53	南京市疾病预防控制中心年鉴	114	江浦年鉴	175	盐城年鉴
54	南京市教学研究院年鉴	115	江苏年鉴	176	盐都年鉴
55	南京税务年鉴	116	江阴年鉴	177	扬中年鉴
56	南京卫生年鉴	117	姜堰年鉴	178	扬州年鉴
57	南通文化年鉴（南通文化艺术年鉴）	118	金阊年鉴	179	仪征年鉴
58	侵华日军南京大屠杀遇难同胞纪念馆年鉴	119	金湖年鉴	180	宜兴年鉴
59	苏州经济普查年鉴	120	金坛年鉴	181	雨花年鉴
60	苏州市企业与产品年鉴	121	京口年鉴	182	张家港年鉴
61	苏州油画雕塑年鉴	122	靖江年鉴	183	镇江年鉴
62	泰州市人民医院年鉴	123	句容年鉴	184	钟楼年鉴
63	无锡保险年鉴	124	昆山年鉴		**浙江省**
64	无锡交通年鉴	125	溧水年鉴	1	北仑新闻年鉴
65	无锡市城市建设年鉴	126	溧阳年鉴	2	慈溪经济普查年鉴
66	无锡市地方税务年鉴	127	连云港年鉴	3	奉化经济普查年鉴
67	锡山区概览年鉴	128	涟云年鉴	4	杭州申信年鉴
68	新沂河年鉴	129	涟水年鉴	5	杭州公安年鉴
69	徐州市教育年鉴	130	六合年鉴	6	杭州广播电视年鉴
70	盐城交通年鉴	131	南长年鉴	7	杭州建设年鉴
71	盐城市建设年鉴	132	南京年鉴	8	杭州经济技术开发区年鉴

9	杭州经济普查年鉴	70	安吉年鉴	131	义乌年鉴
10	杭州科技年鉴（杭州市科技工作年鉴）	71	北仑年鉴	132	鄞州年鉴（鄞县年鉴）
11	杭州市市政工程建设年鉴	72	苍南年鉴	133	永嘉年鉴
12	黄岩财政地税年鉴（黄岩财税年鉴）	73	常山年鉴	134	永康年鉴
13	嘉兴经济普查年鉴	74	淳安年鉴	135	余杭年鉴
14	嘉兴文化年鉴	75	岱山年鉴	136	玉环年鉴
15	金华公安年鉴	76	德清年鉴	137	云和年鉴
16	金华县教育年鉴	77	定海年鉴	138	浙江年鉴（浙江经济年鉴）
17	宁波保险年鉴	78	东阳年鉴	139	舟山年鉴
18	宁波检验检疫年鉴	79	洞头年鉴	140	诸暨年鉴
19	宁波金融年鉴	80	富阳年鉴		**安徽省**
20	宁波科技园区年鉴	81	海宁年鉴	1	安徽财政年鉴
21	宁波社联年鉴	82	海盐年鉴	2	安徽地税稽查年鉴
22	宁波市工业企业年鉴	83	杭州年鉴	3	安徽地税年鉴
23	宁波市经济普查年鉴	84	湖州年鉴	4	安徽国税年鉴
24	宁波市科技创业中心年鉴	85	黄岩年鉴	5	安徽航运年鉴
25	宁波市企业和产品年鉴	86	嘉善年鉴	6	安徽价格年鉴
26	宁波体育年鉴	87	嘉兴年鉴	7	安徽减灾年鉴
27	宁波文化年鉴	88	建德年鉴	8	安徽教育年鉴
28	宁波信息年鉴	89	江山年鉴	9	安徽教育招生考试年鉴
29	宁波邮电年鉴	90	椒江年鉴	10	安徽金融年鉴
30	衢州经济普查年鉴	91	金华年鉴	11	安徽经济普查年鉴
31	绍兴财政（地税）年鉴	92	缙云年鉴	12	安徽企业年鉴
32	台州财税年鉴	93	开化年鉴	13	安徽汽车年鉴
33	桐庐粮食年鉴	94	柯城年鉴	14	安徽社会科学年鉴
34	温州公安年鉴	95	乐清年鉴	15	安徽审计年鉴
35	温州科技年鉴	96	丽水年鉴	16	安徽省高级人民法院年鉴
36	浙江保险年鉴	97	莲都年鉴	17	安徽省开发区年鉴
37	浙江财政年鉴	98	临安年鉴	18	安徽省普通高校毕业生就业工作年鉴
38	浙江城乡建设年鉴	99	临海年鉴	19	安徽省气象灾害年鉴
39	浙江出版年鉴	100	龙泉年鉴	20	安徽水利年鉴
40	浙江地税年鉴	101	龙湾年鉴	21	安徽卫生年鉴
41	浙江非国有经济年鉴	102	龙游年鉴	22	安徽文化年鉴
42	浙江公安年鉴	103	鹿城年鉴	23	安徽信息年鉴
43	浙江广播电影电视年鉴（浙江广播电视年鉴）	104	路桥年鉴	24	安徽邮政年鉴
44	浙江疾病预防控制年鉴	105	宁波年鉴	25	安庆共青团年鉴
45	浙江交通年鉴	106	宁海年鉴	26	安庆经济普查年鉴
46	浙江教育年鉴	107	瓯海年鉴	27	安庆乡镇企业年鉴
47	浙江金融年鉴	108	平湖年鉴	28	亳州市经济普查年鉴
48	浙江经济普查年鉴	109	平阳年鉴	29	合肥电信年鉴
49	浙江劳动和社会保障年鉴	110	庆元年鉴	30	合肥房地产年鉴
50	浙江旅游年鉴	111	衢州年鉴	31	淮南财政年鉴
51	浙江气象灾害年鉴	112	瑞安年鉴	32	徽商发展年鉴
52	浙江人力资源和社会保障年鉴	113	三门年鉴	33	马鞍山经济普查年鉴
53	浙江商务年鉴（浙江省对外贸易经合作年鉴）	114	上城年鉴	34	芜湖经济普查年鉴
54	浙江省产前诊断年鉴	115	绍兴年鉴	35	安徽年鉴（安徽经济年鉴）
55	浙江省高级人民法院年鉴	116	绍兴县年鉴	36	安庆年鉴
56	浙江省教育厅教研室年鉴	117	嵊泗年鉴	37	蚌埠年鉴
57	浙江省乡镇街道年鉴	118	嵊州年鉴	38	亳州年鉴
58	浙江省乡镇年鉴	119	松阳年鉴	39	长丰年鉴
59	浙江省医院细菌耐药检测年鉴	120	台州年鉴	40	巢湖年鉴（巢湖市年鉴、居巢年鉴）
60	浙江通信服务年鉴	121	泰顺年鉴	41	巢湖年鉴（巢湖地区年鉴）2011年8月22日，地级巢湖市正式解体，随之停刊
61	浙江统一战线年鉴	122	天台年鉴	42	池州年鉴
62	浙江外事年鉴	123	桐庐年鉴	43	滁州年鉴
63	浙江卫生年鉴	124	桐乡年鉴	44	枞阳年鉴
64	浙江文化年鉴	125	温岭年鉴	45	当涂年鉴
65	浙江文化市场年鉴	126	温州年鉴	46	砀山年鉴．2002-2004
66	浙江文物年鉴	127	文成年鉴	47	定远年鉴
67	浙江邮政年鉴	128	象山年鉴	48	东至年鉴
68	浙江政策年鉴	129	萧山年鉴	49	肥东年鉴
69	浙江制造业年鉴	130	新昌年鉴		

50	阜阳年鉴	18	福建卫生年鉴	78	厦门年鉴
51	广德年鉴	19	福建信息产业年鉴	79	永安年鉴
52	合肥年鉴	20	福建宣传年鉴	80	永定县年鉴
53	怀宁年鉴	21	福州建设年鉴	81	永泰年鉴（永泰县年鉴）
54	淮北年鉴	22	福州教育年鉴	82	尤溪年鉴
55	淮南年鉴	23	福州经济普查年鉴	83	漳平年鉴
56	黄山年鉴	24	福州市中级人民法院年鉴	84	漳州年鉴
57	黄山区年鉴	25	龙岩经济普查年鉴	85	柘荣年鉴
58	霍山年鉴	26	龙岩市社会发展年鉴	86	周宁年鉴
59	绩溪年鉴	27	南平经济普查年鉴		**江西省**
60	界首年鉴	28	宁德经济普查年鉴	1	赣南建材年鉴
61	金安年鉴	29	莆田法院年鉴	2	赣南邮电年鉴
62	泾县年鉴	30	莆田经济普查年鉴	3	赣州市中级人民法院年鉴
63	镜湖年鉴	31	世界遗产武夷文化年鉴	4	江西测绘年鉴
64	灵璧年鉴	32	思明区经济社会年鉴	5	江西城市年鉴
65	六安年鉴（六安地区年鉴）	33	厦门高新技术年鉴	6	江西出版集团年鉴
66	庐江年鉴	34	厦门国土资源与房产年鉴	7	江西扶贫和移民工作年鉴
67	马鞍山年鉴	35	厦门经济特区年鉴	8	江西工业经济年鉴
68	宁国年鉴	36	厦门社会发展年鉴	9	江西广播电影电视年鉴（江西广播电视年鉴）
69	潜山年鉴	37	厦门市经济普查年鉴	10	江西减灾年鉴
70	全椒年鉴	38	厦门市科技工作年鉴	11	江西交通年鉴
71	三山区年鉴	39	福建年鉴	12	江西科技年鉴
72	舒城年鉴	40	福州经济技术开发区年鉴（福州市经济技术开发区马尾区年鉴）	13	江西农村经济年鉴
73	蜀山年鉴			14	江西企业年鉴
74	宿松年鉴	41	安溪年鉴	15	江西日报社年鉴
75	宿州年鉴	42	长乐市年鉴	16	江西省大学生科技竞赛年鉴
76	濉溪年鉴	43	长汀县年鉴	17	江西省高等教育自学考试年鉴
77	太和年鉴	44	大田年鉴	18	江西省高级人民法院年鉴
78	太湖年鉴	45	德化年鉴（德化县大事年鉴、德化综合年鉴）	19	江西体育年鉴
79	桐城年鉴	46	东山县年鉴	20	江西戏剧年鉴
80	铜陵年鉴	47	福安年鉴	21	江西宣传思想工作年鉴
81	铜陵县年鉴	48	福鼎年鉴	22	江西邮电年鉴
82	望江年鉴	49	福州年鉴（福州经济年鉴）	23	江西邮政年鉴
83	涡阳年鉴	50	古田年鉴	24	景德镇陶瓷工业年鉴
84	芜湖年鉴	51	鼓楼区综合年鉴	25	南昌财政年鉴
85	芜湖县年鉴	52	涵江年鉴	26	南昌电信年鉴
86	歙县年鉴	53	建宁年鉴	27	南昌市工商行政管理年鉴
87	谢家集年鉴	54	建瓯年鉴	28	萍乡交通年鉴
88	宣城年鉴	55	建阳年鉴	29	上饶地区工商行政管理年鉴
89	瑶海年鉴	56	晋江年鉴	30	宜春移动通信年鉴
90	颍上年鉴	57	鲤城年鉴	31	弋阳县财政年鉴
91	颍州区年鉴	58	连城县年鉴	32	鹰潭广播电视年鉴
92	岳西年鉴	59	龙海年鉴	33	政和记录：2011宣传图片年鉴
	福建省	60	龙溪年鉴	34	中共南丰年鉴
1	福建财政年鉴	61	龙岩年鉴（龙岩地区年鉴）	35	中国人民银行赣州地区分行年鉴
2	福建机构编制年鉴	62	龙岩新罗年鉴（龙岩市年鉴）	36	安福年鉴
3	福建建设年鉴	63	梅列年鉴	37	安义年鉴
4	福建教育年鉴	64	明溪年鉴	38	安远年鉴
5	福建经济普查年鉴	65	南安年鉴	39	崇义年鉴
6	福建精神文明建设年鉴	66	南靖年鉴	40	大余年鉴
7	福建科技年鉴	67	南平年鉴	41	德兴年鉴
8	福建农村调查年鉴	68	宁德年鉴（宁德地区年鉴、宁德市年鉴）	42	定南年鉴
9	福建农村经济年鉴	69	宁化年鉴	43	东湖年鉴
10	福建企业培训年鉴	70	泉州年鉴	44	分宜年鉴
11	福建企业年鉴	71	三明年鉴	45	丰城年鉴
12	福建审计年鉴	72	沙县年鉴	46	抚州年鉴
13	福建省对外经贸年鉴	73	上杭县年鉴	47	赣县年鉴
14	福建省戏剧年鉴	74	石狮年鉴	48	赣州年鉴（赣州地区年鉴）
15	福建石材年鉴	75	寿宁年鉴	49	高安年鉴
16	福建市场占有年鉴	76	泰宁年鉴	50	广昌年鉴
17	福建水利年鉴	77	武平县年鉴	51	广丰年鉴

52	会昌年鉴
53	吉安年鉴
54	吉水年鉴
55	江西年鉴
56	金溪年鉴
57	进贤年鉴
58	景德镇年鉴
59	九江年鉴
60	乐平年鉴
61	黎川年鉴
62	庐山区年鉴
63	南昌年鉴
64	南昌县年鉴
65	南丰年鉴
66	南康年鉴
67	宁都年鉴
68	萍乡年鉴
69	青原年鉴
70	瑞昌年鉴
71	上栗年鉴
72	上饶地区综合年鉴
73	上饶年鉴
74	上饶市年鉴（县级，2000年改信州区）
75	上饶县年鉴
76	上犹年鉴
77	石城年鉴
78	铜鼓年鉴
79	湾里年鉴
80	万载年鉴
81	婺源年鉴
82	新干年鉴
83	新余年鉴
84	兴国年鉴
85	宜春年鉴
86	宜春年鉴（县级，从2000年起改为袁州区）
87	宜丰年鉴
88	弋阳年鉴
89	鹰潭年鉴
90	渝水年鉴（江西省新余市渝水年鉴）
91	于都年鉴
92	章贡区年鉴（原县级赣州市）
93	樟树年鉴

山东省

1	滨州宣传年鉴
2	长清人物年鉴
3	德州邮电年鉴
4	公路年鉴
5	济南公安年鉴
6	济南教育年鉴
7	济宁财政年鉴
8	济宁市第一次经济普查资料汇编
9	莱芜卫生监督年鉴
10	聊城经济普查年鉴
11	齐鲁玉韵：山东玉器精品年鉴
12	青岛教育年鉴
13	青岛经济普查年鉴
14	青岛劳动和社会保障年鉴
15	青岛市木工机械协会年鉴
16	青岛卫生年鉴
17	青岛药监年鉴
18	日照港年鉴

19	日照卫生监督年鉴
20	山东财政年鉴
21	山东档案年鉴
22	山东地方税务年鉴
23	山东调查年鉴
24	山东对外经济贸易年鉴
25	山东工会年鉴
26	山东工商银行年鉴
27	山东公安年鉴
28	山东广播电视年鉴
29	山东国土资源年鉴
30	山东机关事务年鉴
31	山东建设年鉴
32	山东教育年鉴
33	山东金融年鉴
34	山东经济普查年鉴
35	山东科技年鉴
36	山东劳动保障年鉴
37	山东旅游年鉴
38	山东旅游商品年鉴
39	山东煤炭年鉴
40	山东企业年鉴
41	山东人力资源和社会保障年鉴
42	山东商务年鉴
43	山东省大舜文化研究会年鉴
44	山东省各级卫生防疫站年鉴
45	山东省广告摄影年鉴
46	山东省科学院年鉴
47	山东省农业科学院年鉴
48	山东省卫生年鉴
49	山东省县域经济年鉴
50	山东省引黄济青工程运行年鉴
51	山东省注册会计师年鉴
52	山东水利年鉴
53	山东体育年鉴
54	山东卫生监督年鉴
55	山东宣传年鉴
56	山东邮政年鉴
57	山东招生考试年鉴
58	泰安财政年鉴
59	泰安市卫生防疫站年鉴
60	泰安市政协年鉴
61	天桥法院年鉴
62	威海建设年鉴
63	威海日报社年鉴
64	微山县财政年鉴
65	微山县税务年鉴
66	文登农业年鉴
67	无棣县经济普查年鉴
68	烟台市邮电年鉴
69	枣庄交通年鉴
70	章丘企业年鉴
71	章丘文学双年鉴
72	中共昌乐年鉴
73	中共定陶年鉴
74	中共桓台年鉴
75	中共济宁年鉴
76	中共曲阜年鉴
77	中共山东年鉴
78	中共兖州年鉴
79	中共郓城年鉴

80	中共诸城年鉴
81	中共邹城年鉴
82	中国人民政治协商会议山东省泰安市委员会年鉴
83	淄博财政年鉴
84	淄博公路年鉴
85	淄博教育年鉴
86	淄博经贸年鉴
87	淄博科技年鉴
88	"城阳年鉴"
89	滨州年鉴
90	滨州市年鉴（县级，2000年改设滨城区）
91	博山年鉴
92	博兴年鉴
93	苍山年鉴
94	长清年鉴
95	成武年鉴（成武县年鉴）
96	茌平年鉴
97	德州年鉴
98	东营年鉴
99	东营区年鉴
100	肥城年鉴
101	高密年鉴
102	高青年鉴
103	高唐年鉴
104	广饶年鉴
105	海阳年鉴
106	河东年鉴
107	河口年鉴
108	菏泽年鉴（菏泽地区年鉴）
109	桓台年鉴
110	惠民年鉴
111	即墨年鉴
112	济南年鉴
113	济南市中年鉴
114	济宁年鉴
115	济阳年鉴
116	胶南年鉴
117	胶州年鉴
118	金乡年鉴
119	莒南年鉴
120	鄄城年鉴
121	垦利年鉴
122	奎文年鉴
123	莱芜年鉴
124	莱西年鉴
125	莱阳年鉴
126	兰山年鉴
127	崂山年鉴
128	李沧年鉴
129	历城年鉴
130	利津年鉴
131	聊城年鉴
132	临清年鉴
133	临朐年鉴
134	临沭年鉴
135	临沂年鉴
136	临淄年鉴
137	蒙阴年鉴
138	宁阳年鉴
139	蓬莱年鉴
140	平度年鉴

141	平阴年鉴
142	平原年鉴
143	青岛经济技术开发区青岛市黄岛区年鉴
144	青岛年鉴
145	青州年鉴
146	曲阜年鉴
147	任城年鉴
148	日照年鉴
149	荣成年鉴
150	乳山年鉴
151	山东年鉴
152	商河年鉴
153	市北年鉴
154	市南年鉴
155	寿光年鉴
156	四方年鉴
157	泗水年鉴
158	泰安年鉴
159	泰山区年鉴
160	郯城年鉴
161	滕州年鉴
162	济南市天桥年鉴（天桥年鉴）
163	威海火炬高技术产业开发区年鉴
164	威海年鉴
165	微山年鉴
166	潍城年鉴
167	潍坊年鉴
168	文登年鉴
169	无棣年鉴
170	五莲年鉴
171	新泰年鉴
172	薛城年鉴
173	烟台年鉴
174	兖州年鉴
175	阳谷年鉴
176	阳信年鉴
177	沂南年鉴
178	沂水年鉴
179	峄城年鉴
180	禹城年鉴
181	郓城年鉴
182	枣庄年鉴
183	枣庄市中年鉴
184	沾化年鉴
185	张店年鉴
186	章丘年鉴
187	招远年鉴
188	周村年鉴
189	宋台年鉴
190	淄博年鉴
191	邹城年鉴
192	邹平年鉴

河南省

1	安阳教育年鉴
2	河南城市年鉴
3	河南调查年鉴（2006年整合河南城市统计年鉴、河南城市年鉴、河南企业年鉴）
4	河南工业年鉴
5	河南国土资源年鉴
6	河南检察年鉴
7	河南交通年鉴

8	河南交通运输年鉴
9	河南教育年鉴
10	河南金融年鉴
11	河南经济年编
12	河南经济普查年鉴
13	河南科技年鉴
14	河南旅游年鉴
15	河南美术年鉴
16	河南农业年鉴
17	河南企业年鉴（河南企业调查）
18	河南人力资源和社会保障年鉴（河南劳动年鉴，河南劳动和社会保障年鉴）
19	河南社会科学年鉴
20	河南省安全生产年鉴
21	河南省地理气象年鉴
22	河南省高等学校人文社会科学研究年鉴
23	河南省疾病预防控制中心年鉴
24	河南省交通年鉴
25	河南省勘察设计协会年鉴
26	河南省南水北调年鉴
27	河南省畜牧业竞争力年鉴
28	河南书法年鉴
29	河南水利年鉴
30	河南通信年鉴
31	河南卫生年鉴
32	河南文化文物年鉴（河南文化艺术年鉴、河南文化年鉴）
33	河南新闻年鉴
34	河南信息化年鉴
35	河南邮政年鉴
36	河南政法年鉴
37	河南质量技术监督年鉴（河南技术监督年鉴）
38	鹤壁国家经济技术开发区20年鉴
39	洛阳交通年鉴
40	孟县交通年鉴
41	南阳农业年鉴
42	南阳市国土资源年鉴
43	南阳市土地管理年鉴
44	濮阳经济年鉴
45	西华检查年鉴
46	西华检察年鉴
47	新密教育年鉴
48	许昌经济普查年鉴
49	豫商年鉴
50	郑州邮政年鉴
51	郑州政协年鉴
52	中共开封党史年鉴
53	周口教育年鉴
54	周口市疾病预防控制中心年鉴
55	驻马店财政年鉴
56	驻马店经济普查年鉴
57	安阳年鉴
58	安阳县年鉴
59	宝丰年鉴
60	博爱年鉴
61	长葛年鉴
62	长垣县年鉴
63	磁县年鉴
64	邓州年鉴
65	二七年鉴
66	方城年鉴

67	封丘县年鉴
68	巩义年鉴
69	固始年鉴
70	管城年鉴（管城回族区年鉴）
71	河南年鉴
72	鹤壁市郊区年鉴
73	鹤壁年鉴
74	鹤壁市山城区通鉴
75	红旗区年鉴
76	华龙年鉴（濮阳华龙区年鉴）
77	淮滨年鉴
78	潢川年鉴
79	辉县市年鉴（辉县年鉴）
80	惠济年鉴
81	济源年鉴
82	郏县年鉴
83	焦作年鉴
84	焦作市解放区年鉴
85	焦作市山阳区年鉴
86	焦作市中站区年鉴
87	金水年鉴
88	浚县年鉴
89	开封年鉴
90	林州年鉴
91	灵宝年鉴
92	卢氏年鉴
93	鲁山年鉴
94	洛宁年鉴
95	洛阳年鉴
96	洛阳市吉利年鉴（洛阳市吉利区五年通鉴）
97	洛阳市涧西年鉴
98	洛阳市洛龙年鉴
99	漯河年鉴
100	马村区年鉴
101	孟津年鉴
102	孟州年鉴
103	内黄年鉴
104	南乐年鉴
105	南阳县年鉴
106	南阳市年鉴（原县级）
107	南阳市卧龙区年鉴内
108	南召年鉴
109	平顶山年鉴
110	平顶山市新华区年鉴
111	平顶山湛河区年鉴
112	平桥年鉴
113	濮阳年鉴
114	濮阳市区年鉴
115	清丰年鉴
116	汝州年鉴
117	三门峡年鉴
118	陕县年鉴
119	商丘年鉴
120	商丘县年鉴
121	商州年鉴
122	渑池年鉴
123	淅河年鉴
124	嵩县年鉴
125	睢县年鉴
126	睢阳年鉴
127	遂平年鉴

128	台前年鉴
129	汤阴年鉴
130	唐河年鉴
131	通许年鉴
132	卫滨区年鉴
133	新乡市卫滨年鉴（新华区年鉴、卫滨年鉴）
134	平顶山市卫东区年鉴（卫东区年鉴）
135	卫辉市年鉴
136	温县年鉴
137	武陟年鉴
138	舞钢市年鉴（舞钢区年鉴）
139	西平年鉴
140	息县年鉴
141	夏邑年鉴
142	襄城年鉴
143	新安年鉴
144	新密年鉴
145	新县年鉴
146	新乡年鉴
147	新乡市郊区年鉴
148	新乡县年鉴
149	新野年鉴
150	新郑年鉴
151	信阳年鉴
152	许昌年鉴
153	许昌县年鉴
154	鄢陵年鉴
155	延津年鉴
156	偃师年鉴
157	叶县年鉴
158	伊川年鉴
159	宜阳年鉴
160	义马年鉴
161	虞城年鉴
162	禹州年鉴
163	原阳年鉴
164	郑州年鉴（郑州便览）
165	郑州市上街年鉴
166	中牟年鉴
167	中原区年鉴
168	周口年鉴
169	驻马店年鉴

湖北省

1	汉阳县水利年鉴
2	湖北博物馆年鉴
3	湖北财政年鉴
4	湖北地税年鉴
5	湖北电信年鉴
6	湖北发展改革年鉴
7	湖北发展年鉴
8	湖北工会年鉴
9	湖北公路年鉴
10	湖北公路运输征稽年鉴（湖北公路运输年鉴）
11	湖北共青团年鉴
12	湖北国税年鉴
13	湖北建设年鉴
14	湖北交通年鉴
15	湖北教育 30 年年鉴
16	湖北教育考试年鉴
17	湖北教育年鉴
18	湖北金融年鉴

19	湖北经济普查年鉴
20	湖北科技年鉴
21	湖北旅游年鉴
22	湖北民营经济年鉴
23	湖北农业年鉴
24	湖北企业年鉴
25	湖北汽车工业年鉴
26	湖北人口年鉴
27	湖北社会经济评价年鉴
28	湖北省地面气象年鉴
29	湖北省科学技术协会年鉴
30	湖北食品药品监督管理年鉴
31	湖北水运年鉴
32	湖北税务年鉴
33	湖北体育年鉴
34	湖北投资建设年鉴
35	湖北卫生年鉴
36	湖北信息年鉴
37	湖北宣传年鉴
38	湖北冶金工业年鉴
39	湖北邮电年鉴
40	湖北邮政金融年鉴
41	湖北邮政年鉴
42	湖北政协年鉴
43	黄冈地区财政税务年鉴
44	黄冈邮电年鉴
45	蕲春国税年鉴
46	神农架林区第一次经济普查年鉴
47	十堰卫生年鉴
48	松滋诗词年鉴
49	随州经济普查年鉴
50	武汉城建年鉴
51	武汉城市圈年鉴
52	武汉城投年鉴
53	武汉电信年鉴
54	武汉房产年鉴
55	武汉房地产年鉴
56	武汉改革开放 30 年年鉴
57	武汉工程年鉴
58	武汉工运年鉴
59	武汉公安年鉴
60	武汉建设年鉴（武汉城建年鉴）
61	武汉交通运输年鉴
62	武汉教育年鉴
63	武汉金融年鉴
64	武汉经济普查年鉴
65	武汉农村经济年鉴
66	武汉市国土规划年鉴（武汉市规划国土年报、武汉市规划国土年鉴、武汉市城乡规划年鉴）
67	武汉市政年鉴
68	武汉私营企业年鉴
69	武汉卫生年鉴
70	武汉政协年鉴
71	浠水教育年鉴
72	宜昌地税年鉴
73	宜昌卫生监督年鉴
74	中国科学院武汉岩土力学研究所综合年鉴
75	巴东年鉴
76	蔡甸年鉴（原县级汉阳年鉴）
77	长阳年鉴
78	赤壁年鉴

79	大冶年鉴
80	丹江口年鉴
81	当阳年鉴
82	东西湖年鉴
83	鄂州年鉴
84	恩施州年鉴
85	房县年鉴
86	公安年鉴
87	谷城年鉴
88	广水年鉴
89	汉川年鉴
90	汉南年鉴
91	汉阳年鉴（武汉市汉阳区）
92	鹤峰年鉴
93	红安年鉴
94	洪山年鉴
95	湖北年鉴
96	黄陂年鉴
97	黄冈年鉴
98	黄石年鉴
99	监利年鉴
100	建始年鉴
101	江岸年鉴
102	江汉年鉴
103	江陵年鉴
104	江夏年鉴
105	京山年鉴
106	荆门年鉴
107	荆州年鉴
108	来凤年鉴
109	老河口年鉴
110	利川年鉴
111	罗田年鉴
112	麻城年鉴
113	茅箭年鉴
114	南漳年鉴
115	蕲春年鉴
116	潜江年鉴
117	硚口年鉴
118	青山年鉴
119	荆州市年鉴（沙市年鉴）
120	沙市年鉴（现为荆州市辖区）
121	神农架年鉴
122	十堰年鉴
123	十堰市张湾年鉴
124	石首年鉴
125	松滋年鉴
126	随县年鉴
127	随州年鉴
128	天门年鉴
129	通城年鉴
130	五峰年鉴
131	伍家岗年鉴
132	武昌年鉴
133	武汉年鉴（武汉经济年鉴）
134	武穴年鉴
135	西陵年鉴
136	浠水年鉴
137	仙桃年鉴
138	咸宁年鉴
139	襄阳年鉴

140	襄阳县年鉴
141	孝感年鉴
142	兴山年鉴
143	夷陵年鉴
144	宜昌年鉴
145	宜城年鉴
146	应城年鉴
147	云梦年鉴
148	郧西年鉴
149	郧县年鉴
150	枣阳年鉴
151	曾都年鉴
152	枝江年鉴
153	竹山年鉴
154	秭归年鉴
155	摄刀年鉴

湖南省

1	长沙经济普查年鉴
2	长沙市企业与产品年鉴
3	长沙信息年鉴
4	长株潭城市群年鉴
5	长株潭试验区年鉴
6	郴州企业与产品年鉴
7	湖南保险年鉴
8	湖南财政年鉴
9	湖南长株潭经济年鉴
10	湖南出版年鉴
11	湖南电信年鉴
12	湖南工商企业登记年鉴
13	湖南共青团年鉴
14	湖南广播电视年鉴
15	湖南建设年鉴
16	湖南建造价年鉴
17	湖南教育年鉴
18	湖南开发区年鉴
19	湖南科技年鉴
20	湖南科学年鉴
21	湖南林业年鉴
22	湖南煤炭工业年鉴
23	湖南农业年鉴
24	湖南社会科学年鉴
25	湖南社会科学院年鉴
26	湖南社科联年鉴
27	湖南省博物馆年鉴
28	湖南省地面气象年鉴
29	湖南省工程机械行业年鉴
30	湖南省环境监测年鉴
31	湖南省文学艺术界联合会年鉴
32	湖南书法年鉴
33	湖南体育年鉴
34	湖南卫生年鉴
35	湖南信息年鉴
36	湖南异地商会年鉴
37	湖南邮电年鉴
38	湖南邮政年鉴
39	浏阳工业经济年鉴
40	娄底工会年鉴
41	安乡县年鉴
42	北湖年鉴
43	茶陵年鉴
44	长沙年鉴

45	长沙县年鉴
46	常德年鉴
47	常宁年鉴
48	郴州年鉴
49	鼎城年鉴
50	衡东年鉴
51	衡阳年鉴
52	湖南年鉴
53	华容年鉴
54	怀化年鉴
55	会同年鉴
56	吉首年鉴
57	津市年鉴
58	耒阳年鉴
59	冷水江年鉴
60	澧县年鉴
61	醴陵年鉴
62	临澧年鉴
63	临湘市年鉴
64	浏阳年鉴
65	隆回年鉴
66	娄底年鉴
67	罗市年鉴
68	汨罗年鉴
69	南岳年鉴
70	宁乡年鉴
71	平江年鉴
72	邵阳年鉴
73	石门年鉴
74	苏仙年鉴
75	桃源年鉴
76	望城年鉴
77	武冈年鉴
78	湘潭年鉴
79	湘潭县年鉴
80	湘西州年鉴
81	湘乡年鉴
82	炎陵年鉴
83	益阳年鉴
84	永兴年鉴
85	永州年鉴
86	攸县年鉴
87	沅陵年鉴
88	岳阳楼区年鉴
89	岳阳年鉴
90	岳阳县年鉴
91	张家界年鉴
92	株洲高新区，株洲市天元区年鉴
93	株洲年鉴
94	株洲县年鉴

广东省

1	SGDA 会员年鉴
2	宝安环境年鉴
3	潮剧年鉴
4	潮州市第二次全国经济普查年鉴
5	大亚湾核电运营管理有限责任公司年鉴（广东大亚湾核电站生产运行年鉴）
6	东莞建设年鉴
7	东莞市企业和产品年鉴
8	佛山市企业产品与服务年鉴
9	佛山文化年鉴

10	关山月美术馆年鉴
11	广东财政年鉴
12	广东地税年鉴
13	广东电信年鉴
14	广东电信实业年鉴
15	广东法院年鉴
16	广东纺织年鉴
17	广东工会年鉴
18	广东共青团年鉴
19	广东国土资源年鉴（广东地政地产年鉴）
20	广东疾病控制工作年鉴
21	广东建材年鉴
22	广东建设年鉴
23	广东建筑及建材年鉴
24	广东交通年鉴
25	广东教育年鉴
26	广东经济年鉴
27	广东经济普查年鉴
28	广东精神文明建设年鉴
29	广东科技年鉴
30	广东旅游年鉴
31	广东美术馆年鉴
32	广东民营经济蓝皮书．下：广东省工商业联合会年鉴
33	广东企业年鉴
34	广东商业摄影年鉴
35	广东设计年鉴
36	广东省地面气象年鉴
37	广东省防灾减灾年鉴
38	广东省物价年鉴
39	广东省戏剧年鉴
40	广东狮子会十年鉴
41	广东室内设计年鉴
42	广东司法行政年鉴
43	广东台商投资年鉴
44	广东土木建筑年鉴
45	广东卫生年鉴
46	广东新闻年鉴
47	广东信息产业年鉴
48	广东信用担保年鉴
49	广东知识产权年鉴
50	广东职业培训和技工教育年鉴
51	广州电信年鉴
52	广州房地产年鉴
53	广州建设年鉴
54	广州民营经济年鉴
55	广州社会科学年鉴
56	广州市白云区第二次全国经济普查年鉴
57	广州市地方税务局年鉴
58	广州市第二次全国经济普查年鉴
59	广州市第一次全国经济普查年鉴
60	广州市广告协会广告摄影师专业委员会年鉴
61	广州市荔湾区经济社会事业发展年鉴
62	广州市荔湾区商贸文化旅游年鉴
63	广州市越秀区第二次全国经济普查年鉴
64	广州卫生年鉴
65	广州艺术博物院年鉴
66	惠州经济普查年鉴
67	惠州生活年鉴
68	惠州信用年鉴
69	江门市企业与产品年鉴

70	罗湖经济普查年鉴	131	东莞年鉴	192	徐闻年鉴
71	茂名市第二次全国经济普查年鉴	132	濉州年鉴	193	盐田年鉴
72	梅州市第二次全国农业普查年鉴	133	恩平年鉴	194	阳东年鉴
73	梅州市红埔普查年鉴	134	番禺年鉴	195	阳江年鉴
74	南方局队年鉴	135	开平年鉴	196	阳山年鉴
75	青岛广东商会年鉴	136	丰顺年鉴	197	英德年鉴
76	汕头电信年鉴	137	封开年鉴	198	越秀年鉴
77	汕头经济特区年鉴	138	佛山年鉴	199	云安年鉴
78	汕头市第二次经济普查年鉴	139	高明年鉴	200	云浮市云城区年鉴（云城区综合年鉴）
79	汕头市第二次全国农业普查年鉴	140	高要年鉴	201	云浮年鉴
80	汕头市企业和产品年鉴	141	广东年鉴	202	增城年鉴
81	深圳保险年鉴	142	广宁年鉴	203	湛江年鉴
82	深圳出入境检验检疫年鉴	143	广州年鉴	204	肇庆年鉴
83	深圳地税年鉴	144	海珠年鉴	205	浈江年鉴
84	深圳电信年鉴	145	河源年鉴	206	中山年鉴
85	深圳房地产年鉴	146	鹤山年鉴	207	珠海年鉴（珠海经济年鉴）
86	深圳交通年鉴	147	花都年鉴	208	紫金年鉴
87	深圳经济普查年鉴	148	化州年鉴	209	遂溪年鉴
88	深圳经济特区产品年鉴	149	怀集年鉴	210	澄海年鉴
89	深圳科技年鉴	150	黄埔年鉴	211	曲江年鉴
90	深圳劳动保障年鉴	151	惠城年鉴	212	电白年鉴
91	深圳劳动年鉴	152	惠东年鉴	213	龙岗年鉴
92	深圳律师年鉴	153	惠阳年鉴	214	南山年鉴
93	深圳企业年鉴	154	惠州年鉴	215	福田年鉴
94	深圳社会保险年鉴	155	江门年鉴	216	潮阳年鉴
95	深圳市宝安区经济普查年鉴	156	蕉岭年鉴	217	开平年鉴
96	深圳市产品年鉴（深圳市企业和产品年鉴）	157	揭阳年鉴	218	连平年鉴
97	深圳市信息产业年鉴	158	揭西年鉴	219	普宁年鉴
98	深圳室内设计年鉴	159	乐昌年鉴	220	鼎湖年鉴
99	深圳文化产业年鉴	160	雷州年鉴	221	佛冈年鉴
100	深圳文艺年鉴	161	荔湾年鉴	222	连南年鉴
101	深圳物业管理年鉴	162	廉江年鉴	223	翁源年鉴
102	深圳娱乐文化年鉴	163	龙门年鉴	224	新丰年鉴
103	深圳证券交易所上市公司年鉴	164	罗定年鉴	225	武江年鉴
104	深圳证券市场年鉴	165	罗湖年鉴	226	乳源年鉴
105	深圳政法年鉴	166	萝岗年鉴	227	清城年鉴
106	台山经济年鉴	167	茂名年鉴	228	连州年鉴
107	阳江市经济普查年鉴	168	茂南年鉴	229	清新年鉴
108	云浮经济普查年鉴	169	梅县年鉴	230	饶平年鉴
109	云浮市第二次全国农业普查年鉴	170	梅州年鉴	231	郁南年鉴
110	湛江经济普查年鉴	171	南澳年鉴	232	海丰年鉴
111	肇庆经济普查年鉴	172	南海年鉴	233	始兴年鉴
112	中共肇庆年鉴	173	南沙年鉴	234	连山年鉴
113	中国深圳资信评估年鉴	174	南雄年鉴	235	惠来年鉴
114	中国外向型企业广东年鉴	175	平远年鉴		**广西壮族自治区**
115	中山市经济普查年鉴	176	清远年鉴	1	富川地税年鉴
116	中山市企业和产品年鉴（中山产品年鉴）	177	仁化年鉴	2	广西财政年鉴
117	珠海经济年鉴	178	三水年鉴	3	广西财政年鉴
118	珠海经济普查年鉴	179	汕头年鉴	4	广西地税年鉴
119	珠海企业文化年鉴	180	汕尾年鉴	5	广西电力年鉴
120	珠海市企业和产品年鉴	181	韶关年鉴	6	广西电信年鉴
121	珠江三角洲城市群年鉴	182	深圳年鉴（深圳经济特区年鉴）	7	广西调查年鉴
122	白云年鉴	183	顺德年鉴	8	广西工商行政管理年鉴
123	宝安年鉴	184	四会年鉴	9	广西国土资源年鉴
124	博罗年鉴	185	台山年鉴	10	广西环境年鉴
125	潮州年鉴	186	天河年鉴	11	广西检察年鉴
126	从化年鉴	187	五华年鉴	12	广西检验检疫年鉴
127	大埔年鉴	188	新会年鉴	13	广西建设年鉴
128	德庆年鉴	189	新兴年鉴	14	广西交通年鉴
129	东山年鉴	190	信宜年鉴	15	广西教育年鉴
130	东莞大朗镇年鉴	191	兴宁年鉴	16	广西金融年鉴

17 广西经济普查年鉴
18 广西科技年鉴
19 广西劳动和社会保障年鉴
20 广西林业年鉴
21 广西旅游年鉴
22 广西企业年鉴
23 广西社会科学界联合会年鉴
24 广西社会科学年鉴
25 广西审计年鉴
26 广西体育年鉴
27 广西通信年鉴
28 广西卫生年鉴
29 广西文化年鉴
30 广西物价年鉴
31 广西邮电年鉴
32 广西招生考试年鉴
33 广西政法年鉴
34 广西质量技术监督年鉴
35 广西壮族自治区环境监测年鉴
36 广西壮族自治区疾病预防控制中心年鉴
37 桂林公安年鉴
38 桂林市经济普查年鉴
39 河池市财政年鉴
40 柳州社会科学年鉴
41 南宁调查年鉴
42 南宁市财政年鉴
43 南宁市第二次全国经济普查年鉴
44 南宁市第一次全国经济普查年鉴
45 百色年鉴
46 北海年鉴
47 北流年鉴
48 宾阳年鉴
49 博白年鉴
50 岑溪年鉴
51 崇左年鉴
52 大新年鉴
53 德保年鉴
54 东兴年鉴
55 防城港市年鉴
56 富川年鉴
57 广西年鉴
58 贵港年鉴
59 桂林年鉴（桂林市年鉴）
60 桂平年鉴
61 合浦年鉴
62 河池年鉴
63 河池市年鉴
64 贺州市年鉴
65 横县年鉴
66 江南区年鉴
67 江州年鉴
68 金秀年鉴
69 靖西年鉴
70 来宾年鉴
71 良庆年鉴
72 临桂年鉴
73 凌云年鉴
74 柳北年鉴
75 柳城年鉴
76 柳江年鉴
77 柳州年鉴

78 龙州年鉴
79 隆林年鉴
80 陆川年鉴
81 鹿寨年鉴
82 南宁地区年鉴
83 南宁年鉴
84 宁明年鉴
85 平桂年鉴
86 凭祥年鉴
87 浦北年鉴
88 钦州年鉴（钦州地区年鉴）
89 钦州市年鉴（县级）
90 青秀年鉴
91 容县年鉴
92 融水年鉴
93 三江年鉴
94 藤县年鉴
95 天等年鉴
96 田东年鉴
97 田林年鉴
98 田阳年鉴
99 梧州年鉴（原梧州统计年鉴）
100 梧州综合年鉴
101 武鸣年鉴
102 武宣年鉴
103 西乡塘区年鉴
104 象州年鉴
105 忻城年鉴
106 兴宾年鉴（来宾年鉴（县级））
107 兴宁区年鉴
108 兴业年鉴
109 秀峰年鉴
110 阳朔年鉴
111 宜州年鉴
112 邕宁年鉴
113 右江区年鉴
114 鱼峰区年鉴
115 玉林年鉴
116 玉林市年鉴（县级）
117 玉州区年鉴

海南省

1 海口市第一次经济普查年鉴
2 海南核电年鉴
3 海南教育年鉴
4 海南经济普查年鉴
5 海南设计年鉴
6 海南生态省建设年鉴
7 海南省企业年鉴（海南省企业管理年鉴）
8 海南邮政年鉴（海南邮电年鉴）
9 海南邮轮游艇年鉴
1 保亭黎族苗族自治县年鉴
2 昌江黎族自治县年鉴（昌江年鉴）
3 儋州年鉴
4 定安县年鉴
5 东方市年鉴
6 海口年鉴
7 海南年鉴（原名海南特区经济年鉴）1993～1999 为多卷本
8 乐东黎族自治县年鉴
9 陵水黎族自治县年鉴
10 琼海市年鉴

11 琼中黎族苗族自治县年鉴
12 三亚年鉴
13 万宁市年鉴
14 文昌市年鉴
15 五指山市年鉴

重庆市

1 合川人大年鉴
2 重庆安全生产年鉴
3 重庆财政年鉴
4 重庆城市建设综合开发年鉴
5 重庆调查年鉴
6 重庆房地产开发年鉴
7 重庆广播电视年鉴
8 重庆交通年鉴
9 重庆教育年鉴
10 重庆金融年鉴
11 重庆经济年鉴
12 重庆经济普查年鉴
13 重庆开放年鉴
14 重庆人大年鉴
15 重庆社会科学年鉴
16 重庆市国土资源和房地产年鉴
17 重庆市疾病预防控制工作年鉴
18 重庆卫生监督年鉴
19 重庆邮政年鉴
20 巴南年鉴
21 壁山年鉴
22 长寿年鉴
23 大足年鉴
24 垫江年鉴
25 丰都年鉴
26 奉节年鉴
27 涪陵年鉴
28 合川年鉴
29 九龙坡年鉴
30 开县年鉴
31 南岸区年鉴
32 彭水年鉴
33 綦江年鉴
34 黔江年鉴
35 荣昌年鉴
36 万州年鉴（万县地区大事记、万县地区年鉴）
37 巫山年鉴
38 武隆年鉴
39 永川年鉴
40 渝北年鉴
41 渝中年鉴
42 云阳年鉴
43 忠县年鉴
44 重庆年鉴

四川省

1 5·12抗震救灾纪念馆年鉴
2 阿坝州邮政年鉴（阿坝州邮电年鉴）
3 巴中生活年鉴
4 成都高新区年鉴（成都高新技术产业开发区年鉴）
5 成都建筑装饰珍藏年鉴
6 成都市教育年鉴
7 成都体育年鉴
8 成都卫生年鉴
9 成都乡镇年鉴
10 成都信息化年鉴

11 成都印钞公司年鉴	72 长宁年鉴	133 理县年鉴
12 成都招商年鉴	73 朝天年鉴	134 凉山年鉴
13 成都证券期货市场年鉴	74 成都高新技术产业开发区桂溪街道年鉴	135 邻水年鉴
14 达川市建设委员会综合年鉴	75 成都年鉴（成都经济年鉴）	136 芦苇磊年鉴
15 达州市经济普查年鉴	76 青白江年鉴（成都市青白江年鉴）	137 芦山年鉴
16 广元经济普查年鉴	77 成华年鉴	138 泸定年鉴
17 国际规划设计年鉴	78 翠屏区年鉴（宜宾市年鉴，县级）	139 泸县年鉴
18 国家电力公司成都勘测设计研究院综合年鉴	79 达州年鉴	140 泸州年鉴
19 乐山教育年鉴	80 大安年鉴	141 炉霍年鉴
20 泸州交通年鉴	81 大邑年鉴	142 罗江年鉴
21 泸州教育年鉴	82 大英年鉴	143 马尔康县年鉴
22 四川安全生产年鉴	83 大竹年鉴	144 茂县年鉴
23 四川产业园区年鉴	84 丹巴年鉴	145 眉山年鉴
24 四川城市年鉴	85 丹棱年鉴	146 眉山市东坡区年鉴（原名眉山年鉴）
25 四川出入境检验检疫年鉴	86 道孚年鉴	147 美姑年鉴
26 四川党校行政学院年鉴	87 稻城年鉴	148 米易年鉴
27 四川地震年鉴	88 得荣年鉴	149 绵阳年鉴
28 四川电力年鉴	89 德昌年鉴	150 绵竹年鉴
29 四川房地产年鉴	90 德阳年鉴	151 冕宁年鉴
30 四川高等教育中等专业教育年鉴	91 都江堰年鉴	152 名山年鉴
31 四川工业年鉴	92 峨边彝族自治县年鉴	153 沐川年鉴
32 四川国土资源年鉴	93 峨眉山年鉴	154 内江年鉴
33 四川环境年鉴	94 涪城年鉴	155 纳溪年鉴
34 四川监狱年鉴	95 富顺年鉴	156 南部年鉴
35 四川减灾年鉴	96 甘孜州年鉴（甘孜藏族自治州年鉴）	157 南充年鉴
36 四川建设年鉴	97 高县年鉴	158 南充市高坪年鉴
37 四川交通年鉴	98 珙县年鉴	159 宁南年鉴
38 四川教育年鉴	99 古蔺年鉴	160 攀枝花年鉴
39 四川经济贸易年鉴	100 广安年鉴	161 攀枝花市东区年鉴
40 四川经济普查年鉴	101 广安市广安区年鉴（广安区年鉴）	162 攀枝花市西区年鉴
41 四川救灾年鉴	102 广元年鉴	163 彭山县年鉴
42 四川卷烟年鉴	103 合江年鉴	164 彭州年鉴
43 四川科技年鉴	104 黑水县年鉴（黑水年鉴）	165 蓬安年鉴
44 四川名城古镇年鉴	105 红原年鉴	166 郫县年鉴
45 四川农村年鉴	106 洪雅年鉴	167 平昌年鉴
46 四川普通教育年鉴	107 华蓥年鉴	168 平昌县得胜区年鉴
47 四川企业年鉴	108 会东年鉴	169 平武年鉴
48 四川青少年年鉴	109 夹江县年鉴	170 屏山年鉴
49 四川人才年鉴	110 犍为年鉴	171 蒲江年鉴
50 四川省地质环境监测年鉴（四川省环境监测年鉴）	111 简阳年鉴	172 青川年鉴
51 四川省民营经济年鉴	112 剑阁年鉴	173 青神年鉴
52 四川省人民代表大会年鉴	113 江安年鉴	174 青羊年鉴
53 四川邮政年鉴	114 江阳年鉴	175 邛崃年鉴
54 四川省招标投标年鉴	115 江油年鉴	176 壤塘年鉴
55 四川体育年鉴	116 金川年鉴	177 仁和年鉴
56 四川统一战线年鉴	117 金口河区年鉴	178 仁寿年鉴
57 四川卫生年鉴	118 金牛年鉴	179 荣县年鉴
58 四川文化年鉴	119 金阳年鉴	180 若尔盖县年鉴
59 四川文艺年鉴	120 锦江年鉴	181 三台年鉴
60 四川乡镇年鉴	121 旌阳年鉴	182 色达年鉴
61 四川证券年鉴	122 井研县年鉴	183 沙湾年鉴
62 阿坝州年鉴	123 九龙年鉴	184 射洪年鉴
63 安县年鉴	124 九寨沟县年鉴	185 什邡年鉴
64 安岳年鉴	125 筠连县年鉴	186 石棉年鉴
65 巴塘年鉴	126 开江年鉴	187 双流年鉴
66 巴中年鉴	127 康定年鉴	188 顺庆年鉴
67 巴州年鉴	128 阆中年鉴	189 四川年鉴（四川经济年鉴）
68 白玉年鉴	129 乐山年鉴	190 松潘年鉴
69 宝兴年鉴	130 乐山市市中区年鉴	191 遂宁年鉴
70 北川羌族自治县年鉴（北川年鉴）	131 乐至年鉴	192 天全年鉴
71 布拖县年鉴	132 理塘年鉴	193 通川年鉴

194	通江年鉴
195	威远年鉴
196	温江年鉴
197	汶川县年鉴
198	五通桥区年鉴
199	武侯年鉴
200	武胜年鉴
201	西昌年鉴
202	西充年鉴
203	乡城年鉴
204	小金年鉴
205	新都年鉴
206	新都年鉴
207	新津年鉴
208	新龙年鉴
209	兴文年鉴
210	叙永年鉴
211	宣汉年鉴
212	雅安年鉴
213	雅江年鉴
214	盐边年鉴
215	盐亭年鉴
216	雁江年鉴
217	仪陇年鉴
218	宜宾市年鉴（宜宾年鉴）
219	宜宾县年鉴
220	荥经年鉴
221	营山县年鉴
222	雨城年鉴
223	岳池年鉴
224	资阳年鉴（资阳地区年鉴）
225	资中年鉴
226	梓潼年鉴（中华文昌故里梓潼年鉴）
227	自贡年鉴
228	自流井区年鉴

贵州省

1	贵阳建设生态文明城市年鉴
2	贵阳教育年鉴（贵阳教育纪事）
3	贵阳市经济普查年鉴
4	贵州财政年鉴
5	贵州出入境检验检疫年鉴
6	贵州电力年鉴
7	贵州教育年鉴
8	贵州经济普查年鉴
9	贵州省安全生产年鉴
10	贵州省卫生防病综合年鉴
11	贵州卫生年鉴
12	贵州信息年鉴
13	贵州宣传工作年鉴
14	安顺年鉴
15	白云年鉴
16	毕节年鉴（毕节地区年鉴）
17	大方县年鉴
18	道真年鉴
19	都匀年鉴
20	福泉年鉴
21	贵定年鉴
22	贵阳年鉴
23	贵阳市白云区年鉴
24	贵州年鉴
25	赫章年鉴

26	红花岗年鉴
27	汇川年鉴
28	金沙年鉴
29	凯里年鉴
30	六盘水年鉴
31	湄潭年鉴
32	平坝年鉴
33	普安年鉴
34	普定年鉴
35	黔东南年鉴
36	黔南年鉴
37	黔西南年鉴
38	黔西年鉴
39	仁怀年鉴
40	榕江年鉴
41	三都年鉴（水族自治县）
42	松桃年鉴
43	铜仁年鉴
44	西秀年鉴
45	习水年鉴
46	兴义年鉴
47	镇亨年鉴
48	正安年鉴
49	织金县年鉴
50	钟山区年鉴
51	紫云年鉴
52	遵义市年鉴
53	遵义县年鉴

云南省

1	红河州林业年鉴
2	昆明高新区年鉴
3	昆明交通年鉴
4	昆明市经济普查年鉴
5	临沧公安年鉴
6	怒江州中级人民法院年鉴
7	水富公安年鉴
8	云南财政年鉴
9	云南城市年鉴
10	云南档案年鉴
11	云南地税年鉴
12	云南电力年鉴
13	云南电信年鉴
14	云南调查年鉴
15	云南法院年鉴
16	云南工商年鉴
17	云南工业和信息化年鉴
18	云南公安年鉴
19	云南供销合作社年鉴
20	云南国税年鉴
21	云南国土资源年鉴
22	云南减灾年鉴
23	云南建设年鉴
24	云南金融年鉴
25	云南经济年鉴
26	云南经济普查年鉴
27	云南酒业年鉴
28	云南抗震防灾年鉴
29	云南科技年鉴
30	云南林业年鉴
31	云南旅游年鉴
32	云南企业家年鉴

33	云南人口和计划生育年鉴
34	云南人力资源和社会保障年鉴
35	云南商贸年鉴
36	云南商务年鉴
37	云南社会科学年鉴
38	云南生态年鉴（云南生态经济年鉴）
39	云南省疾病预防控制中心年鉴
40	云南省社会科学院年鉴
41	云南司法行政年鉴
42	云南铜业年鉴
43	云南乡镇年鉴
44	云南小康年鉴
45	云南烟草年鉴
46	云南邮电年鉴
47	云南邮政年鉴
48	云南政协年鉴
49	中共楚雄州委年鉴（中国共产党楚雄彝族自治州委员会年鉴）
50	中共河口县委年鉴
51	中共武定县委年鉴
52	中国工商银行云南省分行年鉴
53	安宁年鉴（安宁市年鉴）
54	保山年鉴（保山地区年鉴）
55	宾川年鉴
56	沧源佤族自治县年鉴
57	呈贡年鉴
58	楚雄市年鉴
59	楚雄州年鉴
60	大关年鉴（大关县年鉴）
61	大理市年鉴
62	大理州年鉴
63	大姚县年鉴
64	德宏年鉴
65	德钦年鉴
66	迪庆年鉴
67	东川年鉴（东川市年鉴）
68	峨山年鉴
69	洱源年鉴
70	凤庆县年鉴
71	福贡年鉴
72	富民年鉴
73	富宁年鉴
74	富源年鉴
75	个旧年鉴
76	耿马年鉴
77	贡山独龙族怒族自治县年鉴
78	官渡区、昆明空港经济区年鉴（官渡年鉴）
79	广南年鉴
80	河口瑶族自治县年鉴
81	鹤庆年鉴
82	红河县年鉴
83	红河州年鉴
84	红塔年鉴（玉溪市年鉴、红塔区年鉴）
85	华宁年鉴
86	华坪年鉴
87	会泽年鉴
88	建水年鉴
89	剑川年鉴
90	江川年鉴
91	金平年鉴
92	晋宁年鉴

93	景谷年鉴
94	景洪年鉴
95	开远年鉴
96	昆明年鉴
97	兰坪年鉴
98	丽江纳西族自治县年鉴
99	丽江年鉴
100	丽江市古城区年鉴
101	临沧市年鉴
102	临沧县年鉴
103	临翔区年鉴
104	泸西年鉴
105	鲁甸年鉴
106	陆良年鉴
107	禄丰县年鉴
108	禄劝年鉴
109	绿春年鉴
110	罗平年鉴
111	麻栗坡县年鉴
112	马关年鉴
113	马龙年鉴
114	芒市年鉴
115	勐腊年鉴
116	蒙自年鉴
117	弥渡年鉴
118	弥勒年鉴
119	墨江年鉴
120	牟定年鉴（牟定县年鉴）
121	南华年鉴
122	南涧年鉴
123	怒江傈僳族自治州年鉴
124	盘龙年鉴
125	屏边年鉴
126	麒麟区年鉴
127	丘北年鉴
128	曲靖年鉴（曲靖地区年鉴）
129	曲靖市年鉴
130	瑞丽年鉴
131	师宗年鉴
132	石林年鉴
133	石屏年鉴
134	双柏县年鉴
135	双江年鉴
136	水富年鉴
137	普洱年鉴（思茅年鉴）
138	嵩明年鉴
139	绥江县年鉴
140	通海年鉴
141	威信年鉴（威信县年鉴）
142	巍山年鉴
143	文山市年鉴（文山县年鉴）
144	文山州年鉴
145	五华年鉴
146	武定年鉴
147	西畴年鉴
148	西山年鉴
149	西双版纳年鉴
150	香格里拉年鉴
151	祥云年鉴
152	新平年鉴
153	宣威年鉴

154	寻甸年鉴
155	盐津年鉴
156	砚山年鉴
157	姚安县年鉴
158	宜良年鉴
159	彝良年鉴
160	易门年鉴
161	盈江年鉴
162	永平年鉴
163	永仁年鉴
164	永善县年鉴
165	永胜年鉴
166	玉龙年鉴（玉龙纳西族自治县年鉴）
167	玉溪年鉴（玉溪地区年鉴）
168	元江年鉴（元江县年鉴）
169	元谋年鉴
170	元阳年鉴
171	云龙年鉴
172	云南年鉴
173	云县年鉴
174	沾益年鉴
175	昭通年鉴（昭通地区年鉴）
176	昭阳年鉴（昭通市年鉴）（县级）
177	镇康县年鉴
178	镇雄年鉴
179	镇沅年鉴
180	澂江年鉴（澄江年鉴）

西藏自治区

1	西藏经济普查年鉴
2	西藏邮政年鉴
3	西藏自治区政协年鉴
4	拉萨年鉴
5	西藏年鉴

陕西省

1	安康经济（安康地区经济年鉴、安康财经）
2	秦始皇兵马俑博物馆年鉴
3	三秦文化研究会年鉴
4	陕西高校图书馆年鉴
5	陕西工业交通年鉴
6	陕西广播电视年鉴
7	陕西教育年鉴
8	陕西金融年鉴
9	陕西经济贸易年鉴
10	陕西经济年鉴
11	陕西经济普查年鉴
12	陕西救灾年鉴
13	陕西科技年鉴
14	陕西历史学年鉴
15	陕西企业年鉴
16	陕西青少年工作年鉴
17	陕西人物年鉴
18	陕西省美术博物馆年鉴
19	陕西省名牌产品年鉴
20	陕西省首次非公有制经济调查年鉴
21	陕西省戏剧年鉴
22	陕西食品药品监督管理年鉴
23	陕西水利年鉴
24	陕西卫生年鉴
25	陕西文物年鉴
26	陕西消防安全年鉴
27	陕西邮政年鉴

28	西安财政年鉴
29	西安地税年鉴
30	西安电信年鉴
31	西安房地产年鉴
32	咸阳教育年鉴
33	延安经济普查年鉴
34	榆林供电局年鉴
35	中国 2004 年经济普查汉中年鉴
36	安康年鉴（安康地区年鉴、安康市年鉴）
37	安塞年鉴
38	宝鸡年鉴
39	宝鸡县年鉴
40	宝塔年鉴
41	碑林年鉴
42	长安年鉴
43	城固年鉴
44	澄城年鉴
45	淳化年鉴
46	大荔年鉴
47	丹凤年鉴
48	定边年鉴
49	凤县年鉴
50	府谷年鉴
51	富平年鉴
52	富县年鉴
53	高陵年鉴
54	韩城年鉴
55	汉滨年鉴（安康年鉴）
56	汉台年鉴
57	汉阴年鉴
58	汉中年鉴
59	合阳年鉴
60	华县年鉴
61	华阴年鉴
62	黄陵年鉴
63	靖边年鉴
64	岚皋年鉴
65	礼泉年鉴
66	留坝年鉴
67	略阳年鉴
68	洛川年鉴
69	洛南年鉴
70	勉县年鉴
71	南郑年鉴
72	宁强年鉴
73	乾县年鉴
74	三原年鉴
75	山阳年鉴
76	陕西年鉴
77	商洛年鉴
78	商州年鉴
79	神木年鉴
80	石泉年鉴
81	铜川年鉴
82	潼关年鉴
83	渭南年鉴
84	武功年鉴
85	西安年鉴
86	西乡年鉴
87	咸阳年鉴
88	兴平年鉴

20	新疆生产建设兵团农七师一二三团年鉴	57	博湖年鉴	94	尼勒克年鉴	
21	新疆生产建设兵团农七师一二四团年鉴	58	布尔津年鉴	95	农六师五家渠市年鉴	
22	新疆生产建设兵团农七师 二五团年鉴	59	昌吉年鉴	96	农一师阿拉尔市年鉴	
23	新疆生产建设兵团农七师一二八团年鉴	60	昌吉市年鉴（县级）	97	奇台年鉴	
24	新疆生产建设兵团农七师 二七团年鉴	61	福海年鉴	98	且末年鉴	
25	新疆生产建设兵团农七师一二八团年鉴	62	阜康年鉴	99	若羌年鉴	
26	新疆生产建设兵团农七师一二九团年鉴	63	富蕴年鉴	100	沙湾年鉴	
27	新疆生产建设兵团农七师一三O团年鉴	64	巩留年鉴	101	沙雅年鉴	
28	新疆生产建设兵团农七师一三一团年鉴	65	哈巴河年鉴	102	鄯善年鉴	
29	新疆生产建设兵团农七师一三七团年鉴	66	哈密年鉴	103	石河子年鉴	
30	新疆体育年鉴	67	哈密市年鉴（县级）	104	石河子少年年鉴	
31	新疆邮电年鉴	68	和布克赛尔蒙古自治县年鉴	105	塔城年鉴	
32	新疆邮政年鉴	69	和静年鉴	106	塔城市年鉴（县级）	
33	一二一团年鉴	70	和田年鉴（地区）	107	特克斯年鉴	
34	一三六团年鉴	71	和田市年鉴（县级）	108	吐鲁番年鉴	
35	一三三团年鉴	72	呼图壁年鉴	109	吐鲁番市年鉴	
36	一三四团年鉴	73	霍城年鉴	110	托克逊年鉴	
37	一四八团年鉴	74	吉木乃年鉴	111	托里年鉴	
38	一四二团年鉴	75	吉木萨尔年鉴	112	尉犁年鉴	
39	一四九团年鉴	76	精河年鉴	113	温宿年鉴	
40	一四七团年鉴	77	喀什年鉴	114	乌鲁木齐年鉴	
41	一四三团年鉴	78	喀什市年鉴（县级）	115	乌鲁木齐市达坂城区年鉴	
42	一四四团年鉴	79	克拉玛依市克拉玛依区年鉴	116	乌鲁木齐市水磨沟区年鉴	
43	一四一团年鉴	80	克拉玛依年鉴	117	乌鲁木齐县年鉴	
44	一五O团年鉴	81	克拉玛依市白碱滩区年鉴	118	乌什年鉴	
45	一五二团年鉴	82	克拉玛依市独山子区年鉴	119	乌苏年鉴	
46	中共塔城地区党史年鉴	83	克拉玛依市乌尔禾区年鉴	120	新和年鉴	
47	中国共产党伊犁地方工作年鉴	84	克孜勒苏年鉴	121	新疆年鉴	
48	阿克苏年鉴	85	库车年鉴	122	新源年鉴	
49	阿克苏市年鉴（县级）	86	库尔勒年鉴	123	焉耆年鉴	
50	阿勒泰年鉴	87	奎屯年鉴	124	伊犁年鉴	
51	阿瓦提年鉴	88	玛纳斯年鉴	125	伊宁市年鉴	
52	巴楚年鉴	89	麦盖提年鉴	126	伊宁县年鉴	
53	巴里坤年鉴	90	米东年鉴	127	伊吾年鉴	
54	巴音郭楞年鉴	91	民丰年鉴	128	泽普年鉴	
55	拜城年鉴	92	墨玉年鉴	129	昭苏年鉴	
56	博尔塔拉年鉴	93	木垒年鉴			

企业年鉴

保险	中保集团年鉴	电力	南宁供电局年鉴	钢铁	宝钢集团上海浦东钢铁有限公司年鉴（上海第三钢铁厂年鉴，上海浦东钢铁集团有限公司年鉴）
出版	烟台日报传媒集团年鉴	电力	山西省电力公司年鉴		
出版	中国出版集团公司年鉴	电力	四川省电力公司年鉴		
电力	北京大唐发电股份有限公司年鉴	电力	武汉供电公司年鉴	钢铁	宝钢年鉴（上海宝钢年鉴）
电力	北京市电力公司年鉴（北京电力公司年鉴）	电力	西北电网有限公司年鉴	钢铁	北钢年鉴（齐齐哈尔钢厂年鉴）
电力	北仑发电厂年鉴	电力	新安江新安江水力发电厂年鉴	钢铁	本钢年鉴
电力	东北电网有限公司沈阳超高压局年鉴	电力	薛家湾供电局年鉴	钢铁	鄂钢年鉴
电力	丰满发电厂年鉴	电力	芜湖发电厂年鉴	钢铁	广钢年鉴
电力	国电霍州发电厂年鉴（霍州发电厂年鉴）	电力	中国大唐集团年鉴（电力）	钢铁	杭钢年鉴
电力	国家电网公司年鉴	电力	中国国电集团年鉴	钢铁	合钢年鉴
电力	河北兴泰发电有限责任公司年鉴	电力	中国华电集团年鉴	钢铁	华菱年鉴
电力	黑龙江省电力有限公司年鉴	电力	中国南方电网公司年鉴	钢铁	济钢年鉴（济南钢铁总厂年鉴）
电力	红兴隆热电厂年鉴	电力	重庆电力年鉴	钢铁	莱钢年鉴（莱芜钢铁总厂年鉴、莱钢集团公司年鉴）
电力	呼和浩特发电厂内蒙古丰泰发电有限公司年鉴	纺织	安徽针织厂年鉴（油印本，停刊）		
		纺织	新疆奎屯棉纺织厂年鉴	钢铁	莱钢统计年鉴
电力	湖北省电力公司年鉴	纺织	樱花集团年鉴		
电力	桓仁发电厂年鉴	钢铁	安钢年鉴	钢铁	临钢、新临钢年鉴（太钢集团临汾钢铁有限公司、山西新临钢钢铁有限公司年鉴）
电力	吉林供电公司年鉴	钢铁	鞍钢年鉴		
电力	佳木斯第二发电厂年鉴	钢铁	包钢年鉴	钢铁	马钢年鉴
电力	辽宁省电力有限公司年鉴			钢铁	攀钢集团钢城企业总公司年鉴
				钢铁	攀钢年鉴

钢铁	青钢年鉴
钢铁	三钢年鉴
钢铁	山钢年鉴
钢铁	石特年鉴
钢铁	首钢年鉴
钢铁	太钢年鉴
钢铁	武钢年鉴
钢铁	新钢年鉴（新余钢铁厂年鉴、江西新余钢铁总厂年鉴）
钢铁	新疆钢铁年鉴
钢铁	重钢年鉴
公路	北京首发集团年鉴（首发公司年鉴）
航空	北京首都国际机场股份有限公司年鉴
航空	民航空管系统共青团和青年工作年鉴
航空	中国国际航空股份有限公司统计年鉴
航空	中航工业四川泛华航空仪表电器有限公司年鉴
航运	长江航道局年鉴
航运	长江航运年鉴
航运	长江轮船总公司年鉴
航运	大船年鉴
航运	广州远洋运输有限公司年鉴（广州远洋运输公司年鉴）
航运	南京长江油运公司年鉴
航运	上海长江轮船公司年鉴
航运	武汉长江轮船公司年鉴
航运	云南机场统计信息年鉴
航运	中远船务年鉴
航运	中远集装箱运输有限公司年鉴（上海远洋运输公司年鉴）
矿业	黑龙江双鸭山矿业集团公司年鉴（双矿集团公司年鉴）
矿业	盘古山钨矿年鉴
矿业	青海西部资源有限公司年鉴
矿业	天顺年鉴
矿业	西曲矿年鉴
矿业	玉溪矿业公司、云南达亚业年鉴
矿业	中国铝业公司年鉴（中国铝业公司主办）
矿业	中国铝业年鉴（中铝网主办）
矿业	中州铝厂年鉴
林业	安图森林经营局年鉴
林业	八家子林业局年鉴
林业	白河林业局年鉴
林业	大石头林业局年鉴
林业	鹤立林业局年鉴
林业	黄泥河林业局年鉴
煤炭	大同煤矿集团有限责任公司年鉴
煤炭	大雁矿务局年鉴
煤炭	峰峰年鉴
煤炭	鹤煤年鉴（鹤煤集团年鉴，鹤壁煤业（集团）公司年鉴）
煤炭	霍州煤电集团有限责任公司纪委年鉴
煤炭	晋煤集团年鉴
煤炭	开滦年鉴
煤炭	潞安集团年鉴
煤炭	陕西陕煤韩城矿业公司·韩城矿务局年鉴（韩城矿务局年鉴）
煤炭	神华集团公司年鉴
煤炭	神火年鉴（神火集团年鉴）
煤炭	铁煤集团年鉴（铁法矿务局年鉴）
煤炭	西山煤电集团年鉴

煤炭	伊泰集团年卷
煤炭	义络煤年鉴
煤炭	郑煤集团年鉴
煤炭	中国煤炭科工集团有限公司科技年鉴
其他企业集团	BG北控年鉴（北京控股集团有限公司年鉴）
其他企业集团	北方企业集团年鉴（新疆生产建设兵团农七师）
其他企业集团	北京金隅集团年鉴
其他企业集团	河北路桥集团有限公司年鉴
其他企业集团	华谊集团年鉴
其他企业集团	均瑶集团20周年年鉴（上海）
其他企业集团	山桥年鉴
其他企业集团	中工国际工程股份有限公司年鉴
其他企业集团	中国核工业集团公司年鉴
其他企业集团	中国机械工业集团年鉴（中国机械工业集团有限公司年鉴）
其他企业集团	中国企业集团财务公司年鉴
其他企业集团	中核集团三门核电有限公司年鉴
汽车	昌河汽车年鉴
汽车	长春客车厂年鉴
汽车	第一汽车年鉴（第一汽车制造厂年鉴、中国第一汽车集团公司年鉴）
汽车	东风汽车公司年鉴
汽车	汽车影音年鉴
汽车	中国东风汽车公司重型车厂年鉴
石油石化	北京燃气年鉴
石油石化	长庆石油勘探局年鉴
石油石化	长庆油田矿区服务事业部年鉴
石油石化	川庆钻探工程有限公司年鉴
石油石化	川润年鉴
石油石化	大港油田年鉴
石油石化	大庆炼化公司年鉴
石油石化	大庆石化公司年鉴（大庆石油化工总厂年鉴，大庆石化总厂年鉴）
石油石化	大庆石油管理局钻井二公司年鉴
石油石化	大庆石油年鉴（大庆石油管理局年鉴）
石油石化	大庆油田开发年鉴
石油石化	大庆油田勘探年鉴
石油石化	大庆钻探工程公司钻技一公司年鉴（大庆石油管理局钻探集团钻技公司年鉴）
石油石化	东营油区年鉴
石油石化	广州石化年鉴
石油石化	海洋钻井公司年鉴
石油石化	河南油田年鉴
石油石化	华北石油管理局年鉴
石油石化	华东石油年鉴
石油石化	吉林石油集团公司年鉴
石油石化	江汉油田年鉴
石油石化	江苏油田年鉴
石油石化	锦化年鉴
石油化工	锦西炼油化工总厂年鉴

石油石化	克拉玛依市、新疆石油管理局年鉴（新疆石油管理局年鉴）
石油石化	兰化年鉴
石油石化	兰州石化公司年鉴
石油石化	辽河石化公司年鉴（中国石油辽河石化公司年鉴）
石油石化	洛阳石化年鉴（洛阳石油化工总厂年鉴）
石油石化	茂名石化年鉴
石油石化	南化年鉴
石油石化	齐鲁石化年鉴
石油石化	山东胜利股份有限公司年鉴
石油石化	上海石化年鉴
石油石化	沈阳市石油总公司年鉴（沈阳市石油公司年鉴）
石油石化	胜利油田年鉴
石油石化	四川石油管理局川西北公共事务管理中心年鉴
石油石化	四川石油管理局川西北矿区年鉴
石油石化	四川石油管理局地球物理勘探公司年鉴
石油石化	四川石油管理局井下作业处年鉴
石油石化	四川石油管理局年鉴
石油石化	四川油气田年鉴
石油石化	塔里木石油勘探指挥部石油天然气开发公司年鉴
石油石化	塔里木石油年鉴
石油石化	天津石化年鉴
石油石化	吐哈石油年鉴
石油石化	西北石油年鉴
石油石化	西部钻探克拉玛依钻井公司年鉴
石油石化	西南石油年鉴
石油石化	新疆石油管理局钻井公司年鉴
石油石化	中国石化润滑油公司
石油石化	中国石油长城钻探工程公司年鉴
石油石化	中国石油独山子石化年鉴（独山子石化总厂年鉴）
石油石化	中国石油化工集团公司年鉴（中国石油化工总公司年鉴）
石油石化	中国石油吉林油田年鉴（吉林油田年鉴）
石油石化	中国石油集团东方地球物理勘探有限责任公司年鉴（中国石油集团地球物理勘探局年鉴、石油地球物理勘探局年鉴）
石油石化	中国石油辽河石油勘探年鉴（辽河石油勘探局年鉴）
石油石化	中国石油辽河油田年鉴（辽河油田年鉴、中国石油辽河油田分公司年鉴、中国石油辽河油田公司年鉴）
石油石化	中国石油青海油田公司年鉴（青海油田公司年鉴）
石油石化	中国石油天然气股份有限公司冀东油田分公司年鉴（冀东油田年鉴）
石油石化	中国石油天然气股份有限公司西南油气田分公司年鉴
石油石化	中国石油天然气集团公司年鉴（中国石油天然气工业年鉴）
石油石化	中国石油天然气集团公司石油勘探开发科学研究院年鉴☆内部
石油石化	中国石油天然气有限公司规划总院年鉴
石油石化	中国石油西部钻探工程公司年鉴
石油石化	中原油田年鉴
水利	葛洲坝集团年鉴（葛洲坝工程局年鉴）

水利	大亚湾核电运营管理有限责任公司年鉴（广东大亚湾核电站生产运行年鉴、广东大亚湾核电站岭澳核电站生产运行年鉴）	铁路	齐齐哈尔机务段年鉴	铁路机车	南车四方机车车辆有限公司年鉴（四方机车车辆厂年鉴）
水利	中国水利水电建设集团公司年鉴	铁路	齐齐哈尔铁路分局年鉴	铁路机车	威墅堰机车车辆厂年鉴
铁路	安康铁路分局年鉴	铁路	青藏铁路公司年鉴	铁路机车	沈铁分局史志资料年鉴
铁路	蚌埠铁路分局年鉴	铁路	青岛铁路分局年鉴	铁路机车	沈阳机车车辆有限责任公司年鉴
铁路	包头铁路分局年鉴	铁路	上海铁路分局工会年鉴	铁路机车	石家庄车辆厂年鉴
铁路	北疆铁路公司年鉴	铁路	上海铁路分局年鉴	铁路机车	四方车辆研究所年鉴
铁路	北京铁路分局年鉴	铁路	上海铁路局年鉴	铁路机车	太原机车车辆厂年鉴
铁路	北京铁路局年鉴	铁路	神华包神铁路有限责任公司年鉴	铁路机车	唐山机车车辆厂年鉴
铁路	长春铁路分局工会年鉴	铁路	沈阳铁路分局年鉴	铁路机车	中国南车集团武昌车辆厂年鉴（武昌车辆厂年鉴）
铁路	长春铁路分局年鉴	铁路	沈阳铁路局年鉴	铁路机车	襄樊内燃机车厂年鉴
铁路	长沙铁路总公司年鉴	铁路	石家庄铁路分局年鉴	铁路机车	中国北车集团大连机车车辆有限公司年鉴（大连机车车辆厂年鉴、中国北车集团大连机车车辆厂年鉴）
铁路	成都铁路分局年鉴	铁路	太原铁路局年鉴（太原铁路分局年鉴）		
铁路	成都铁路局年鉴	铁路	天津铁路分局年鉴	铁路机车	齐轨道装备公司 齐车公司年鉴（齐齐哈尔车辆厂年鉴、齐齐哈尔铁路车辆（集团）有限责任公司年鉴、中国北车集团齐齐哈尔铁路车辆（集团）有限责任公司年鉴）
铁路	成都铁路局物资工业公司年鉴	铁路	铁道部第二专业设计院年鉴		
铁路	大连铁道有限责任公司年鉴（大连铁路分局年鉴）	铁路	铁道部第十九工程局年鉴		
		铁路	铁道通信信息有限责任公司山东分公司年鉴	铁路机车	中国北车年鉴（中国北方机车车辆工业集团公司年鉴）
铁路	大同铁路分局年鉴	铁路	通化铁路分局年鉴		
铁路	丰台车辆段年鉴	铁路	通辽铁路分局年鉴	铁路机车	中国北车永济新时速电机电器有限责任公司年鉴（永济电机厂年鉴、中国北车永济机厂年鉴、中国北车集团永济电机厂年鉴）
铁路	福州铁路分局年鉴	铁路	图们铁路分局年鉴		
铁路	广州铁路（集团）公司年鉴	铁路	乌鲁木齐铁路局年鉴		
铁路	广州铁路分局年鉴	铁路	武汉铁路分局年鉴（武汉铁路运输经济年鉴）	铁路机车	中国南车集团戚墅堰机车车辆厂年鉴（戚墅堰机车车辆厂年鉴）
铁路	贵阳铁路分局年鉴	铁路	武汉铁路局年鉴		
铁路	哈尔滨铁路分局年鉴	铁路	武汉襄樊铁路分局年鉴	铁路机车	中国南车集团株州电力机车（厂）有限公司年鉴
铁路	哈尔滨铁路局海拉尔分局年鉴（海拉尔铁路分局年鉴）停刊	铁路	西安铁路分局年鉴		
		铁路	西昌铁路分局年鉴	铁路机车	中国南车集团株洲车辆厂年鉴（株洲车辆厂年鉴）
铁路	哈尔滨铁路分局佳木斯分局年鉴（佳木斯铁路分局年鉴一）	铁路	襄樊铁路分局年鉴		
		铁路	徐州铁路分局年鉴（徐州铁路年鉴）	铁路机车	中国南车集团株洲电力机车有限公司年鉴（株洲电力机车厂年鉴）
铁路	哈尔滨铁路局牡丹江分局年鉴（牡丹江铁路分局年鉴）	铁路	羊城铁路总公司年鉴		
		铁路	郑州铁路分局年鉴	铁路机车	中国南车年鉴（中国南方机车车辆工业集团公司年鉴）
铁路	哈尔滨铁路局年鉴	铁路	郑州铁路局年鉴（郑州铁路年鉴）		
铁路	哈密铁路分局年鉴	铁路	中国铁建年鉴（中国铁道建筑总公司年鉴）	铁路机车	中国铁路机车车辆工业总公司年鉴
铁路	杭州铁路分局工会年鉴	铁路	中国铁路工程总公司年鉴		
铁路	杭州铁路分局年鉴	铁路	中国中铁四局集团年鉴（中铁四局集团年鉴、铁道部第四工程局年鉴、铁四局年鉴、）	通信	哈尔滨联通年鉴（哈尔滨市电信局综览、哈尔滨市电信局年鉴、哈尔滨电信年鉴、哈尔滨通信年鉴、哈尔滨网通年鉴）
铁路	呼和浩特铁路建设年鉴（呼和浩特铁路局工程处年鉴）				
		铁路	中铁大桥局集团年鉴		
铁路	呼和浩特铁路局年鉴	铁路	中铁第十二集团年鉴	通信	中国移动通信集团河北有限公司年鉴（河北移动通信有限责任公司年鉴）
铁路	怀化铁路总公司年鉴	铁路	中铁第十六工程局年鉴（铁道部第十六工程局年鉴）		
铁路	吉林铁路分局年鉴			通信	河南网通统计年鉴
铁路	集宁铁路分局年鉴	铁路	中铁第十四工程局年鉴（铁道部第十四工程局年鉴）	通信	黑龙江移动通信有限责任公司年鉴
铁路	济南铁路分局年鉴			通信	山东联通统计年鉴
铁路	济南铁路局工程总公司年鉴	铁路	中铁第十五工程局年鉴（铁道部第十五工程局年鉴）	通信	上海市电信公司长途通信事业部年鉴（上海市长途电信局年鉴）
铁路	济南铁路局教育年鉴	铁路	中铁电气化局集团年鉴	通信	新疆移动通信年鉴
铁路	济南铁路局年鉴	铁路	中铁二局集团年鉴（铁道部第二工程局年鉴）	通信	浙江电信年鉴（浙江邮电年鉴）
铁路	锦州铁路分局年鉴	铁路	中铁二十一局集团有限公司年鉴	通信	浙江电信实业年鉴
铁路	开远铁路分局年鉴	铁路	中铁二院工程集团有限责任公司年鉴（铁道第二勘察设计院年鉴）	通信	浙江移动通信年鉴
铁路	昆明铁路分局年鉴				
铁路	昆明铁路局年鉴（昆铁年鉴）	铁路	中铁建工集团工程有限公司年鉴（中铁建工集团年鉴、铁道部建厂工程局年鉴、中铁建厂工程局年鉴）	通信	中国电信股份有限公司安徽分公司统计年鉴（安徽电信统计年鉴）
铁路	兰州铁路局年鉴				
铁路	临汾铁路分局年鉴	铁路	中铁快运年鉴（中铁行包快递年鉴）	通信	中国电信杭州分公司年鉴（杭州电信年鉴）
铁路	柳州铁路分局年鉴	铁路	中铁三局集团有限公司年鉴	通信	中国电信年鉴
铁路	南宁铁路局年鉴（柳铁年鉴、柳州铁路局年鉴）	铁路	中铁十八局集团年鉴	通信	中国电信上海公司年鉴（上海电信年鉴）
铁路	洛阳铁路分局年鉴	铁路	中铁十局集团有限公司年鉴	通信	中国电信深圳分公司年鉴
铁路	中国南车集团眉山车辆厂年鉴（眉山车辆厂年鉴）	铁路	中铁十七局集团年鉴	通信	中国联合网络通信有限公司河南省分公司年鉴（河南通信年鉴、中国网通（集团）有限公司河南省分公司年鉴）
		铁路	中铁十一局集团年鉴（铁道部第十一工程局年鉴、中铁第十一工程局年鉴）		
铁路	内蒙古集通铁路有限责任公司年鉴				
铁路	南昌工程总公司年鉴	铁路	中铁隧道集团年鉴	通信	中国联通年鉴
铁路	南昌铁路局年鉴（南昌铁路分局年鉴）	铁路	中铁五局集团年鉴	通信	中国铁路通信信号集团公司年鉴（中国铁路通信信号总公司年鉴）
铁路	南京铁路分局年鉴	铁路机车	济南轨道交通装备有限责任公司年鉴（中国北车集团济南机车车辆厂年鉴）		
铁路	南宁铁路分局年鉴			通信	中国铁通河南分公司年鉴

通信	中国通信服务广东公司年鉴		烟草	上海烟草集团北京卷烟厂年鉴		冶金	中国冶金科工集团公司年鉴
通信	中国移动广东公司年鉴		烟草	颐中集团年鉴		冶金	中国冶金矿山年鉴
通信	中国移动广西公司年鉴		冶金	宝钢集团上海梅山有限公司年鉴（上海梅山冶金公司年鉴、上海梅山（集团）有限公司年鉴）		冶金	株洲冶炼厂年鉴
通信	中国移动通信集团四川有限责任公司年鉴					冶金	株洲硬质合金厂年鉴
通信	中国移动通信集团浙江有限公司年鉴					印钞	沈阳造币厂年鉴
通信	中国移动新疆公司年鉴		冶金	湖南冶金年鉴		印钞	石家庄印钞厂年鉴
烟草	安徽省烟草专卖局（公司）年鉴		冶金	江铜年鉴		印钞	中国印钞造币总公司技术中心年鉴
烟草	安徽中烟工业公司年鉴		冶金	山东冶金年鉴		渔业	辽渔年鉴
烟草	红塔集团年鉴		冶金	铜陵有色金属集团控股有限公司年鉴（铜陵有色金属公司年鉴、铜陵有色金属（集团）公司年鉴）		自来水	青岛市海润自来水集团有限公司年鉴
烟草	山东省烟草包装印刷有限公司年鉴					其他	洛阳耐火材料厂年鉴（洛耐厂年鉴）
烟草	山东省烟草专卖局中国烟草总公司山东省公司年鉴					证券	沪深 300 指数年鉴
烟草	山东中烟工业公司青岛卷烟厂年鉴		冶金	武冶年鉴		证券	上证 180 指数年鉴
			冶金	中国五矿集团公司统计年鉴			

学校年鉴

1	安徽大学年鉴		44	大连海事大学年鉴		88	华东理工大学年鉴
2	安徽农业大学年鉴		45	大连理工大学年鉴		89	华东师范大学年鉴
3	巴音郭楞职业技术学院、巴音郭楞技师培训学院年鉴（巴音郭楞职业技术学院年鉴）		46	大兴七中教育年鉴（黄村七中教育年鉴）		90	华东师范大学文学研究年鉴
			47	第二军医大学年鉴		91	华东政法大学年鉴
4	北京大学国际关系学院年鉴		48	电子科技大学年鉴		92	华南理工大学年鉴
5	北京大学年鉴		49	东北大学年鉴		93	华南师范大学年鉴
6	北京电影学院年鉴		50	东华大学年鉴		94	华中科技大学年鉴
7	北京服装学院（BICT）艺术设计学院 2005 设计年鉴		51	东南大学建筑学院建筑年鉴		95	华中理工大学年鉴
8	北京工商大学年鉴		52	东南大学年鉴		96	华中师范大学年鉴
9	北京工业大学科技年鉴		53	发展教育学年鉴（首都师大）		97	吉林大学年鉴
10	北京工业大学年鉴		54	福建农林大学年鉴		98	济南大学年鉴
11	北京广播电视大学年鉴		55	福建师范大学年鉴		99	济南外国语学校年鉴
12	北京化工大学年鉴		56	福州大学年鉴		100	暨南大学年鉴
13	北京建筑工程学院团学工作年鉴		57	福州教育学院年鉴		101	江南大学年鉴（无锡轻工大学年鉴）
14	北京交通大学年鉴		58	复旦大学年鉴		102	江苏省淮阴中学十年鉴
15	北京科技大学年鉴		59	复旦大学统计年鉴		103	江苏信息职业技术学院年鉴
16	北京理工大学工会年鉴		60	复旦大学医学院年鉴		104	教育学部年鉴（北京师范大学）
17	北京理工大学后勤集团年鉴		61	广东工业大学年鉴		105	荆州师范学院年鉴
18	北京理工大学年鉴		62	广东外语外贸大学年鉴		106	昆明理工大学年鉴
19	北京理工大学学生工作年鉴		63	广西工学院鹿山学院年鉴		107	兰州大学年鉴
20	北京理工后勤集团膳食部年鉴		64	广西教育学院年鉴		108	辽宁大学年鉴
21	北京理工后勤集团总务后勤部年鉴		65	广西民族大学年鉴（广西民族学院年鉴）		109	辽宁工学院年鉴
22	北京林业大学共青团工作年鉴		66	广西师范大学年鉴		110	绵阳师范学院年鉴
23	北京林业大学年鉴		67	广西师范大学中文系教师业务年鉴（烛光谱）		111	绵阳师范学院校友工作年鉴
24	北京农学院年卷		68	贵州大学年鉴			南京大学建筑与城市规划学院建筑系教学年鉴年鉴（南京大学建筑研究所教学年鉴、南京大学建筑学院教学年鉴）
25	北京师范大学共青团工作年鉴		69	贵州师范大学年鉴		114	
26	北京师范大学年鉴		70	哈尔滨工程大学年鉴			
27	北京师范大学学生处（学工部、武装部）年鉴		71	哈尔滨工业大学建筑学院年鉴			
28	北京市大兴区教师进修学校年鉴		72	哈尔滨工业大学年鉴		115	南京大学年鉴（南京大学行政年鉴）
29	北京市虎城中学年鉴		73	哈尔滨理工大学年鉴		116	南京师范大学年鉴
30	北京体育大学年鉴		74	海南大学年鉴		117	南京信息工程大学年鉴
31	北京语言大学年鉴		75	杭州大学年鉴		118	南开大学年鉴
32	北京中医药大学学生学术年鉴		76	合肥工业大学年鉴		119	宁波大学年鉴
33	长安大学年鉴		77	河北大学年鉴		120	宁夏大学年鉴
34	长春地质学院科研究报告年鉴		78	河海大学年鉴		121	齐鲁师范学院年鉴
35	长沙铁道学院（统计）年鉴（停刊）		79	河南工业大学年鉴		122	青春印记：哈尔滨工业大学共青团年鉴
36	常德师范学院年鉴		80	河南师范大学年鉴		123	青岛科技大学年鉴
37	常德师专年鉴		81	河源职业技术学院年鉴		124	清丰县第一高级中学年鉴
38	成都科技大学行政工作年鉴		82	黑龙江农垦农业职业技术学院年鉴		125	清华大学电子工程系年鉴
39	重庆大学建筑城规学院年鉴		83	湖南财经高等专科学校年鉴		126	清华大学国际合作与交流处港澳台事务办公室年鉴
40	重庆大学年鉴		84	湖南大学年鉴		127	清华大学年鉴
41	成都理工大学年鉴		85	湖南农业大学（原农学院）年鉴		128	清华哲学年鉴
42	川北医学院年鉴		86	华北电力大学年鉴		129	曲阜师范大学年鉴
43	大理学院年鉴		87	华北科技学院年鉴			

130 曲靖师范学院年鉴	162 四川师范大学年鉴	195 中共中央党校哲学学科年鉴
131 山东大学年鉴	163 苏州大学年鉴	196 中国高校体育年鉴
132 山东交通学院年鉴	164 泰山医学院年鉴	197 中国广播电视大学教育统计年鉴
133 山东科技大学年鉴	165 天津大学年鉴	198 中国井冈山干部学院年鉴
134 山东农业大学年鉴	166 天津工业大学年鉴	199 中国科学技术大学年鉴
135 山东省北镇中学年鉴	167 天津南开中学年鉴	200 中国科学院研究生院年鉴
136 山东师范大学年鉴	168 同济大学年鉴	201 中国矿业大学年鉴
137 山服年鉴（山东服装学院年鉴）	169 五邑大学年鉴	202 中国美术学院德国柏林艺术大学中德美学硕士项目年鉴
138 上海财经大学年鉴	170 武汉测绘科技大学年鉴	203 中国美术学院美术馆年鉴
139 上海大学美术学院美术设计系2001届毕业生设计作品年鉴	171 武汉大学年鉴	204 中国美术学院艺术设计职业技术学院2010年度学术年鉴
140 上海大学统计年鉴	172 武汉理工大学年鉴	205 中国民用航空学院年鉴
141 上海海运学院年鉴	173 武汉水利电力大学年鉴	206 中国农业大学年鉴
142 上海交通大学年鉴	174 西安电子科技大学年鉴	207 中国浦东干部学院年鉴
143 上海交通大学医学院年鉴	175 西安广播电视大学年鉴	208 中国青年政治学院中央团校年鉴
144 上海教育学院年鉴	176 西安交通大学年鉴	209 中国人民大学年鉴
145 上海理工大学年鉴	177 西北大学年鉴	210 中国人民大学文学院年鉴
146 上海师范大学年鉴	178 西北高校图书馆年鉴	211 中国医学科学院北京协和医院年鉴（中国医学科学院中国协和医科大学年鉴）
147 上海水产大学年鉴	179 西北工业大学年鉴	212 中国政法大学科研工作年鉴
148 上海铁道大学年鉴	180 西北民族大学年鉴	213 中国政法大学年鉴
149 上海外国语大学年鉴	181 西北农林科技大学年鉴	214 中南财经政法大学年鉴
150 上海戏剧学院年鉴	182 西南大学年鉴（西南师范大学年鉴）	215 中南大学年鉴
151 上海医科大学年鉴	183 西南交通大学年鉴	216 中南工业大学年鉴
152 绍兴文理学院附属医院年鉴	184 新疆大学年鉴	217 中南林业科技大学年鉴
153 绍兴文理学院年鉴	185 信息与通信工程学院分团委年鉴	218 中山大学工会、教代会年鉴
154 社会主义学院年鉴	186 烟台大学年鉴	219 中山大学年鉴
155 深圳职业技术学院年鉴	187 燕山大学年鉴	220 中央美术学院本科毕业生作品年鉴
156 石油大学（北京）年鉴	188 云南财经大学年鉴（云南财贸学院年鉴）	221 中央民族大学共青团工作年鉴
157 石油大学（华东）年鉴	189 云南工业大学年鉴	224 中央民族大学年鉴
158 首都经济贸易大学年鉴	190 浙江大学年鉴	225 中央戏剧学院年鉴
159 首都师范大学年鉴	191 浙江党校年鉴	226 淄博实验中学年鉴
160 四川大学年鉴	192 中共上海市委党校上海行政学院年鉴	
161 四川联合大学（四川大学·成都科技大学）年鉴	193 中共中央党校函授教育年鉴	
	194 中共中央党校年鉴（党校年鉴）	

港澳台年鉴

	香港		
香港	东南亚年鉴		
香港	香港 2002～2006（公务员事务局法定语文事务部编辑）		
香港	香港巴士年鉴		
香港	香港出入口贸易年鉴		
香港	香港高级程度会考年报		
香港	香港经济年鉴		
香港	香港贸易年鉴		
香港	香港年鉴		

香港	香港商业年鉴	
香港	香港视觉艺术年鉴	
香港	香港文学年鉴	
香港	香港舞蹈年鉴	
香港	香港戏剧年鉴	
香港	香港戏曲年鉴	
香港	新世纪豪宅年鉴	
香港	新香港年鉴	
澳门		
澳门	澳门癌症登记年报 . 2003	

澳门	澳门工商年鉴	
澳门	澳门经济年鉴	
澳门	澳门科技大学年报	
澳门	澳门年鉴	
澳门	澳门特别行政区公共行政年刊	
澳门	澳门特别行政区统计年鉴	
澳门	澳门统计年鉴	
台湾（略）		

国际性年鉴

1 itTIME 国际精表年鉴	9 波隆那插画年鉴	17 俄罗斯和东欧中亚国家年鉴
2 Java 开发者年鉴	10 铂钯年鉴（英国）（中译本）	18 风火轮 92 机车年鉴：全世界最新摩托车年鉴
3 SEMI 标准年鉴	11 城邦国际名表年鉴	19 国际竞标建筑年鉴
4 SIPRI 年鉴军备、裁军和国际安全	12 大生意：全球最佳品牌版式设计年鉴	20 国际恐怖主义与反恐怖斗争年鉴
5 阿尔巴尼亚人民共和国统计年鉴（中文版）	13 当代世界研究年鉴	21 国际劳动统计年鉴
6 埃及年鉴（阿拉伯埃及共和国年鉴）	14 当代世界研究中心年鉴	22 国际楼盘设计年鉴
7 奥地利对华经济年鉴	15 德意志民主共和国统计年鉴	23 国际农产品贸易统计年鉴
8 澳洲葡萄酒年鉴	16 东南亚年鉴	24 国际设计年鉴

25	国际室内设计年鉴
26	国际统计年鉴
27	国际新景观设计年鉴
28	国际形势年鉴
29	国际隐蔽斗争情况年鉴
30	国际照明设计年鉴
31	韩国建筑年鉴（中文版）
32	韩国建筑设计竞赛年鉴
33	韩国室内设计年鉴
34	荷兰建筑年鉴
35	红点奖：全球最佳视觉传达设计年鉴
36	环境与发展国际合作年鉴（中译本）
37	黄金年鉴（中文版）
38	家畜卫生年鉴（中文版）
39	简明世界舰船年鉴
40	科学年鉴（中文版）
41	矿业年鉴（编译）
42	联合国裁军年鉴（中文版）
43	联合国法律年鉴
44	联合国环境规划署年鉴
45	粮农组织肥料年鉴（中文版）
46	粮农组织林产品年鉴（中文版）
47	粮农组织贸易年鉴（中文版）
48	粮农组织生产年鉴（中文版）
49	粮农组织渔业统计年鉴（中文版）
50	绿色全球年鉴（环境与发展国际合作年鉴）（中文版）
51	美国材料与试验协会（ASTM）标准年鉴
52	美国工商年鉴（中文版）

53	美国联邦巡回上诉法院专利案件年鉴（中文版）
54	美国轮胎轮钢协会标准年鉴
55	美国年鉴
56	南斯拉夫联邦人民共和国年统计年鉴
57	纽约艺术指导俱乐部年鉴
58	欧洲足球年鉴
59	全国最佳出版物设计：第36届出版物设计年鉴（中英文版）
60	全球环境展望年鉴
61	全球最佳展会设计年鉴（德国）
62	日本工商年鉴（中文版）
63	日本机动车辆轮胎制造者协会轮胎标准年鉴．2002
64	日本平面创意设计年鉴
65	日本医疗医药企业年鉴
66	日本字体与平面设计人奖年鉴
67	商业企业与工业企业财务比率年鉴
68	世界白银年鉴
69	世界城市经营年鉴（世界城镇经营年鉴）
70	世界大宗商品市场年鉴：圆明园的复兴
71	世界殿堂级名表年鉴
72	世界华商经济年鉴
73	世界华文传媒年鉴
74	世界化学工业年鉴
75	世界舰船年鉴
76	世界经济年鉴
77	世界经济文化年鉴
78	世界军事年鉴
79	世界矿产资源年评
80	世界名表年鉴（德国）（中文版）

81	世界名表年鉴（上海辞书版）
82	世界名表年鉴《名牌志》编辑部著（江西科学技术出版社版）
83	世界年鉴
84	世界炮兵年鉴（外军炮兵年鉴）
85	世界平面设计师年鉴
86	世界汽车统计年鉴
87	世界汽车制造商年鉴（中文版）
88	世界石油年鉴
89	世界室内细部年鉴
90	世界图像年鉴
91	世界腕表年鉴
92	世界哲学年鉴
93	世界知识年鉴（世界知识手册）
94	室内细部年鉴（韩国）
95	苏联国民经济统计年鉴（中译本）
96	苏联农业经济统计资料（中译本）
97	围棋名局年鉴（日本）（中译本）
98	维德临床用药年鉴（法国）（中译本）
99	锡瑞锴世界大宗商品市场年鉴（法国）（中译本）
100	现代建筑年鉴（法国）（中译本）
101	新纸张涂布与特种纸年鉴（编译本）
102	亚太景观设计年鉴
103	亚洲年鉴
104	意大利葡萄酒年鉴（中译本）
105	英国设计年鉴（英国）
106	治理年鉴（法国）（中译本）
107	中国西班牙商会年鉴（西班牙）

（张丽丽　国家图书馆典藏阅览部参考书组副研究馆员）

后 记

　　《年轮——中国年鉴事业35周年》的编写工作历时一年余，参加编辑的人员本着对历史负责的态度搜集资料，改进提纲，核对史实，数易其稿，相关领导和同志们倾注了感情，付出了汗水，为的是更加全面、真实、客观反映中国年鉴事业35年的发展历程，激励全国年鉴人不负民族振兴中国梦的难得机遇，勇担伟大时代记录者的重任，为把年鉴大国建设成为年鉴强国而奋斗。

　　全书组稿、编辑过程中得到业界同仁广泛关注和大力支持。由于资料时间跨度大，调查核实不够，我们工作水平有限，书中内容一定存在遗漏和不妥之处，还望各位批评指正。

《年轮》编辑委员会

2013 年 12 月